Mechthild Zeul

Rückreise in die Vergangenheit

AF878328

Mechthild Zeul

Rückreise in die Vergangenheit

Zur Psychoanalyse spanischer Arbeitsremigrantinnen

Westdeutscher Verlag

CIP-Codierung angefordert

Alle Rechte vorbehalten
© 1995 Westdeutscher Verlag GmbH, Opladen

Der Westdeutsche Verlag ist ein Unternehmen der Bertelsmann Fachinformation GmbH.

Das Werk einschließlich aller seiner Teile ist urheberrechtlich geschützt. Jede Verwertung außerhalb der engen Grenzen des Urheberrechtsgesetzes ist ohne Zustimmung des Verlags unzulässig und strafbar. Das gilt insbesondere für Vervielfältigungen, Übersetzungen, Mikroverfilmungen und die Einspeicherung und Verarbeitung in elektronischen Systemen.

Umschlaggestaltung: Horst Dieter Bürkle, Darmstadt

Gedruckt auf säurefreiem Papier

ISBN 978-3-531-12687-6 ISBN 978-3-322-93519-9 (eBook)
DOI 10.1007/978-3-322-93519-9

Inhalt

I. Plädoyer für ein unbequemes Thema 7

II. Die spanische Migration 14

1. *Wirtschaftliche und politische Bedeutung der spanischen Emigration nach Mitteleuropa* 14
2. *Gesetzgebung und Vorurteile in der Bundesrepublik* 18
3. *Die Rückkehr* 22

III. Meine Gesprächspartnerinnen 26

1. *Einführende Überlegungen* 26
   1.1 APOYAR: Der Ort meiner Untersuchung 26
   1.2 Zur psychosozialen Situation der Migrantinnen 28
2. *Wohin die Remigranten und Remigrantinnen zurückkehrten* 32
3. *Die Wohnwelt der Remigrantinnen aus der Sicht der Analytikerin* 35

IV. Zur psychoanalytischen Theorie der Migration 42

1. *Vorüberlegungen* 42
2. *Die Analogie zwischen dem Migrationsprozeß und dem psychischen Entwicklungsprozeß des Menschen* 44
   2.1 Die Universalität des Trauerprozesses und die Restrukturierung der Identität 46
   2.2 Entwurf einer Psychopathologie der Migration 48
   2.3 Ursachen der Migration 50
3. *Zusammenfassung* 52

V. Rückreise in die Vergangenheit 54

1. Weibliche Verarbeitungsformen von Migration 54
1.1 Exkurs: Zur Bildung des weiblichen Überichs 57
1.2 Meine psychoanalytische Praxis bei APOYAR 60

2. Eva 62

3. Migration macht krank 77

4. Sonia und Meri 84
4.1 Biographische Anmerkungen und erste Begegnung . . 84
4.2 Behandlungsverlauf 86
4.3 Meris Einweisung in die Psychiatrie 110
4.4 Verrücktheit und soziale Ungerechtigkeit 119

5. Ana 124

6. Merche 136

7. Teresa 147

8. Die Gruppe 159
8.1 Vorbemerkung 159
8.2 Konkrete weibliche Lebensformen im Alltag 161
8.3 Die Identifizierung mit dem Fremden und die Selbstentwertung 166
8.4 Sexualität 176
8.5 Mißglückte kollektive weibliche Anpassungsversuche 181

VI. Regression und Unterdrückung 186

VII. Bibliographie 189

I. Plädoyer für ein unbequemes Thema

Die Migrationserfahrung und -verarbeitung meiner Gesprächspartnerinnen wird überwiegend nicht durch frühkindliche Traumen und/ oder ungelöste infantile psychische Konflikte bestimmt, sondern durch die Migrationsrealität selbst, die den Frauen feindlich begegnet und deshalb krankmachend wirkt. Im Gegensatz zu ihrem Ehemann, der in der Regel die Entscheidung für eine Emigration fällt, paßt sich die verheiratete Frau diesem Entschluß passiv an. Die Situation der unverheirateten Frau ist der des Mannes zunächst insofern ähnlich, als auch sie aktiv die Auswanderung betreibt, sie wird jedoch später im Immigrationsland mit ähnlichen Schwierigkeiten konfrontiert wie die verheiratete Frau. Auch sie ist am Arbeitsplatz benachteiligt, leidet unter Einsamkeit, Mangel an Kommunikation mit der neuen Umwelt und unter sozialer und psychischer Isolation.

Obwohl im Zeitraum zwischen 1962 und 1979 42% der in der Bundesrepublik lebenden spanischen Migranten und Migrantinnen Frauen waren (vgl. Cabezas Moro und Testa Alvarez, 1981, S. 6), gibt es mit Ausnahme eines im Jahr 1981 in Genf unter der Verantwortung mehrerer Regierungen zum Problem der Migration veranstalteten Seminars zur Situation und Funktion der Migrantin so gut wie keine Hinweise auf die spezifischen Migrationsbedingungen der Frau. Die Vorträge im Rahmen des Genfer Seminars (vgl. Cabezas Moro und Testa Alvarez, 1981; Rosen, 1981; Panayotakopoulou, 1981) betonen, daß die Migrantin einer dreifachen Diskriminierung ausgesetzt war: als Frau, als Arbeiterin und als Ausländerin. Die Autoren verweisen auf ihre Benachteiligung am Arbeitsplatz und führen aus, daß freiwerdende Stellen bevorzugt mit männlichen Migranten besetzt worden seien. Im Gegensatz zu ihrem Mann und ihren Kindern habe sich ihr Kontakt als Hausfrau ausschließlich auf die eigene Familie beschränkt. Gefühle von Einsamkeit und Ausgeschlossensein sowohl innerhalb der Familie als auch in der bundesrepublikanischen Gesellschaft führten, so Rosen (1981), dazu, daß die Frauen sich nach Spanien zu sehnen begannen. Dies habe sich beispielsweise in aufwendiger Essenszubereitung typisch spanischer Gerichte manifestiert. In der mangelnden Inanspruchnahme der sozialen Dienste, sei es wegen kulturell bedingter Vorurteile oder wegen sprachlicher Verständigungsschwierigkeiten, sehen Rosen (1981) und Panayotakopoulou (1981) eine Benachteiligung der Migrantin im Verhältnis zur deutschen Frau. Im Gegensatz zu diesen differenzierten Ausführungen, die von der auswandernden Frau als eigenständiger Person mit eigenen Wünschen und Sehnsüchten sprechen und in eindringlicher Weise ihre spezifische Situation im Immigrationsland schildern, stehen die spärlichen Anmerkungen von Garmendia (1970) und von Cazorla Pérez (1989), die voller Vorurteile und Unkenntnis der Situation der Migrantin stecken. In diesen Arbeiten wird die Frau nur in bezug auf den Mann thematisiert. Garmendia (1970) geht davon aus, daß allein auswandernde Frauen nicht wie die Männer Geld verdienen wollten; sie seien vielmehr auf der Suche nach einem Ehemann gewesen. Bingemer, Meistermann-Seeger und Neubert (1972) verweisen auf die integrative Funktion der Migrantin für den Anpassungsprozeß ihres Mannes an das bundesrepublikanische Leben. Die empirische Untersuchung von Cazorla Pérez (1989) definiert die Frau nur als Hausfrau und sieht in ihr nicht die Hausfrau und die Arbeiterin zugleich.

Meine Arbeit soll eine Lücke in der Migrationsforschung schließen, indem sie die bisher vernachlässigte Untersuchung der weiblichen Migrationsverarbeitung thematisiert. Über die Hypothese der Konstituierung und des Funktionierens eines weiblichen Überichs (vgl. Bernstein, 1983) und unter der Annahme der Existenz einer Migrationsrealität, die außerhalb von individuellem Erleben anzusiedeln ist, soll das Inwendigwerden dieser äußeren Realität aufgespürt werden. Für diese Untersuchung scheint mir die Fokussierung auf das Überich, das eine Mittelstellung zwischen menschlicher Triebhaftigkeit und den Normen, Geboten und Idealen einnimmt, die vermittelt über Identifizierungsprozesse verinnerlicht werden, besonders geeignet. Am Überich sind am ehesten Veränderungen durch äußere und innere, aus dem Es kommende Einflüsse nachweisbar. Über diagnostizierbare Einwirkungen von außen und unter Beachtung der Biographie der je einzelnen Frau lassen sich nicht nur intrapsychische Veränderungen im Überich ausmachen, es ist darüber hinaus auch möglich, Auswirkungen auf das Verhältnis von Überich und Ich festzuhalten.

Doris Bernstein (1983) folgend, unterscheide ich zwischen Inhalt, Stärke und Struktur des weiblichen Überichs, das sich längst vor der ödipalen Phase innerhalb der frühen Mutter-Kind-Interaktion, aus dem Umgang des kleinen Mädchens mit seinem Genitale und den damit verbundenen Phantasien entwickelt. Die Inhalte bestehen aus Geboten, Verboten und Idealen, so wie sie sich im Verlauf der weiblichen Entwicklung über die Abwehrprozesse herausgebildet haben. Die Stärke beruht auf der Identifizierung mit einer als omnipotent wahrgenommenen Mutter, aber auch auf der Angst vor ihr aufgrund der Verbote, die auf der Befriedigung analer und genitaler Triebwünsche liegen, die wegen der genitalen Ausstattung des kleinen Mädchens nicht als voneinander getrennt erlebt werden. Am weiblichen Überich fällt vor allem die Flexibilität seiner Struktur auf, die sich aus widersprüchlichen Inhalten zusammensetzt. Aufgrund des frühen Entwicklungsstadiums, in dem die Grenzen zwischen Selbst und Objekt noch fließend sind, nimmt das kleine Mädchen sein Liebesobjekt Mutter unscharf wahr. Die Besonderheit des weiblichen Genitales, die damit verbundene anal-genitale Triebbefriedigung und die Verbote sind nicht nur für die Stärke, sondern auch für die Flexibilität der Überich-Struktur verantwortlich.

Armut, fehlende Arbeitsplätze, mangelnde Bildungsmöglichkeiten und nicht etwa unbewußte Motive und individuell getroffene Entscheidungen bedingen die massenhaften Arbeitsemigrationsbewegungen. Die spanischen Auswanderer und Auswanderinnen der fünfziger und sechziger Jahre sind vorwiegend ungelernte Kräfte und kommen hauptsächlich aus ländlichen Regionen wie Andalusien, Extremadura und Galizien. Die Emigrationspolitik der spanischen Regierungen förderte die massenhafte Auswanderung dieser Menschen in der Absicht, den Arbeitsmarkt zu entlasten, und hielt die gelernten Fachkräfte im eigenen Land. Mit ihrer Emigration nach Mitteleuropa wollten die Migranten und Migrantinnen ihre miserable soziale und ökonomische Situation und die ihrer Kinder verbessern. Sie wanderten aus, um Geld zu verdienen und nicht aus Vorliebe für eines der mitteleuropäischen Länder. Die besondere Situation der Frau, die in der Hierarchie der Auswanderer am unteren Ende angesiedelt war, ist gekennzeichnet durch persönliche, soziale, berufliche und rechtliche Diskriminierung, durch Isolation innerhalb der eigenen Familie, innerhalb der bundesrepublikanischen Gesellschaft und durch Mangel an Möglichkeiten, Neues hinzuzulernen. Der für eine konstruktive Anpassung unerläßliche Prozeß der aktiven Auseinandersetzung mit Normen, Werten und Verhaltensweisen der neuen Umgebung, der sowohl zur emotionalen als auch zur kognitiven Erlebens- und Erfahrungsbereicherung führt und allmählich ein Gefühl von Zugehörigkeit zur neuen Umwelt entstehen läßt, findet nicht statt. Während die Kinder die neue Sprache und neue Umgangsformen erlernen und der Ehemann Erfahrungen mit der neuen Umgebung am Arbeitsplatz macht, bleibt die nicht außer Haus arbeitende verheiratete Migrantin auf die Erfahrungen verwiesen, die sie in ihrer Kindheit und Jugend in Spanien machte, und auf bekannte und vertraute Normen und Werte. Die Isolation der Frau führt zu einer emotionalen und kognitiven Distanz zur Umwelt. Um mit schmerzlichen Einsamkeitsgefühlen umgehen zu können, kommt es zu einer regressiven Wiederbelebung archaischer Überich-Inhalte. Dadurch vergrößert sich die bereits bestehende Diskrepanz zwischen dem Erleben äußerer und innerpsychischer Realität. Auf diese Weise werden Weichen für eine depressive Erkrankung gestellt.

Ich stieß im Verlauf meiner Untersuchung in den Erzählungen der Frauen auf eine Reihe von Idealen, die sich insbesondere mit einem omnipotent und phantastisch ausgestatteten Spanien verbanden, das ihnen bedingungsloses Aufgehobensein, Befriedigung von Zärtlichkeitswünschen und Angenommensein versprach. Im Verlauf der psychoanalytischen Behandlungen, der Einzelgespräche und der nachträglichen Auswertung meines Materials wurde deutlich, daß dieses großartige Spanien die frühe, omnipotente, alles gebende, nichts für sich selbst fordernde, Glück und Befriedigung versprechende Mutter der frühesten Kindheit symbolisierte. Auch in der Gruppe sprachen die Frauen vom großartigen, omnipotenten Spanien, dem sie allerdings vorwarfen, nichts für sie getan zu haben, obwohl es in seiner Macht gestanden hätte. Statt dessen statteten sie Deutschland mit großartigen, positiven Eigenschaften aus. In den Einzelgesprächen und in den psychotherapeutischen Behandlungen fiel auf, daß sich die Frauen nach Spanien sehnten, aber zugleich keine Initiative ergriffen, um diesen Wunsch zu verwirklichen. In diesem Verhalten ist unschwer der Kampf zwischen der Stärke des Überichs und seiner

Flexibilität erkennbar; versucht doch das Überich über seine Stärke das Ich zu veranlassen, den Entschluß zur Rückkehr zu fassen, in Spanien die ideale, Glück versprechende Mutter zu suchen, so veranlaßt die Flexibilität das Ich, auf Veränderung der Situation im Immigrationsland zu hoffen. Aber auch die Überich-Stärke kann das Ausharren erklären. Um sich mit der omnipotenten Mutter wiederzuvereinigen, müssen die Frauen aktiv werden und weggehen. Da Aktivität aber für ihr Überich die Bedeutung streng verbotener, analer Triebbefriedigung hat, hemmt das Überich jegliche Initiative, die das Ich ergreifen könnte. Ich habe bereits darauf verwiesen, daß Einsamkeit, Isolation, mangelnder Austausch mit der neuen Umgebung und die Unmöglichkeit, eigene Normen und Wertvorstellungen zu korrigieren oder sie im Anpassungsprozeß sogar zu verändern, den Rückzug von einer versagend erlebten Außenwelt und ihren Objekten bedingen und zu einer regressiven Wiederbesetzung der frühen Mutter-Kind-Beziehung und den damit verknüpften Identifizierungen mit einer großartig erlebten Mutter führen. Diese Regression verhindert zwar zunächst, daß die Frauen depressiv erkranken, sie hat jedoch weitreichende Folgen für die Realitätsprüfung des Ichs. Ich-Einschränkungen, Flexibilität und Stärke des Überichs ermöglichen es den Migrantinnen, in den Immigrationsländern auszuharren und wider besseres Wissen auf eine Veränderung der bedrückenden und krankmachenden Situation zu hoffen.

Ich gehe davon aus, daß Remigration integraler Bestandteil der Emigration ist, daß es sich dabei um eine erneute Wanderbewegung handelt, die nicht etwa das Ende der vorangegangenen Migrationen markiert, die sich vielmehr nur in den unbewußten Phantasien der Frauen zur Rückkehr mit ihren emotionalen Konnotationen gestaltet. Waren ökonomische Faktoren ausschlaggebend für die Auswanderung, so gilt das Gleiche auch für die Remigration, die verstärkt während der Rezession in den siebziger Jahren mit dem Rückgang des wirtschaftlichen Wachstums in den reichen europäischen Ländern einsetzt.

Die Wiederbelebung der frühen Mutter-Tochter-Interaktion hat auch negative Auswirkungen auf die Verarbeitung der Rückkehr, die von den Frauen idealisiert, als Wiedervereinigung mit einer großartigen Mutter phantasiert wird. Die in den Emigrationsjahren regressiv wiederbelebte frühe Einheit, die psychische Erkrankung verhindern sollte, kompliziert jedoch das Anknüpfen an die Vergangenheit, das auch mit Trauer, Schmerz und Gefühlen von Verlust verbunden ist. Die Überich-Aufblähung und die Ich-Einschränkung, die sich der Regression verdanken, machen Trauer unmöglich und versperren den Weg für neue Erfahrungen. Konstruktive Konfrontation mit einer im Verhältnis zum Ausland nicht minder komplexen, unbekannten äußeren Realität und die Bewältigung einer Reihe von Anfangsschwierigkeiten sind erheblich erschwert. Das regressiv wiederbelebte archaische Überich wendet sich nun erneut gegen das Ich, indem es ihm jetzt Vorwürfe macht, im Immigrationsland nicht ausgehalten zu haben, seinen Versprechungen, in Spanien die ideale Mutter wiederzufinden, erlegen zu sein. Die Ich-Schwächung, die sich bereits vor der Rückkehr in mangelnder Realitätsprüfung geäußert hatte, nimmt zu. Aber nicht nur das Überich legt die Funktionen des Ichs lahm, sondern auch die Macht der äußeren Realität. Alle Frauen, die im Ausland arbeiteten, finden nach der Rückkehr keine Arbeit; manchmal wird auch ihr Ehemann arbeitslos, so daß die Familie von ihren Ersparnissen leben muß. Die Rückkehrrealität erlaubt es den Frauen nicht, aktiv etwas an ihrer Situation zu verändern. Das Überich, das versucht, das Ich einzuschüchtern, wird von der Macht der äußeren Realität in ihren Dienst genommen. Das Ich, das aussichtslos der Besitznahme und der Beherrschung durch das Überich ausgeliefert ist, kapituliert vor dessen Ansprüchen, so daß es zu schweren depressiven Zusammenbrüchen kommt.

Über die Vermittlung einer befreundeten Remigrantin setzte ich mich mit der Rückkehrerorganisation APOYAR (Asistencía Pedagógica, Orientación y Apoyo al Retornado) auf deutsch UNTERSTÜTZUNG (Pädagogische Hilfe, Beratung und Unterstützung für Rückkehrer) in Madrid in Verbindung. Mein Anliegen, weibliche Verarbeitung von Migration zu untersuchen, wurde von den Mitarbeitern und Mitarbeiterinnen mit Interesse aufgenommen; die Organisation stellte mir einen Raum für meine Gespräche zur Verfügung. Psychoanalytische Einzelgespräche, psychotherapeutische Behandlungen, die Durchführung einer psychoanalytisch orientierten Gruppe mit Frauen, die Gespräche mit dem Mitarbeiterteam, meine ausführlichen Niederschriften, die nachträgliche Analyse und die theoretischen Überlegungen zur Interdependenz des weiblichen Überichs mit der Migrationsrealität bilden die Grundlage der heute vorliegenden Ergebnisse.

Daß ich meine Untersuchung durchführen konnte, verdanke ich dem wohlwollenden Interesse, das Matilde, eine der Gründerinnen von APOYAR und heute noch unhinterfragte Zentralfigur, meiner Arbeit entgegenbrachte. Ich danke an dieser Stelle auch José Manjón vom Instituto Español de Emigración[1], dank dessen Einsatzes die Zahlung der mir gewährten finanziellen Unterstützung durch das spanische Arbeitsministerium möglich wurde, die im bürokratischen Irrgarten zu versickern drohte. Mein besonderer Dank gilt der Generaldirektion Beschäftigung, Soziale Angelegenheiten und Bildung bei der Kommission der Europäischen Gemeinschaften, die unbürokratisch und großzügig meine Untersuchung finanziell unterstützte.

1 Das ehemalige Instituto Español de Emigración (Staatliches Spanisches Emigrationsinstitut), das ich im folgenden in der Abkürzung IEE verwenden werde, unterstand bis vor kurzem dem Arbeitsministerium. Heute gehört es als Dirección General de Migración (Generaldirektion Migration) zum Sozialministerium.

II. Die spanische Migration

1. Wirtschaftliche und politische Bedeutung der spanischen Emigration nach Mitteleuropa

Der Abschluß von Werbeabkommen Spaniens mit Belgien (1959), der Bundesrepublik Deutschland (1960), der Schweiz (1961) und Frankreich (1961) führte zu einer Wende in der außerspanischen Migration, die bisher überwiegend nach Amerika orientiert war, wenngleich es auch vor 1960 eine allerdings zahlenmäßig geringfügige Auswanderung spanischer Arbeitskräfte nach Frankreich und Belgien gegeben hatte. Die Zahl der Emigranten, die zwischen 1959 und 1983 nach Mitteleuropa auswanderten, betrug zwei Millionen[2]. Während das Ziel der nach Übersee, insbesondere nach Südamerika auswandernden Migranten darin bestand, sich dauerhaft dort niederzulassen, verstanden die nach Mitteleuropa abwandernden Spanier ihren Aufenthalt in den Immigrationsländern immer als vorübergehend. Ursache für beide Wanderwellen waren Arbeitslosigkeit, finanzielle Not und mangelnde Bildungschancen. Den Emigranten und Emigrantinnen, die überwiegend aus den armen ländlichen Regionen[3] stammten,

2 Die Zahlenangaben variieren wenn auch unwesentlich von Autor zu Autor. Cazorla Pérez (1989) spricht von zwei Millionen Emigranten und Emigrantinnen zwischen 1959 und 1983, während Barrutieta Saez (1976) von zwei Millionen Auswanderern und Auswanderinnen in der Zeit von 1959 bis 1976 ausgeht. Da in der Tat schon im Jahr 1975 die Zahl der Emigranten und Emigrantinnen erheblich zurückgegangen war, können beide Zahlenangaben als korrekt angesehen werden. Waren im Jahr 1969 42.778 und im Jahr 1970 40.568 Spanier in die Bundesrepublik ausgewandert, so sank die Zahl im Jahr 1975 auf 95 (vgl. Cazorla Pérez, 1989, S. 16)

3 In der Zeit zwischen 1962 und 1972 wanderten 33,9% der Emigranten und Emigrantinnen aus Andalusien kommend in die Bundesrepublik Deutschland aus; 4,9% kamen aus Valencia, 4,7% aus Murcia, 21,2% aus Galizien und 10,3% aus Neu-Kastilien (vgl. Cazorla Pérez, 1989, S. 20).

blieb häufig keine andere Wahl als auszuwandern, um in ihren Dörfern nicht Hungers zu sterben. Barrutieta Saez (1976) gibt aufgrund von Befragungen als Gründe für die massenhafte Emigration an, daß 91% der Auswanderer und Auswanderinnen ihre Gehälter verbessern, 90% ihrer Familie helfen und 89,8% sparen wollten. 78% beabsichtigten, ihren Kindern eine gute Erziehung zu ermöglichen, und 65,4% wollten sich eine Wohnung kaufen (vgl. Barrutieta Saez, 1976, S. 8). Alle Emigranten und Emigrantinnen, die nach Mitteleuropa auswanderten, entstammten der Unterschicht, die meisten von ihnen waren ungelernte Kräfte, beispielsweise Tagelöhner, besitzlose Bauern, Handwerker, Industriearbeiter, ungelernte Arbeiter und Arbeiterinnen, die häufig nicht einmal über einen Volksschulabschluß verfügten. Die spanischen Regierungen vermittelten bevorzugt ungelernte Kräfte und versuchten die ausgebildeten Fachkräfte im Land zu behalten, damit sie hier zum Aufbau der Wirtschaft beitrugen.

Die spanische Wanderbewegung nach Mitteleuropa in großem Ausmaß begann ungefähr in der Zeit, als der Stabilisierungsplan der 1959 umgebildeten spanischen Regierung, der von nun an auch Technokraten aus dem Opus Dei[4] angehörten, in Kraft trat. Mit dem Plan, der eine Öffnung Spaniens ins europäische Ausland und eine Modernisierung der Industrie vorsah, änderte die frankistische Regierung ihre bisherige Autarkiepolitik. Sie sah Investitionen in den industriellen Ballungszentren des Landes und die Einfuhr ausländischer Industriegüter vor. Diese Maßnahmen führten zu einer extremen Ungleichverteilung zwischen den Städten (insbesondere Madrid und Barcelona) und den ohnehin unterentwickelten ländlichen Regionen und gingen mit hoher Arbeitslosigkeit und einer Landflucht größten Ausmaßes einher. Barrutieta Saez (1976) nennt die durch den Stabilisierungsplan ausgelösten inner- und außerspanischen Wanderbewegungen einen „Exodus der gesamten spanischen Bevölkerung" (Barrutieta Saez, 1976, S. 38). Für den Autor stellt die Binnenwanderung

4 Katholische Vereinigung, 1950 als weltliche Institution anerkannt, die ihre Mitglieder, überwiegend Laien, zur christlichen Vollkommenheit inmitten der Welt führen will. Die Mitglieder blieben in ihren Berufen, waren aber den religiösen Zielen des Opus Dei verpflichtet. Die größte Ausbreitung erfuhr der Opus Dei in Spanien unter der Franco-Diktatur. Seine reaktionäre und antidemokratische Ausrichtung prädestinierte seine Mitglieder für eine Kollaboration mit dem Regime.

das wesentlichste und einschneidendste Ereignis innerhalb der letzten 25 Jahre dar – von 1976 aus gesehen –, „das die Zukunft Spaniens gestaltet und bestimmt hat“ (ebd., S. 37). Allein zwischen den Jahren 1959 und 1976 wanderten sieben Millionen Menschen aus den ländlichen, unterentwickelten Gebieten insbesondere Andalusiens in die Industriezentren, beispielsweise nach Katalonien und ins Baskenland. Bereits vor 1950 hatte es Abwanderungen vom Land in die Städte gegeben, aber die Zahl dieser Binnenwanderer war vergleichsweise gering. Die zweite Phase der innerspanischen Migration begann ab 1950; sie setzte sich Ende der 50er Jahre mit der Verabschiedung des Stabilisierungsplans verstärkt fort. „Unter dem Deckmantel des wirtschaftlichen Fortschritts wurde der größte Teil des Landes auf irreversible Art und Weise zerstört“ (ebd., S. 38). Die radikale Veränderung der spanischen Geographie und der spanischen Landschaft, das Entgleisen des ökologischen Gleichgewichts sind – so der Autor – Folgen einer Politik, die um jeden Preis und unter Außerachtlassung des Spezifischen des Landes den wirtschaftlichen Anschluß an Europa suchte. Infolge der massenhaften Landflucht verödeten und versteppten riesige Landstriche; im Jahre 1973 war das Bevölkerungswachstum in einigen der ländlichen Regionen gleich Null. Wo mit Bewässerungsanlagen blühende, fruchtbare Gärten hätten entstehen können, dehnt sich heute Ödland aus, während sich die Menschen in den luftverschmutzten Städten in dicht an dicht gereihten, trostlosen Wohnblocks drängen.

Im Jahr 1960 verstärkte sich parallel zur innerspanischen Wanderbewegung die außerspanische, deren Zielländer die Staaten des Gemeinsamen Marktes und die Schweiz waren. Da auch die außerspanischen Emigranten und Emigrantinnen überwiegend aus ländlichen Regionen stammten, kam es dort zu einem weiteren Bevölkerungsrückgang. Aufgrund der mangelhaften Infrastruktur, für deren Ausbau offizielle Stellen keine Pesete von den Geldüberweisungen der Emigranten aus dem Ausland ausgaben, kehrten jüngere Remigranten und Remigrantinnen häufig nicht in ihre Dörfer zurück, sondern gingen in die Städte. Die Landbevölkerung besteht heute überwiegend aus alten Menschen. In der vom Stabilisierungsplan angestrebten Entwicklung Spaniens vom Agrar- zum Industriestaat spielte die außerspanische Emigration für die Anhebung des wirtschaftlichen Wachstums eine bedeutende Rolle. Die Emigranten und Emigrantinnen halfen mit ihren Ersparnissen den spanischen Markt zu entlasten; deshalb wird häufig auch von der „Ventilfunktion" der Emigration gesprochen (vgl. Cazorla Pérez, 1989). Eigene Hypothesen und die Ergebnisse aus Untersuchungen anderer Autoren (vgl. insbes. Navarro Lopéz, 1981; Rosoli, 1982; Reyneri, 1982) zusammenfassend, führt Cazorla Pérez (1989), einer der bekanntesten spanischen Migrationsforscher aus: „Die Auswanderung nach Mitteleuropa sorgte zu Beginn der 70er Jahre für 80% der spanischen Devisen, mit denen mehr als die Hälfte des Imports von Industriegütern bezahlt werden konnte. Es ist davon auszugehen, daß sich die Arbeitslosigkeit in Spanien ohne die Auswanderung bis zum Jahr 1974 verdoppelt hätte. Die Emigration verhinderte schwerwiegende politische Konflikte. Zugleich konnten die Ausgaben für die Arbeitslosenunterstützung eingespart werden" (Cazorla Pérez, 1989, S. 171). Um den Beitrag der Emigranten für die Erstarkung der spanischen Wirtschaft mit Zahlen zu untermauern, bezieht sich Cazorla Pérez (1989) auf Navarro Lopéz (1981), der darauf verweist, daß die regelmäßigen Überweisungen der Emigranten und Emigrantinnen nach Spanien in den Jahren zwischen 1961 und 1972 mehr als 4.022 Millionen Dollar betrugen, während der spanische Staat zwischen 1966 und 1972 lediglich eine Summe von 530 Millionen Peseten für die finanzielle Unterstützung der Emigranten im Ausland aufbrachte (vgl. insbes. Diaz y Diaz, 1988, S. 34). In diesen Zahlen manifestiert sich die mangelnde Übernahme von Verantwortung der spanischen Regierungen für die Menschen, zu deren Auswanderung sie aktiv beigetragen und deren Devisen für den wirtschaftlichen Aufbau des Landes dringend benötigt wurden. Auch in der staatlichen Investitionspolitik wird das mangelnde Interesse offizieller spanischer Stellen an der sozialen und wirtschaftlichen Absicherung der Menschen, die mit ihrer Schwerstarbeit zum wachsenden Wohlstand ihres Landes beitrugen, deutlich. So verfügten die spanischen Regierungen eigenmächtig über die Sparguthaben der Emigranten, deren Interessen außer acht lassend, indem sie die Devisen nicht etwa in den unterentwickelten, armen, ländlichen Regionen, aus denen die Auswanderer kamen, investierten, sondern in den ohnehin reichen industriellen Ballungszentren. Diese Politik führte zu einer zusätzlichen Schwächung der ruralen Gegenden. Die Möglichkeit, Sparguthaben zu beleihen, ermöglichte offiziellen Stellen, die ins Land hereinkommenden Gelder im Sinne der Verfolgung eigener Interessen zu kanalisieren und zu kontrollieren. Sowohl das geringe finanzielle Aufkommen zur Unterstützung der Emigranten im Ausland als auch die Investitionspolitik verdeutlichen die fehlende Verantwortung des spanischen Staats für die Menschen, deren Emigration er angeregt hatte. Bis in die Gesetzgebung wird die Verantwortung für das Gelingen der Migration dem jeweils einzelnen zugeschrieben. Daß Emigration ein individuelles Abenteuer sei, kommt indirekt im spanischen Emigrationsgesetz von 1971 zum Ausdruck (vgl. Diaz y Diaz, 1988, S. 38). Zu dieser zynischen Haltung des spanischen Staates seinen Bürgern gegenüber paßt m.E. auch das Herunterspielen der mannigfaltigen Probleme der Emigranten im Ausland. Eine Presseerklärung des frankistischen Arbeitsministers Solís Ruiz zeigt die gezielte Verleugnungsstrategie der damaligen Regierung. Der Minister hatte am 4. März 1976 nach seiner Rückkehr aus Paris, wo er sich mit den Problemen der spanischen Arbeitsemigranten und -emigrantinnen befaßt hatte, vor der Presse erklärt: „Der spanische Arbeiter im Ausland ist mit seiner Situation zufrieden; die Probleme, die man mir vortrug, waren geringfügiger Natur. Bereits vor einigen Jahren hatten mir die Arbeiter ähnliches mitgeteilt, allerdings sind meine Gesprächspartner jetzt ins Detail gegangen. Z.B. haben sie davon gesprochen, daß sie bei ihrer Rückkehr nach Spanien keine Einfuhrsteuern auf die Autos zahlen wollen, die sie in Frankreich gekauft haben“ (vgl. Barrutieta Saez, 1976, S. 5).

2. Gesetzgebung und Vorurteile in der Bundesrepublik

In seiner jüngsten Veröffentlichung beklagt Cazorla Pérez (1989) die geringe Publikationsaktivität insbesondere zwischen 1973 und 1986, in die die Hauptrückwanderungsbewegungen fielen. Indirekt spielt der Autor darauf an, daß für die Emigranten die Situation ab 1973 mit dem Beginn der Energiekrise so komplex, unübersichtlich, aber auch sehr viel problematischer geworden sei, so daß sich offensichtlich viele Autoren scheuten, diese Konflikte aufzugreifen. Für Cazorla Pérez (1989) stellt die beginnende Energiekrise im Jahr 1973 eine Wende in der außerspanischen mitteleuropäischen Emigration dar. Die ausländischen Arbeitnehmer und Arbeitnehmerinnen seien als erste von den administrativen und legislativen Maßnahmen, mit denen die Bundesrepublik auf die ansteigende Arbeitslosigkeit reagierte, betroffen gewesen. In diesen Jahren sei es häufig zu konflikthaften oder gescheiterten Remigrationen gekommen – so Cazorla Pérez. Viele Rückkehrer und Rückkehrerinnen hätten die Vorstellung gehabt, gescheitert zu sein, weil sie ihr Ziel, Geld zu verdienen, nicht erreichten. Sie mußten vielmehr häufig vorzeitig unverrichteter Dinge nach Spanien zurückkehren. Während zwischen 1963 und 1973 ungefähr eine Viertelmillion Arbeiter und Arbeiterinnen zurückgewandert waren, hielten sich Mitte der 80er Jahre nur noch 300.000 in Mitteleuropa auf. Die administrativen und legislativen Maßnahmen der Bundesregierung sahen die Verkürzung der Aufenthaltsdauer insbesondere der Arbeitnehmer und Arbeitnehmerinnen vor, die sich erst kurze Zeit im Land aufhielten; sie betrafen Einschränkungen bei der Bezahlung von Überstunden, das Einfrieren der sozialen Integration der ausländischen Arbeitnehmer und Arbeitnehmerinnen und einen Anwerbestopp von Emigranten und Emigrantinnen, die nicht aus Ländern des Gemeinsamen Marktes stammten. Hinzu kamen später Restriktionen bei der Zahlung des Kindergeldes und der Gewährung und der Verlängerung von Arbeitsgenehmigungen. Das Gesetz zur Förderung der Rückkehrbereitschaft von Ausländern vom 28.11.1983 (Bundesgesetzblatt Nr. 48, T.I) sah die einmalige Zahlung einer Rückkehrprämie vor. Mit dieser Maßnahme versuchte die Bundesregierung, die Rückkehr der ausländischen Arbeitnehmer und Arbeitnehmerinnen zu beschleunigen. Machte der ausländische Arbeitnehmer davon Gebrauch, war ein erneuter Daueraufenthalt in der Bundesrepublik ausgeschlossen. Im Prinzip galt diese Regelung auch dann, wenn ein Ehegatte nach Zahlung der Prämie in sein Ursprungsland zurückgekehrt und der andere in der Bundesrepublik geblieben war.

Cazorla Pérez (1989) geht davon aus, daß sich in der Bundesrepublik mit dem Inkrafttreten dieser gesetzlichen und administrativen Maßnahmen das Klima den ausländischen Arbeitnehmern und Arbeitnehmerinnen gegenüber drastisch verschlechtert habe. Sie seien zunächst als Hilfen beim Wiederaufbau der deutschen Wirtschaft willkommen gewesen, später aber, mit dem Ansteigen der Arbeitslosigkeit zunehmend als unerwünschte Bürde empfunden worden. Vigil und Ariel del Val (1981) führen aus, daß spanische Arbeitnehmer sich von ihren Vorgesetzten vor der Energiekrise freundlich und später unfreundlich und diskriminierend behandelt fühlten. Mir scheint diese Aufteilung in vor und nach 1973 irreführend und verharmlosend, denn auch ohne restriktive Maßnahmen gab es in der Bundesrepublik ethnozentristische Einstellungen, vorurteilsvolles Verhalten und Fremdenfeindlichkeit den ausländischen Arbeitern und Arbeiterinnen gegenüber. Im übrigen existierten auch vor 1973 gesetzlich verankerte Einschränkungen für Ausländer. Ernst Klee (1972) führt dazu aus: „Einem Ausländer sind (Ausländergesetz § 6) die Grundrechte der Versammlungsfreiheit, der Freizügigkeit, der freien Wahl von Beruf, Arbeitsplatz und Ausbildungsstätte sowie des Schutzes der Auslieferung in das Ausland beschnitten. (...) Krankheit ist ein Grund, zwangsweise abgeschoben zu werden, entfällt doch der profitable Nutzen. (...) Diese Gesetze und Maßnahmen dienen vor allem der Disziplinierung der ausländischen Arbeiter, die, gemaßregelt und bedroht, bestrebt sind, nicht aufzufallen und auf Anfragen erst einmal Zufriedenheit bekunden. Sie sind als nützliche Arbeitskräfte in den Produktionsprozeß nahezu reibungslos eingepaßt. Sollten sie aufbegehren, so wird die Drohung deutlich hervorgekehrt, wie dies während des Streiks der IG-Metall-Arbeiter im November 1971 publik wurde: In einem Flugblatt hatten die Arbeitgeber in Baden-Württemberg die Ausländer auf die Gefahren der Ausweisung hingewiesen" (Klee, 1972, S. 28f.). Die ausländischen Arbeitnehmer und Arbeitnehmerinnen unterlagen demnach schon vor 1973 einer zusätzlichen besonderen Rechtsprechung, die zugegebenermaßen ab 1973 verschärft wurde. Was das sich verschlechternde Klima anlangt, so mag sich mit dem Ansteigen der Arbeitslosigkeit in der Bundesrepublik und der Verabschiedung von Maßnahmen und Gesetzen der schon immer vorhandene Ethnozentrismus laut und vernehmlich geäußert haben. Das von Klee (1972) herausgegebene Bändchen „Gastarbeiter, Analysen und Berichte" gibt die bereits vor 1973 existierenden Vorurteile den ausländischen Arbeitnehmern gegenüber wieder. In dem Tonbandprotokoll eines Interviews mit einem „Leiter des Lohnbüros" (Klee, 1972, S. 187ff.) und „einem Herrn von der Hauptverwaltung" (ebd., S. 187ff.) werden sie als verlogen, verschlagen, faul, nur auf den eigenen Vorteil bedacht und als Simulanten bezeichnet. Auf die Frage des Interviewers, worauf der Leiter des Lohnbüros die Krankheiten bei den ausländischen Arbeitnehmern zurückführe, antwortet dieser: „Ich weiß nicht, es sind auch einige darunter, die verstehen das. Die Dolmetscher bringen das manchmal an, und die sagen, das ist furchtbar, wenn es kalt ist, sagt irgendeiner: 'Bleib daheim, wenn du frierst, geh zum Doktor und sag, du würdest frieren, und dann schreibt er dich krank, du hättest Grippe.' Und hier gehn sie zum Doktor und frieren dann. Ich habe hier schon einen gehabt, der hat gestanden und hat gezittert hier im Februar, März, und hat gefroren und war krank. Abends, wenn man heimgeht, steht er dann an der Theke, hochgekrempelte Ärmel, das paßt dann nicht mehr" (Klee, 1972, S. 189). In einem Bericht über die Firma Philipp-Holzmann AG werden die Arbeiter indirekt als schmutzig bezeichnet. „Für die 800 Menschen, die das Lager aufnehmen kann, standen 1971 nur 8 Duschen und 5 Warmwasserhähne zur Verfügung. Vorstandsmitglied Dr. Georg Kirchner begründet dies: Unter den Duschen habe es noch nie Gedränge gegeben. Wörtlich: 'Das Warmwasserbedürfnis bei Ausländern ist nicht so groß'" (Klee, 1972, S. 195). In den im gleichen Bändchen abgedruckten Aufsätzen von 13-14jährigen Volksschülern und Volksschülerinnen werden die ausländischen Arbeitnehmer als asozial, als Nutznießer des deutschen Staates, als Menschen, die es nicht zu mehr gebracht haben als bei der Müllabfuhr zu arbeiten, als Sittenstrolche und als sexuelle Schweine bezeichnet. Heike schreibt: „Viele Leute bezeichnen Gastarbeiter als asoziale Bagasche und Sittenstrolche. Gastarbeiter findet man häufig bei Straßenbauarbeiten und bei der Müllabfuhr. Höhere Bereiche der Berufe erreichen sie kaum. Es heißt, daß Gastarbeiter sehr undankbar sind. Daß sie einfach Frau und Kinder mitbringen und unser Staat das Kindergeld zahlt. Auch sagt man, daß sie die ersten sind, die den Hammer fallen lassen. Sie haben auch die meisten unehelichen Kinder zustandegebracht. Man stellt die Gastarbeiter meist in den Intimitäten den Schweinen gleich. Was auch wahr ist" (Ney, 1972, S. 158).

Die Emigranten und Emigrantinnen hatten Armut und Arbeitslosigkeit mit der Einschränkung ihrer Rechte, Diskriminierung und Schwerstarbeit eingetauscht. Sie wurden mit einer verdeckten oder offen existierenden Vorurteilsstruktur der Deutschen konfrontiert, die sich in fremdenfeindlichen Äußerungen manifestierte. Es ist Barrutieta Saez (1976) zuzustimmen, der die Lage der Emigranten so schildert: „Sie waren Sklaven ohne Stimmrecht diesseits und jenseits der Grenze. Der spanische Arbeitsemigrant war nicht als Person, sondern nur als Produktionswerkzeug mit menschlichem Aussehen geschätzt" (Barrutieta Saez, 1976, S. 7).

3. Die Rückkehr

In der bereits erwähnten Veröffentlichung zur spanischen Remigration faßt Cazorla Pérez (1989) die Ergebnisse anderer Autoren und Autorinnen zusammen, die sich mit diesem Thema befaßten (vgl. Cardelús und Pascual, 1979; Castillo Castillo, 1980; Garmendia, 1981; Aguirre Menéndez, 1986) und betont, daß sie in vielen Punkten nicht wesentlich von seinen eigenen Ergebnissen abwichen (vgl. Cazorla Pérez, 1989, S. 49f.). In einer großangelegten empirischen Untersuchung hatten er und sein Team 207 Remigranten und Remigrantinnen unmittelbar nach ihrer Rückkehr und ein halbes Jahr danach 174 mit ausführlichen Fragebögen interviewt. Der Autor geht von der Arbeitshypothese aus, daß unterhalb der ökonomischen Gründe, die die Auswanderer für ihre Migration angeben, ein latentes Motiv existiere, das sich um die Vorstellung zentriere, als Triumphator zurückzukehren, den Zurückgebliebenen stolz vorzuführen, wieviel Geld im Ausland zu verdienen gewesen sei; dies sei mit Statusvorteilen verknüpft gewesen. Diese Einstellung mag für die von Cazorla Pérez untersuchte ländliche Bevölkerung gelten, in den Städten war es jedoch kaum möglich, über die Daheimgebliebenen zu triumphieren. Allerdings kamen die meisten, insbesondere nach 1973 – so Cazorla Pérez –, eher als Besiegte, nicht aber als Sieger zurück. In seinen Zahlen spiegeln sich Tragik und Vergeblichkeit wider, lange Jahre schwerste Arbeit in einer fremden, meist vorurteilshaft gestimmten Umwelt auf sich genommen zu haben, um nach der Rückkehr die gleiche wirtschaftliche Situation vorzufinden, die die Emigranten einst veranlaßt hatte, auszuwandern. Ganz im Gegenteil zu der Augenwischerei des ehemaligen Direktors des IEE, Jordana de Pozas, der 1976 erklärt hatte, daß ein zurückkehrender Arbeitsemigrant nicht notgedrungen arbeitslos sein müsse (vgl. Barrutieta Saez, 1976), waren in der Befragung von Cazorla Pérez, die er zwischen 1985 und 1986 unmittelbar nach der Ankunft der Remigranten und Remigrantinnen durchgeführt hatte, 51,7% arbeitslos, nach einem halben Jahr hatten von den 51,7% nur ungefähr 12% Arbeit gefunden (vgl. Cazorla Pérez, 1989, S. 98f.). So gaben auch in der Untersuchung auf die Frage, worin die Rückkehrer und Rückkehrerinnen die Hauptprobleme bei ihrer Ankunft in Spanien sähen, 78,6% der Befragten an, das Schwierigste sei, Arbeit zu finden, nur 38,5% sahen in der Wiederanpassung an die bekannte, jetzt aber fremde Umgebung das Hauptproblem der Remigration (vgl. ebd., S. 97). Die Cazorla Peréz-Studie betont, daß von offizieller Seite keinerlei Aufklärung über staatliche Unterstützungen für Rückkehrer existierte, beispielsweise über Ausnahmeregelungen bei der Einfuhr bestimmter Güter. Jeder einzelne sei gleichermaßen auf seine eigene Initiative und sein Wissen angewiesen gewesen, um ihm zustehende Vergünstigungen herauszufinden. Diese Erfahrungen bestätigen indirekt einmal mehr die Einstellung der spanischen Regierungen – aller politischen Richtungen –, die ihren Bürgern weismachten, in der Emigration ein individuelles Abenteuer zu sehen und dem einzelnen ihr Mißlingen oder Gelingen anlasteten. Wenn trotzdem 89,7% der Befragten die Auffassung vertraten, die Emigration habe sich gelohnt, in der Untersuchung von Castillo Castillo (1980) waren es 84% (vgl. Cazorla Pérez, 1989, S. 100), so kommt darin m.E. ein Rest von Selbstachtung zum Ausdruck, die allerdings auf den Mechanismus der Verleugnung zurückgreifen muß. Würden die Rückkehrer und Rückkehrerinnen nach 10-20 Jahren harter Arbeit unter Extrembedingungen vor sich und vor den anderen zugeben, es sei alles umsonst gewesen, dann bliebe ihnen als Ausweg nur noch der Selbstmord.

Trotz der eingangs geschilderten restriktiven Gesetzgebung vor und nach 1973, trotz einer latent immer existierenden Xenophobie, die sich nach 1973 nicht mehr verbarg, geben auf die Frage nach der Haltung der Deutschen den Arbeitsemigranten und Arbeitsemigrantinnen gegenüber 50% an, daß sie sich sowohl am Arbeitsplatz als auch außerhalb des Arbeitszusammenhangs 'geschätzt gefühlt hätten' (ebd., S. 77). Auch hier gilt es, die Zahlen zu interpretieren. Wer mag schon zugeben, sich schlecht behandelt gefühlt zu haben? Über die Gründe für die Remigration ist in der Cazorla Pérez-Untersuchung zu erfahren, daß nicht etwa offene Diskriminierung und/oder schlechte Behandlung ausschlaggebend waren für den Entschluß zurückzukehren, sondern daß die Interviewten die Auffassung vertraten, sie seien ihrer Kinder wegen nach Spanien zurückgekehrt (30,4%). 25,1% der Befragten gaben an, daß die Sehnsucht nach Spanien sie zur Rückkehr veranlaßt habe (ebd., S. 92). Zwei in der Bundesrepublik durchgeführte Untersuchungen, von denen Cazorla Pérez berichtet (vgl. Aguirre Menéndez, 1979; Romera Molina, 1983), erzielten noch höhere Prozentzahlen für diejenigen, die angaben, die Sehnsucht nach Spanien habe sie zur Rückkehr veranlaßt. Bei Aguirre Menéndez waren es 69%, die zurückkehren wollten, weil Spanien 'ihr Vaterland' sei und sie dort 'ihr Zuhause' hätten; 23% gaben an, daß 'dort ihre Familie und ihre Freunde lebten' (vgl. Cazorla Pérez, 1989, S. 93). Bei Romera Molina waren es 62% der Interviewten, die zurückkehren wollten, weil Spanien 'ihre Heimat sei' (vgl. Cazorla Pérez, 1989, S. 93). 21% der Befragten gaben an, sich in der Bundesrepublik nicht wohlzufühlen (vgl. ebd., S. 93). Cazorla Pérez spricht in diesem Zusammenhang von der 'Sehnsucht nach den Wurzeln' (vgl. ebd., S. 93). Er fährt fort: „Die zuletzt genannte Autorin (Romera Molina, M.Z.) vertritt die Auffassung, daß bei '4/5 der Emigranten, die sich wünschen, in unser Land zurückzukehren, gefühlsmäßige Bindungen ausschlaggebend sind, worunter sich die Nicht-Anpassung an das Immigrationsland und die Unmöglichkeit verbergen, sich voll in eine Gesellschaft zu integrieren, die doch sehr verschieden ist von der, in der sie während ihrer Kindheit und Jugend gelebt haben'. Dies erklärt gleichzeitig, daß genau diejenigen, die am integriertesten in die neue Gesellschaft sind, d.h. eher die Jüngeren, die beruflich besser Qualifizierten, diejenigen, die die Sprache beherrschen, sich am wenigsten wünschen, von dort wegzugehen" (ebd., S. 93). Zwei weitere Ergebnisse der Cazorla Pérez-Untersuchung hängen m.E. eng mit der, wie ich meine, zentralen, allerdings häufig unbewußten Remigrationsmotivation zusammen, sich nämlich aufgrund mangelnder Anpassung an das Leben in den Immigrationsländern nach Spanien zu sehnen. So gab einerseits ein Prozentsatz von 36,2% der aktiven männlichen Bevölkerung an, zurückkehrt zu sein, ohne sich vorher in Spanien um Arbeit bemüht zu haben, 10,1% der Befragten äußerten, sie seien zurückgekommen, 'um ruhig im Dorf leben zu können' (ebd., S. 94), andererseits beantwortete fast die Hälfte der Interviewten die Frage, ob bei der Rückkehr ihre Erwartungen im allerweitesten Sinn in Erfüllung gegangen seien nicht, 28% der Befragten meinte, sie seien nicht in Erfüllung gegangen (ebd., S. 95). Daß 16,9% der Untersuchten in seiner eigenen Untersuchung als Rückkehrgrund Erkrankung angeben, erscheint Cazorla Pérez zu hoch. Er äußert auch Skepsis im Zusammenhang mit einem anderen Untersuchungsergebnis, in dem ein hoher Prozentsatz der Befragten Krankheit als Rückkehrgrund nannte. Er bezieht sich dabei auf Rhoades (1977), der eine Untersuchung des IEE aus den Jahren 1971 bis 1974 referiert, in der 30% der Interviewten Erkrankung als Rückkehrgrund angaben. Cazorla Pérez zweifelt dieses Ergebnis an und wendet ein, daß es sich um die Untersuchung einer offiziellen Stelle handelte und daß die Interviewer wenig Erfahrung mit der Befragungstechnik gehabt hätten (vgl. Cazorla Pérez, 1989, S. 92). Anhand meiner Untersuchungsergebnisse kann ich zeigen, daß in vielen Fällen die Rückkehrmotivation Krankheit von einer unbewußten Sehnsucht nach Spanien nicht zu trennen ist. Diese Verbindung kann jedoch der Autor aufgrund seines empirischen Forschungsansatzes nicht sehen, obwohl er hellsichtig den Zusammenhang zwischen mangelnder Anpassung an die neue Umgebung und der Sehnsucht nach Spanien hergestellt hatte.

III. Meine Gesprächspartnerinnen

1. Einführende Überlegungen

Ich gehe davon aus, daß Remigration eine Sonderform von Migration ist. Die Remigration von Arbeitsemigranten und -emigrantinnen ist integraler Bestandteil ihrer Emigration in der Suche nach Arbeit. Ebenso wie ökonomische Faktoren, die hohe Arbeitslosigkeit, das chronische Elend im Spanien der fünfziger und sechziger Jahre für die Auswanderung verantwortlich waren, so markierte die Rezession der siebziger Jahre in den reichen europäischen Industrieländern den Beginn einer massenhaften Rückwanderung in die Ursprungsländer. Der Versuch, über Emigration der Armut zu entfliehen, ist den meisten Migranten und Migrantinnen nicht gelungen; das Elend holte die Menschen nach der Rückkehr wieder ein. Das Migrationserlebnis unter den Extrembedingungen der Arbeitsemigration vorwiegend ungelernter Kräfte wirkt nicht bewußtseinserweiternd, es beschleunigt vielmehr regressive psychische Prozesse, die in schwere psychische und/oder physische Erkrankungen münden können. Mein Forschungsinteresse besteht darin herauszufinden, wie die ökonomischen und sozialen Faktoren unbemerkt und unkontrolliert in die Menschen hineinkriechen und dort ihre je konkrete Ausprägung durch die Triebbestimmtheit, die psychische Struktur und die Kindheitsbiographie erfahren. Mein Interesse gilt der Untersuchung weiblicher Verarbeitungsformen von Migration.

1.1 APOYAR: Der Ort meiner Untersuchung

Im Herbst 1987 nahm ich, vermittelt über eine Rückkehrerin, die in der Bundesrepublik gearbeitet hatte, Kontakt mit einer Rückkehrerorganisation in Madrid auf. APOYAR wurde 1981 von Remigranten und Remigrantinnen aus der Bundesrepublik, der Schweiz und aus

Belgien als unabhängige Selbsthilfeorganisation gegründet und wird u.a. vom IEE und von europäischen Organisationen finanziell unterstützt. Schwerpunktmäßig liegt die Arbeit von APOYAR bei der Eingliederungshilfe von Kindern und Jugendlichen. Daneben bietet die Organisation Alphabetisierungskurse, Unterricht in Maschinenschreiben, Informatik und Bastelkurse an. Den breitesten Raum im Angebot von APOYAR nehmen jedoch sozialarbeiterische Unterstützung beim Ämtergang, dem Ausfüllen von Anträgen auf Rente, Arbeitslosengeld u.ä.m. ein. Trotz dieser eher pädagogischen, sozialarbeiterischen Orientierung wurde mein Anliegen, weibliche Formen der Verarbeitung von Migration zu untersuchen, positiv aufgenommen. In einem der ersten Gespräche mit Matilde und zwei Sozialarbeiterinnen besprach ich die Modalitäten meiner Forschungstätigkeit. Um mein Forschungsinteresse zu verwirklichen, hatte ich einerseits daran gedacht, anhand mehrerer Einzelgespräche mit Frauen über einen längeren Zeitraum individuelle weibliche Bewältigungsformen von Migration aufzuspüren und über einen Gruppenprozeß kollektive Verarbeitungsmodalitäten zu verfolgen. Matilde war bereit, mir dabei zu helfen, eine Frauengruppe ins Leben zu rufen und andere Frauen zu fragen, ob sie Interesse hätten, im Rahmen von Einzelgesprächen mit mir über ihre Migrationserfahrungen zu sprechen. Als Gegenleistung bat sie mich, mit Frauen die Möglichkeit einer langfristigen Psychotherapie zu eruieren, die Hilfe für ihre psychischen Probleme bei APOYAR suchten, mit denen die Mitarbeitergruppe aber nicht umgehen konnte. Die psychoanalytischen Einzelbehandlungen bilden heute den Kern meiner Untersuchung zur weiblichen Verarbeitung von Migration. Über den sich entwickelnden psychoanalytischen Prozeß konnte ich den Konfliktverarbeitungen in ihren feinsten Verästelungen nachgehen. So wurde insbesondere über die Behandlungsverläufe und ihre Auswertungen möglich, die Bedeutung der Migrationsrealität für die psychische Gesundheit meiner Gesprächspartnerinnen herauszuarbeiten.

Meine Untersuchung erstreckte sich über zwei Jahre, in deren Verlauf ich zwei zweistündige Psychotherapien und eine Vielzahl von Gesprächen mit je drei Frauen durchführte. Die von mir mit Hilfe von Matilde gegründete Gruppe fand zunächst zweimal, später nur noch einmal während eines Jahres statt. Die Anfertigung von Niederschriften der Behandlungen, der Einzelgespräche, der Gruppensitzungen und der Beobachtungen, die ich in der Wohnwelt der Remigrantinnen machte, wurden zu einem wesentlichen Bestandteil meiner Untersuchung. Meine Aufzeichnungen dienten mir als Kontrolle meiner eigenen Arbeit, die ich allein durchführte. In manchen Fällen halfen sie mir, mich von emotionalen Verstrickungen mit meinen Gesprächspartnerinnen zu distanzieren. Über meine Aufzeichnungen versuchte ich auch, mich der meiner Ansicht nach menschenabweisenden und trostlosen Umwelt, in der die Rückkehrerinnen lebten, innerlich zu nähern; zugleich halfen sie mir auch, mich von der bedrückenden Armut in ihren Wohnvierteln zu distanzieren. Eine nachträgliche Analyse meiner Beobachtungen, die ich in der Wohnwelt der Remigrantinnen machte, enthüllte unbewußte Motive für vielfältige Abwehrbewegungen, mit denen ich versucht hatte, schmerzliche Wahrnehmungen ungeschehen zu machen oder zu verleugnen. Später wurden meine Aufzeichnungen insgesamt zur Grundlage meiner heute als Ergebnisse vorliegenden Analysen und Reflexionen.

1.2 Zur psychosozialen Situation der Migrantinnen

Es gibt keine psychoanalytische Untersuchung zur geschlechtsspezifischen Verarbeitung von Migration. In der nicht-psychoanalytischen Migrationsliteratur existieren nur vereinzelt spärliche Hinweise auf die spezifische Situation der Migrantin. Bedauerlicherweise sind die Thesen der spanischen Migrationstheoretiker Cazorla Pérez (1989) und Garmendia (1970) mit Vorurteilen und Klischees über die Frau und ihre Migrationsrealität gespickt. Während die Ergebnisse von Cazorla Pérez immerhin auf empirischem Material beruhen, vertritt Garmendia (1970) die durch keinerlei Zahlenmaterial untermauerte Hypothese, den Migrantinnen falle es leichter, sich an fremde Normen, Wertvorstellungen, Ordnungen und an das soziale bundesrepublikanische Leben insgesamt anzupassen als ihren männlichen Mitemigranten. Dies äußere sich u.a. darin, daß mehr Emigrantinnen deutsche Männer heirateten als männliche Emigranten deutsche Frauen. Die höhere Anpassungsfähigkeit der Migrantinnen führt der Autor auf ihre Herkunft aus städtischen, industriellen Zentren zurück, während die männlichen Emigranten überwiegend aus ländlichen

Gegenden stammten. Deshalb stünden sie dem Neuen ablehnend gegenüber und kapselten sich im Gegensatz zu den Frauen von der ihnen unbekannten und fremden Umgebung ab. Garmendia kommt zu dem Schluß, das Emigrationserlebnis habe für die Emigrantinnen bewußtseinserweiternden und emanzipatorischen Charakter. Seine Annahme, die Frauen unter den Migranten stammten aus den industriellen Zentren und die Männer aus den ländlichen Gegenden, ist aus der Luft gegriffen und entbehrt jeglicher statistischer Grundlage. Wie wenig sich die Emigrantinnen tatsächlich an das Leben der Immigrationsländer anpaßten, belegen die Ergebnisse von Cabezas Moro und Testa Alvarez (1981), Rosen (1981) und Panayotakopoulou (1981). Die Frauen machten beispielsweise keinen Gebrauch von den zahlreichen sozialen Einrichtungen in den Immigrationsländern, von Kindergärten, Familienberatungsstellen, Sozialämtern oder Zentren der Beratung von Ausländern. Entweder wußten sie nichts von ihrer Existenz, oder aber Sprachschwierigkeiten und kulturell bedingte Vorurteile errichteten eine Barriere.

In der Cazorla Pérez-Untersuchung erscheinen Frauen als „Hausfrauen" in der vom Autor eingeführten Basisvariablen „Aktivität", in der er zwischen arbeitenden Männern und dem Rest, der aus Arbeitslosen, Hausfrauen und Rentnern besteht, unterscheidet (Cazorla Pérez, 1989, S. 61). In dieser Versuchsanordnung kommt einerseits ein Vorurteil und andererseits die Nichtkenntnisnahme von veröffentlichtem Zahlenmaterial zum Ausdruck, nach dem in der Bundesrepublik Ende 1979 insgesamt 606.966 ausländische Arbeitnehmerinnen lebten (Rosen, 1981, S. 1). Viele Frauen waren Hausfrauen und Arbeiterinnen zugleich, außerdem gab es auch allein auswandernde Frauen, die selbstverständlich in den Immigrationsländern arbeiteten. Auch die Witwen konnten sich mit der lächerlich geringen Rente ihrer verstorbenen Männer nicht gemütlich im Sessel zurücklehnen; sie arbeiteten. Von den 32% der Befragten in der Cazorla Pérez-Untersuchung, die angaben: „Ich habe keine Arbeit gesucht, ich brauchte sie nicht" (Cazorla Pérez, 1989, S. 98), waren 87% Hausfrauen und Rentner. Daß es viele Frauen gab, die Arbeit suchten, jedoch keine fanden, wird durch die Versuchsanordnung nicht deutlich. Von der Diskriminierung der Frau im Arbeitsleben ist nicht die Rede. Cabezas Moro und Testa Alvarez (1981) führen hingegen aus, daß Emigrantinnen im Gegensatz zu männlichen Mitbewerbern um einen Arbeitsplatz immer benachteiligt waren. Auch dann, wenn eine Frau eine in Frage kommende Arbeit verrichten konnte, sei regelmäßig ein männlicher Migrant eingestellt worden. Indirekt erkennt auch Cazorla Pérez die Diskriminierung der Frau im Arbeitsleben an, wenn er die hohe Arbeitslosigkeit von Männern und Frauen bei ihrer Rückkehr – Reyneri (1981) folgend – damit in Verbindung bringt, daß die Frauen vor ihrer Rückwanderung nach Spanien ihre Arbeit im Ausland aufgeben mußten und dann durchwegs arbeitslos wurden. Auch anhand meiner Untersuchung läßt sich die These vertreten, daß die Frauen nach ihrer Rückkehr zwar Arbeit suchten, aber keine fanden und deshalb notgedrungen auf den Hausfrauenstatus festgelegt wurden.

Cazorla Pérez (1989) stimmt mit den Ausführungen von Rosen (1981) und Cabezas Moro und Testa Alvarez (1981) überein, daß Hausfrauen in der Bundesrepublik weniger Freundschaften mit Deutschen schlossen als ihre männlichen Mitemigranten und im Gegensatz zu diesen die deutsche Sprache überwiegend nicht erlernten. Während Cazorla Pérez die Unfähigkeit der Hausfrauen, Freundschaften zu schließen auf ihren 'persönlichen Charakter' (Cazorla Pérez, 1989, S. 80) zurückführt, machen Cabezas Moro und Testa Alverez (1981) und Rosen (1981) die spezifische Lage der verheirateten Migrantinnen, die keiner Arbeit nachgingen und sich überwiegend zu Hause aufhielten, für ihr Verhalten verantwortlich. Sie erwähnen die ungünstige Situation der verheirateten Frau, die mit ihrem Mann emigrierte oder ihm im Zuge der Familienzusammenführung später folgte. Insbesondere Cabezas Moro und Testa Alvarez (1981) verweisen darauf, daß die Migrantin entweder keine oder falsche Informationen über das Land hatte, in das sie auswanderte. Im Gegensatz zu ihrem Mann und ihren Kindern, die im Immigrationsland Kontakte am Arbeitsplatz oder in der Schule fanden, sei die Hausfrau von jeglicher Berührung mit der Außenwelt abgeschnitten gewesen. Rosen (1981) betont, daß die soziale und emotionale Isolierung dazu führte, daß die Frauen sich innerlich mit Spanien zu beschäftigen begannen und sich zurücksehnten. Dieser innere Rückzug sei nicht selten in der Überbetonung typisch spanischen Essens und der aufwendigen Zubereitung von Speisen zum Ausdruck gekommen. Da sich die Wohnungen der Migranten jedoch in schlechtem Zustand befanden und die Frauen über keinerlei Elektrogeräte verfügten, seien sie beständig mit Hausarbeit beschäftigt gewesen. Übereinstimmend betonen die

Autoren, daß die Frauen einer doppelten Isolierung ausgesetzt gewesen seien: sowohl innerhalb der Familie als auch innerhalb der deutschen Gesellschaft. In vielen Fällen hätten sie darauf mit Depressionen oder psychosomatischen Beschwerden reagiert. Im Gegensatz zur verheirateten Frau fände die allein auswandernde Frau zwar qualifiziertere Arbeiten, beispielsweise am Fließband in der Industrie, ihre emotionale Situation zeichne sich aber ebenfalls durch Isolierung, durch Einsamkeit und mangelnde affektive Unterstützung durch Familienangehörige aus.

Rosen (1981) verweist auch auf die rechtliche Diskriminierung insbesondere der verheirateten Migrantinnen. Frauen, die im Rahmen der Familienzusammenführung in die Bundesrepublik einwanderten, mußten vier Jahre warten, um eine Arbeitsgenehmigung beantragen zu können. Die Frau eines Emigranten konnte ihm erst dann in die Bundesrepublik Deutschland folgen, wenn er dort ein Jahr gelebt hatte, nachweisen konnte, daß er nicht kurz vor einer Kündigung stand, über einen Arbeitsvertrag und über eine entsprechende Wohnung verfügte. Die Einwanderungsbestimmungen schränkten die Freizügigkeit der verheirateten Frauen indirekt ein. Die Aufenthaltsgenehmigung der Frau, die über Familienzusammenführung in die Bundesrepublik einwanderte, war, so lange sie nicht selbst arbeitete, immer mit der ihres Mannes gekoppelt.

Meine Gesprächspartnerinnen waren meist als zwanzigjährige Frauen von Spanien nach Mitteleuropa emigriert und nach 20-25 Jahren allein oder mit ihren Familien zurückgekehrt. Sie hatten einen wichtigen Abschnitt ihres Lebens außerhalb ihres Landes verbracht. Manchmal waren sie jungverheiratet, als sie auswanderten, manchmal aber heirateten sie unmittelbar nach Ankunft in den Immigrationsländern – in allen Fällen spanische Landsleute. Hier bekamen sie ihre Kinder, die sie fast ausschließlich allein ohne die Unterstützung ihrer Männer aufzogen. Mit wenigen Ausnahmen hatten sie nur mit den eigenen Landsleuten freundschaftliche Kontakte. Trotz ihres langen Aufenthalts spielten fast alle Frauen – im Gegensatz zu ihren Männern – mit der Phantasie, zurückzukehren. Mit Ausnahme einer Rückkehrerin besaß keine der Frauen eine Berufsausbildung; die meisten hatten – wenn überhaupt – nur die Volksschule besucht. Sofern ihre Familien auf dem Land gelebt hatten, mußten sie bei der Feld- und Hausarbeit mithelfen, so daß für einen Schulbesuch keine Zeit übrig blieb. Von den sechs Frauen, mit denen ich psychoanalytische Behandlungen und Gespräche durchführte, war für drei die Rückkehr nach Spanien bereits die dritte Migration; als junge Mädchen waren sie häufig allein oder mit mehreren Familienangehörigen auf der Suche nach Arbeit von ihren Dörfern nach Madrid ausgewandert und später ins Ausland emigriert. Meine Gesprächspartnerinnen waren zwischen 45 und 52 Jahren alt; alle waren physisch und/oder psychisch krank zurückgekehrt.

Einen wesentlichen Stellenwert in ihrem Leben im Ausland hatte ihre Berufstätigkeit eingenommen – wenngleich sie nach bürgerlichen Maßstäben in niedrigen und monotonen Arbeitsverrichtungen bestanden hatte. Es war jedoch wichtig für sie, auch außer Haus zu arbeiten und dazu beizutragen, die Spareinlagen für den geplanten Wohnungs- oder Geschäftskauf in Spanien zu erhöhen. Obwohl sie nach ihrer Rückkehr nach Spanien keine Arbeit gefunden hatten, lehnten sie es jedoch selbstbewußt ab, als Putzhilfen zu arbeiten – da werde man nur ausgenutzt, habe keinen geregelten Urlaub, kein Urlaubsgeld und keine gewerkschaftliche Vertretung. Ihre Kinder lebten zwar noch bei ihnen im Haushalt; sie waren jedoch meist bereits erwachsen, standen kurz vor dem Schulabschluß oder suchten Arbeit. Die Frauen nahmen regelmäßig an Alphabetisierungs-, Schreibmaschinen-, Informatikkursen und am Bastelunterricht teil. Wichtiger als die Teilnahme an den Kursen waren die Gespräche, die sie miteinander führten. Viele ergaben sich nicht passiv in ihr Schicksal, wieder auf die Hausfrauenrolle festgeschrieben zu sein; sie versuchten vielmehr, aktiv selbst etwas aus ihrer Situation zu machen. Das Eingeständnis, darüber hinaus psychisch mit der Situation nicht fertig geworden zu sein, der sie sich nach der Rückkehr ausgeliefert fühlten, aus eigener Kraft bestimmte Konflikte nicht lösen zu können, setzte einen Bewußtseinsgrad voraus, dem Einsicht in eigene Hilflosigkeit vorausgegangen war.

2. Wohin die Remigranten und Remigrantinnen zurückkehrten

Die Arbeitsmigranten und Arbeitsmigrantinnen, die aus dem Ausland in die Stadt Madrid zurückkehrten, ließen sich u.a. in Zarza Quemada (Verbrannter Dornbusch) und in Aluche nieder. Dort wo es bis in die

50er Jahre kleine Gärtnereien gegeben hatte, deren ausgezeichneter Kopfsalat von den Madrilenen sehr geschätzt wurde, entstand im Verlauf der 60er Jahre Zarza Quemada, ein riesiges Neubaugebiet am nördlichen Rand der Industriestadt Leganés, die ungefähr 25 km südlich von Madrid liegt. Anders als Zarza Quemada, dessen Bau vorher geplant worden war, was u.a. an der Straßenführung erkennbar ist, entstand Aluche, ein riesiges, unübersichtliches, zergliedertes, unorganisches Wohnsilo im Südwesten von Madrid, wildwüchsig über mehrere Bauabschnitte. Das heutige Aluche geht auf mehrere voneinander unabhängige Bebauungspläne zurück, die immer nur für ein eng umschriebenes Gebiet Geltung hatten. So wuchsen nebeneinander und voneinander getrennt viele kleine Baueinheiten heran. Die erste Baugenehmigung erging im Jahr 1964; bis zum Jahr 1972 war fast die Hälfte der heutigen Wohnungen gebaut. In einer zweiten Phase zwischen 1972 und 1978 wurde weitergebaut, wobei bis zum Jahr 1980 eine Wohnungsdichte von 128,53 Wohnungen pro Hektar entstanden war, während der Bauplan nur 101,4 Wohnungen vorgesehen hatte. Die bebaute Fläche Aluches beträgt 159,19 Hektar. Ursprünglich war der Bau von 19.724 Wohnungen geplant, tatsächlich entstanden dann aber 25.089 Wohnungen. Die Bauplanung und Durchführung lag ausschließlich in privater Hand; aus Profitgründen wurde jeder Quadratmeter des Bodens genutzt. Im Jahr 1980 hatte Aluche 93.783 Einwohner, dies bedeutet bei einer Flächenbebauung von 159,19 Hektar, daß pro Person 15 qm zur Verfügung stehen. „Der Bebauungsplan aus dem Jahr 1960 verletzte die Bestimmungen des Generalbebauungsplans für die Stadt Madrid aus dem Jahr 1941 und seine Vorschriften von 1950, die dieses Gebiet als Grünzone mit beschränkter Bebauung ausgewiesen hatten. Die Mängel in der Infrastruktur sind Konsequenz der sukzessiven Überschreitungen des Generalbebauungsplans und der exzessiven Ausbeutung des Bodens" (Ministerio de Obras Públicas y Urbanismo, 1982, S. 22). Ich greife zwei Zahlen heraus, die die Verfasser dieser Dokumentation aufführen, um die Mängel in der Infrastruktur Aluches zu verdeutlichen. So deckte das Angebot an Kindergartenplätzen im Jahr 1980 nur 25% der Nachfrage. In Aluche existierten im Jahr 1980 drei Altenheime, zwei private und ein mit öffentlichen Geldern finanziertes, die insgesamt über 160 Plätze verfügten, so daß 93,40% der Nachfrage nicht abgedeckt waren.[5] Die Dokumentation beklagt außerdem die mangelhafte Straßenführung innerhalb der Region von Latina im Südwesten Madrids, zu der auch Aluche gehört. Die Hauptstraßen in Aluche und in anderen Wohnsilos führten nur in die Zentren, ihre Verbindung jedoch mit Straßen zweiter Ordnung sei nicht gewährleistet. Hinzu komme, daß die Hauptverkehrsstraßen zusätzlich Durchgangsstraßen seien, die die anderen Wohnstädte miteinander verbänden.

Die planlos aus dem Boden gestampften Häuser Aluches wurden auf billigstem Boden und unter Verwendung von billigem Baumaterial gebaut. Aluche besteht aus „offener Bebauung" (Ministerio de Obras Públicas y Urbanismo, 1982, S. 83), d.h. aus überwiegend freistehenden oder aneinander gebauten Hochhäusern und Wohnblocks; diese Bebauung habe zur Folge, daß die Straße als urbanes Element verschwinde. Aluche verfüge über keinerlei Persönlichkeit, die gewachsene Viertel aufwiesen. In Aluche „ist es eher die Ausnahme als die Regel, daß seine Bebauung das Mittelmaß und die Eintönigkeit überschreitet. Es sind und werden immer Viertel (gemeint sind die Wohnsilos im Gebiet von Latina, M.Z.) ohne Persönlichkeit bleiben, die irgendwo in einem der Stadterweiterungsgebiete angesiedelt sein könnten, sie sind Produkt der Bauaktivität der Jahre 1960-1970" (Ministerio de Obras Públicas y Urbanismo, 1982, S. 84). Die durchwegs kleinen Wohnungen sind hellhörig und aufgrund mangelhafter Installation häufig feucht. Trotz der im Winter nicht selten niedrigen Temperaturen, die im Januar durchaus bei 5-6 Grad unter Null liegen können, hat keine der Wohnungen Heizung und warmes Wasser. Da der Strom in Spanien sehr teuer ist, machen die Menschen in Aluche nur selten Gebrauch von elektrischen Heizöfchen oder Heizröhren. Sie schalten sie erst dann ein, wenn auch der dickste Pullover nicht mehr die Kälte abhält. Im Sommer schützt die schlechte Isolierung der Häuser nur ungenügend vor der glühenden Hitze[6]. Sowohl Zarza Quemada als auch Aluche wurden in der Zeit gebaut, als sich die

---

5 Ich verfüge leider über keine neueren Zahlen. Da die Bebauung jedoch 1978 abgeschlossen war, gab es danach weder von offizieller noch von privater Seite Interesse, in Aluche zu investieren. Die Zahlen haben deshalb noch heute Gültigkeit. Kleine unerhebliche Abweichungen sind durchaus möglich.

6 Alle Häuser in „guten" Gegenden Madrids verfügen über Zentralheizung und viele auch über Klimaanlagen.

Mehrzahl der Arbeitsemigranten in den mitteleuropäischen Ländern aufhielten und mit ihren Geldüberweisungen die Bebauung der beiden Wohnsilos mitfinanzierten. Ihre Ersparnisse reichten nicht aus, um sich Wohnungen in anderen teueren Gegenden zu kaufen. Durch die Lage Madrids nur ca. 60 km südlich der Sierra de Guadarrama, einem bis 2.300 m hohen Gebirgszug, sind die nördlichen und nordwestlichen Wohnviertel der Stadt überwiegend die teuersten und die begehrtesten; dies vor allen Dingen auch deshalb, weil der vom Gebirge kommende Wind die Gluthitze im Sommer etwas mildert und das ganze Jahr über für weniger Luftverschmutzung sorgt als in den südlichen und südwestlichen Stadtteilen und Vororten. Hier wohnen die Armen und weniger Begüterten in Wohnsilos und in Schlafstädten mit einer höchst mangelhaften Infrastruktur. APOYAR hatte seinen Sitz in Aluche, andererseits wurde der Organisation vom Centro Cívico Julián Besteiro, einer Art Stadthalle in Zarza Quemada, ein Raum zur Verfügung gestellt. Die Verkehrsbedingungen insbesondere auf der südwestlichen Ausfallstraße, die u.a. auch nach Aluche führt, sind extrem schlecht. Entlang dieser Autostraße entstanden im Verlauf von nur kurzer Zeit ebenso wildwüchsig wie auf dem heutigen Gebiet von Aluche riesige Wohnsilos und Schlafstädte. So ist z.B. das ehemalige Dorf Alcorcón heute eine kleine Stadt mit 160.000 Einwohnern. Die Autostraße, die nur ungenügend diesen neuen Bedingungen angepaßt wurde, faßt das hohe Verkehrsaufkommen kaum noch. Kilometerlange Schlangen sind an der Tagesordnung.

3. Die Wohnwelt der Remigrantinnen aus der Sicht der Analytikerin

Über die Analyse der Aufzeichnungen, die ich während meiner Untersuchung niedergeschrieben hatte, soll vom manifesten Text ausgehend sein unbewußter Gehalt aufgespürt werden. In einer Art Tagebuch hatte ich, wie die nachträgliche Interpretation deutlich macht, widersprüchliche Beobachtungen, die ich auf dem Weg im Auto von meiner Wohnung nach Aluche und Leganés machte, festgehalten. Meine Textanalyse ergibt, daß die teilweise unbewußte, aber durchaus auch bewußte Angst vor der Wahrnehmung und dem Akzeptieren einer gewöhnlichen, unauffälligen, normalen, alltäglichen Armut in den Wohnvierteln der Remigrantinnen wesentlich zur Entstehung eines widersprüchlichen manifesten Textes beigetragen hatte. Die Analyse der Schilderung meiner Autofahrt von der Abfahrt Aluche am Paseo de Extremadura bis zu APOYAR in der Ocaña-Straße zeigt einerseits, daß ich die alltägliche Armut sehe, andererseits aber auch, daß ich mich an Details festsauge, die mit Schönheit und Ästhetik, mit Ruhe und mit angenehmen Betätigungen zu tun haben. Am 30. November, ungefähr zwei Monate nach dem ersten Kontakt mit Matilde hatte ich notiert: „Heute ist wieder ein sonniger Tag. Ich fahre um 12.05 Uhr von zu Hause weg. Aber die Ausfahrt Aluche am Paseo de Extremadura ist verstopft, so daß ich erst kurz vor 13.00 Uhr bei APOYAR ankomme. Ich habe deshalb Zeit, mir die Häuser an der Ausfahrt genauer zu betrachten. Heute haben alle gewaschen. Die Schlafanzüge der Väter sind dunkelblau oder grau, die Nachthemden der Mütter sind grobgeschnitten und meist rosa, die Schlafanzüge der Kinder sind entweder schreiend grün, rot, blau oder türkis. (...) Die zartrosa Geranien auf den Balkonen am Haus an der Ecke haben noch Blüten. Dann kommt die Kreuzung, von der aus sich ein letzter Blick nach Madrid hin eröffnet – ich glaube am dunstigen Horizont den Königspalast zu sehen. Entlang der Hauptstraße, die durch Aluche führt, werden kleine Geschäfte sichtbar, die in ihren Schaufenstern einförmige, billige Kinderkleidung anbieten. (...) Ich fahre die Hauptstraße weiter, die mit ihren niedrigen Häusern zu beiden Seiten Ruhe ausstrahlt; sie erinnert sogar an eine Dorfstraße. Aber dann tauchen sehr schnell rechts und links Hochhäuser mit zwölf bis dreizehn Stockwerken auf. Dort, wo die langgestreckte Linkskurve der Straße endet, eröffnet sich der Blick auf weite, offene Flächen rechts und links der Straße. An diesem Montag sehe ich zum ersten Mal Stühle, die links am Straßenrand stehen, und zwei einfache Kneipen. Am Ende der weiten Fläche wird ein mit einer großen Holzfläche ausgekleideter Pavillon, der die Form einer Muschel hat, sichtbar. Hier spielen im Sommer offensichtlich Kapellen. Ich biege rechts ab und fahre an der Casa de Jamón, dem Haus des Schinkens, vorbei, in dessen Schaufenster sich Schinken an Schinken reihen. (...) Als ich in das Haus hineingehe, in dem APOYAR seine Räume hat, schlägt mir Kälte entgegen. Die Novembersonne ist zu schwach, um das Haus, das keine Heizung hat, zu wärmen." (Auszug aus Protokoll vom 30.11.1987) Von diesem Text lassen sich zwei unterschiedliche Versionen erstellen; eine könnte einen Ausflug aufs Land an einem sonnigen Tag im November beschreiben. Diese Phantasie wirkt wohltuend und lindert die schmerzliche Wahrnehmung von Unansehnlichkeit, Gleichförmigkeit und Menschenleere. Der Inhalt des zweiten Textes aber verdeutlicht, daß es nicht wirklich möglich ist, die Realität um mich herum zu verleugnen. Die erste Version lautet: „Heute ist wieder ein sonniger Tag. (...) Die zartrosa Geranien auf den Balkonen am Haus an der Ecke haben noch Blüten. Dann kommt die Kreuzung, von der aus sich ein letzter Blick nach Madrid hin eröffnet – ich glaube, am dunstigen Horizont den Königspalast zu sehen. (...) Ich fahre die Hauptstraße weiter, die mit ihren niedrigen Häusern Ruhe ausstrahlt, sie erinnert sogar an eine Dorfstraße. (...) Dort, wo die langgestreckte Linkskurve der Straße endet, eröffnet sich der Blick auf weite, offene Flächen rechts und links der Straße. An diesem Montag sehe ich zum ersten Mal Stühle, die links am Straßenrand stehen, und zwei einfache Kneipen. Am Ende der weiten Fläche wird ein mit einer großen Holzfläche ausgekleideter Pavillon, der die Form einer Muschel hat, sichtbar. Hier spielen im Sommer offensichtlich Kapellen. Ich biege rechts ab und fahre an der Casa de Jamón, dem Haus des Schinkens vorbei, in dessen Schaufenster sich Schinken an Schinken reiht."

Die zweite Version beschreibt Aluche. „Ich fahre um 12.05 Uhr von zu Hause weg. Aber die Ausfahrt Aluche am Paseo de Extremadura ist verstopft, so daß ich erst kurz vor 13.00 Uhr bei APOYAR ankomme. Ich habe deshalb Zeit, mir die Häuser an der Ausfahrt genauer zu betrachten. Heute haben alle gewaschen. Die Schlafanzüge der Väter sind dunkelblau oder grau, die Nachthemden der Mütter sind grobgeschnitten und meist rosa, die Schlafanzüge der Kinder sind entweder schreiend grün, rot, blau oder türkis. (...) Entlang der Hauptstraße, die durch Aluche führt, werden kleine Geschäfte sichtbar, die in ihren Schaufenstern einförmige, billige Kinderkleidung anbieten. (...) Aber dann tauchen sehr schnell rechts und links Hochhäuser mit zwölf bis dreizehn Stockwerken auf. (...). Als ich in das Haus hineingehe, in dem APOYAR seine Räume hat, schlägt mir Kälte entgegen. Die Novembersonne ist zu schwach, um das Haus, das keine Heizung hat, zu wärmen."

Die Angst, mit Häßlichkeit, Einförmigkeit, Trostlosigkeit und Sich-Abrackern im Haushalt konfrontiert zu werden, läßt mich Ausschau halten nach Schönheit, Harmonie, Ästhetik und nach Orten, an denen lustvolle Betätigungen wie Tanzen und Essen möglich sind. Aber gerade die Wahrnehmung der Wäsche vor den Fenstern hält mir die Armut der Bewohnerinnen dieser einfachen, billigen Wohnungen recht deutlich vor Augen, die über keinen Trockenplatz verfügen, so daß sie notgedrungen die Wäschestücke vor ihren Fenstern aufhängen müssen. Ihre detaillierte Beschreibung läßt die Interpretation zu, daß ich mich mit den tagtäglichen, monotonen Arbeitsverrichtungen der Frauen beschäftige; sie waschen, hängen die Wäsche auf, bügeln sie, um dann den gleichen Ablauf zu wiederholen. Der Musikpavillon, wo im Sommer Kapellen spielen, die Kneipen und Stühle am Straßenrand und die aufgehängten Schinken in den Geschäften stellen Gegenbilder zur Wäsche vor den Fenstern dar. Sprechen sie doch davon, daß sich die Menschen in Aluche amüsieren wollen, daß sie Lust am Tanzen und am Essen haben. Und doch drängt sich mir weiter die einförmige Häßlichkeit der Hochhäuser auf, so daß ich Harmonie und Schönheit suche, die ich im Königspalast ausmache, den ich in der Ferne am Horizont sehe. Ich scheue vor der Wahrnehmung einfacher, billiger Kinderkleider in den Schaufenstern zurück und phantasiere mich auf eine sonnige, ruhige Dorfstraße und blicke begierig zu den Balkonen mit ihren rosafarbenen Geranien. Das Eintauchen in Schönheit, Ästhetik, Vergnügen und die Suche nach heiler, schöner Natur schützt mich vor der Wahrnehmung der Armut in den Wohnvierteln der Remigrantinnen. Die Analyse von zwei weiteren Niederschriften verdeutlicht den Versuch, in die Natur zu fliehen. Am 7.12.1987 hatte ich notiert: „Nach einer Linkskurve der dreispurigen Ausfallstraße, an der auch Aluche liegt, blicke ich begierig nach rechts, um im Hintergrund am Horizont die Berge der Sierra von Madrid auszumachen. (...) Sehr schnell schon verdecken Hochhäuser, die auf der rechten Straßenseite auftauchen, meinen Ausblick auf das Gebirge mit seinen schneebedeckten Bergen. Auf der linken Seite wird offenes Feld sichtbar, kahle Hügel, dahinter ragen Hochhäuser auf, dicht an dicht gebaut. Von Lärmschutz für die Menschen in den Häusern an der Straße kann keine Rede sein, es sei denn, man würde ihnen einen Meter vor ihrem Wohnzimmer eine Mauer anbringen. Die Rolläden sind heruntergelassen. (...) Die Blechlawine wälzt sich nur langsam vorwärts, vorbei an heruntergelassenen Rolläden, hinter denen Menschen vielleicht ihr Mittagessen einnehmen. (...) In der ersten Reihe am Paseo de Extremadura zu wohnen, ist nicht Ausdruck von Privilegiertheit oder Wohlstand, wie beispielsweise ein Haus in der ersten Reihe am Meer zu besitzen. Ich überlege, was zuerst da war, die Straße oder die Häuser. Aber heute scheint die Sonne ein wenig" (Auszug aus Protokoll vom 7.12.1987). Mein Blick suchte sich an der Silhouette des Gebirges mit seinen schneebedeckten Bergen am Horizont festzusaugen, um die heruntergelassenen Rolläden nicht wahrnehmen zu müssen, mit denen sich die Menschen am hellichten Tag vor dem Lärm der Autostraße schützen. Indem ich mich in ein Haus am Meer phantasierte, versuchte ich den Autolärm zu vergessen. Eine Geruchshalluzination auf einer meiner Fahrten von Aluche nach Hause offenbarte, wie stark mein Bedürfnis war, der Wahrnehmung der einförmigen, deprimierenden Unpersönlichkeit von Aluche auszuweichen. Am 8. März 1988 hatte ich notiert: „Ein wunderschöner Tag, Frühling, blauer Himmel. (...) An der Einfahrt Aluche auf den Paseo treibt ein Hirt eine Herde von Schafen auf der südlichen Seite der Autostraße entlang. Einen Moment lang glaube ich, frisches Gras zu riechen, sage mir aber schnell, daß das gar nicht möglich sein kann. Die Häuser entlang des Paseo sind trist und einförmig wie immer." (Auszug aus Protokoll vom 8.3.1988) Die Blumen, das frische Gras, die Sonne, die phantasierte Ruhe in Meeresnähe erscheinen mir wie Inseln inmitten der unansehnlichen Welt um mich herum. Verdankte sich auch mein unbewußt motiviertes Insistieren auf Schönheit, Ästhetik, Harmonie, schöner, heiler Natur und Ruhe der Abwehr, so benötigte ich jedoch dringend diese Inseln, um mich nicht von der deprimierenden ärmlichen Umgebung anstecken zu lassen.

Am 10. Dezember 1987 hatte ich die Autofahrt von meiner Wohnung nach Leganés zum Centro Cívico in Zarza Quemada beschrieben: „Ich fahre über die M-30 (einer Stadtumgehungsstraße) bis zur Abfahrt General Ricardos. Zum ersten Mal sehe ich die Straße bei Tag; es regnet. Abends hat sie mir immer gut gefallen; sie ist großstädtisch, aber freundlich zugleich. Auch heute morgen übt sie ihren Reiz auf mich aus. Es ist eine Straße mit einer gewissen Tradition, nicht vergleichbar mit dem Paseo de Extremadura oder der Calle Illescas, der Hauptstraße Aluches. Hier gibt es Geschäfte, Häuser aus den zwanziger Jahren; immer wieder bieten sich neue Ausblicke. Die Straße öffnet sich an manchen Stellen zu kleinen Plätzen, die freundlich wirken und mit Laubbäumen und Palmen bepflanzt sind. Kurz vor der Kreuzung, von der aus rechter Hand eine Straße vorbei am

Gefängnis von Carabanchel nach Aluche und geradeaus eine Straße nach Leganés führt, erscheinen auf der linken Seite zwei Türme und ein Torbogen im Stil der Bauweise des ausgehenden 19. Jahrhunderts, verspielt wirkend, aus Backsteinen erbaut. (...) In einiger Entfernung hinter dem Torbogen werden Einfamilienhäuser erkennbar, die von Bäumen umstanden sind. Am oberen Ende von General Ricardos werden auf der linken Seite kleine dörflich wirkende Häuser sichtbar. (...) Nach der Kreuzung verliert die Straße ihr großstädtisches Flair; die Häuser wirken ärmlich. (...) Bald hört die Bebauung ganz auf, und es eröffnet sich ein Blick auf endloses Grau und auf unfreundlich wirkende Felder. (...) Die ersten Häuser von Leganés erinnern an Rüsselsheim, sie sind einförmig, grau, modern und phantasielos. An der Kreuzung vor der Einfahrt in die Stadt biege ich nach links in Richtung Zarza Quemada ab; so heißt der neue Teil von Leganés mit einförmigen zehn- bis zwölfgeschossigen Hochhäusern. Das Centro Cívico Julián Besteiro liegt an einer Seitenstraße, die parallel zur Hauptstraße verläuft und die an immer neuen, einförmigen Neubauten vorbeiführt. Der Platz vor dem Zentrum wird von zehn- bis zwölfgeschossigen Hochhäusern an seinem südlichen Ende begrenzt, nach Osten und nach Westen ist der Platz offen, die Hauptstraße bildet die östliche Begrenzung. Das Zentrum ist ein neues, flaches, langgezogenes Gebäude mit einer Cafeteria, die von einer Kooperative betrieben wird." (Auszug aus Protokoll vom 10.12.1987)

In diesem Text kontrastiert gewachsene, ästhetische Großstädtischkeit mit der einförmigen Geschichtslosigkeit der Hochhäuser von Zarza Quemada. Mein Blick saugt sich an freundlichen, mit Palmen und Bäumen eingefaßten Plätzen fest, an Villen, die von Bäumen umstanden sind, an verspielt wirkenden, aus Backstein gebauten Häusern des ausgehenden 19. Jahrhunderts, die traditionsreiche Großstädtischkeit symbolisieren. Und doch kann ich die Wahrnehmung der Eintönigkeit der unfreundlichen und menschenabweisenden Häuser und Straßen von Zarza Quemada nicht wirklich verleugnen. Aber das Aufrechterhalten dieses krassen Gegensatzes von gewachsener Großstädtischkeit und aus dem Boden gestampften Wohnsilos, ohne ihn über die Erstellung von zwei in sich schlüssigen, voneinander verschiedenen Texten aufzulösen, macht es möglich, dem Anblick der alltäglichen, unauffälligen Armut nicht auszuweichen, ihre Existenz vielmehr zu akzeptieren. Mit meinen Abwehrbewegungen hatte ich versucht, vor der Präsenz dieser Armut in der Wohnwelt der Remigrantinnen wegzulaufen. Sicher hingen meine Abwehrmanöver auch mit dem Wissen um die Anstrengung zusammen, die die Frauen auf sich genommen hatten, um über die Emigration ihre prekäre soziale und ökonomische Situation zu verbessern. Ihre Wohnviertel verdeutlichen jedoch, daß sie ihre Lage nicht verändern konnten.

IV. Zur psychoanalytischen Theorie der Migration

1. Vorüberlegungen

Ich habe versucht, die Bedeutung sozialer, ökonomischer und politischer Faktoren aufzuzeigen, die die massenhafte Arbeitsemigration im Gegensatz zur Migration einzelner Personen aus der bürgerlichen Schicht bestimmen, die aus Ausbildungs-, Weiterbildungs- oder anderen persönlichen Motiven auswandern. Die Beschäftigung mit dem Stellenwert der Arbeitsmigration in der spanischen Wirtschaftspolitik der ausgehenden fünfziger Jahre und in der bundesrepublikanischen Remigrationspolitik insbesondere ab 1973 verdeutlicht, wie die Arbeitsmigranten zum Spielball der wirtschaftlichen Interessen ihres eigenen und des Immigrationslandes Bundesrepublik wurden, wo sie Schwerstarbeit unter Bedingungen offener und/oder verdeckter Diskriminierung leisteten. Mein Forschungsinteresse gilt der Verarbeitung der Migrationsrealität durch die Migrantin, die zusätzlich zu den Restriktionen der Arbeitsmigration durch soziale und emotionale Isolation und Mangel an Entscheidungsmöglichkeiten gekennzeichnet ist. Über die Darstellung von Ansätzen einer psychoanalytischen Migrationstheorie und ihrer Reflexion soll der Frage nachgegangen werden, ob sie über theoretisch notwendige Voraussetzungen verfügen, um geschlechtsspezifische Migrationsverarbeitung zu erklären, oder ob anhand des im Verlauf meiner Untersuchung gewonnenen eigenen Materials und über theoretische Vorüberlegungen an die Erstellung von Hypothesen gedacht werden muß, die erste Hinweise auf eine Theorie weiblicher Migrationsverarbeitung geben.

Trotz – oder gerade wegen – der eigenen traumatischen Emigrationserfahrung fiel es Psychoanalytikern und Psychoanalytikerinnen schwer, eine psychoanalytische Migrationstheorie zu entwerfen; hätte doch die Beschäftigung damit zugleich auch eine Konfrontation mit dem eigenen schmerzlichen Migrationserlebnis bedeutet. Riccardo Steiner (1989) beschreibt in eindringlicher Weise die Vertreibung der jüdischen Analytiker aus Österreich und Deutschland durch das Naziregime, wie der damalige Präsident der IPV die Psychoanalyse und die Psychoanalytiker rettete und wie sich anhand der Auswertung des Briefwechsels zwischen Anna Freud und Ernest Jones ergibt, daß „diese (Rettungs)Operation geschickt und mit großer Achtsamkeit ausgedacht war. Sie beinhaltete nicht nur, daß die Ankunft der Flüchtlinge zu akzeptieren sei; sie machte vielmehr auch von der Möglichkeit Gebrauch sie (die Flüchtlinge, M.Z.) anhand von, wenn nicht diskriminierenden, so doch mindestens von Auswahlkriterien auszusortieren" (Steiner, 1989, S. 623). Der Autor kommt zu dem Schluß, daß diese Migrationserfahrungen kurz- und langfristig Auswirkungen auf die Psychoanalyse hatten. Russel Jacoby (1983) macht den hohen Anpassungsdruck, dem die USA-Einwanderer unter den vor den Nazis flüchtenden Psychoanalytikern ausgeliefert waren, verantwortlich für die Verdrängung einer kulturkritischen und für die kritiklose Übernahme einer amerikanischen Psychoanalyse.

Die Exilierung der Psychoanalytiker hat Leerstellen im psychoanalytischen Theoriegebäude selbst hinterlassen. Das Fehlen einer psychoanalytischen Migrationstheorie markiert eine solche Leerstelle. Die einzige umfangreichere und systematischere Untersuchung über die psychischen Auswirkungen von Migration auf die Individuen liegt in dem Buch der Grinbergs (1984) vor. Die spärliche Literatur läßt sich nach Untersuchungen auflisten, deren Ergebnisse aus der konkreten Arbeit mit Migranten erwuchsen, sei es in Form von psychoanalytischen Behandlungen, psychoanalytischen Interviews, psychoanalytisch orientierten Befragungen und Supervisionen[7] und nach anderen ausschließlich theoretischen Abhandlungen zum Thema.[8]

---

7 Vgl. Bingemer, Meistermann-Seeger und Neubert, 1972; Calvo, 1977; Grinberg und Grinberg, 1984.

8 Denford, 1981; Garza Guerrero, 1974; Stein, 1985.

2. Die Analogie zwischen dem Migrationsprozeß und dem psychischen Entwicklungsprozeß des Menschen

Alle psychoanalytischen Ansätze zur Theorie der Migration postulieren mehr oder weniger explizit eine Analogie zwischen der frühkindlichen bzw. der Entwicklung in der Adoleszenz der Individuen und der Migrationserfahrung. Am systematischsten tun dies die Grinbergs (1984), die ihrerseits die kindliche Entwicklung als Migrationsschritte begreifen und die Geburt als die erste Migration im Leben des Menschen beschreiben. Das Kind entwickelt Ängste und sucht Halt, wenn es sich von der Mutter getrennt fühlt. „Im kindlichen Zustand der Nicht-Integration besteht das dringende Bedürfnis nach einem 'Behälter-Objekt'; dies führt zu einer verzweifelten Suche nach einem Objekt, das für fähig gehalten wird, die unterschiedlichen Anteile der Persönlichkeit zusammenzufügen" (Grinberg und Grinberg, 1984, S. 224). Diese Überlegungen auf den Migrationsprozeß übertragend, führen die Autoren aus: „Auf dieser Grundlage können wir eine Analogie zum Geschehen beim Immigranten herstellen: Nachdem er sich von seinem Land – dem Mutterschoß – getrennt hat, muß er in der neuen Umwelt Kontakt mit einem passenden Objekt aufnehmen, das ihm als Halt und 'Behälter' dient und an dem er zärtlich hängen wird" (ebd., S. 224).

Der Analogie zwischen Migrations- und Entwicklungsprozeß der Individuen liegt die vorgängige Annahme zugrunde, daß für den Migranten sein Land die Bedeutung einer Mutter hat, von der er sich in seiner Wanderung entfernt und von der er sich schließlich trennt. Die Grinbergs übertragen die Trennungserfahrung des Kindes von der Mutter auf die des Migranten von seinem Land: „Man kann den Immigrant mit dem Kind vergleichen, das eine anhaltende Trennung (....) erleidet; diese Trennung ist mit dem Verlust seiner bedeutsamen Objekte und der Entbehrung einer Mutter verbunden, die sich seiner Angst annehmen könnte; denn das Land, in dem er angekommen ist, kommt ihm fremd vor und kann ihm nicht immer den Halt und die Stütze bieten, die er (....) erträumt (....) hatte" (ebd., S. 157f.).

Auch die Annahme, die von mehreren Autoren geäußert wird (vgl. insbes. Grinberg und Grinberg, 1984; Denford, 1981), daß der Migrant einen „transitionalen Raum" (Winnicott, 1971) zwischen sich und der neuen Umgebung brauche, um sich spielerisch kreativ mit der neuen

Umwelt auseinanderzusetzen, verdankt sich der Analogisierung von individueller psychischer Entwicklung und Migrationserfahrung. Die „hinreichend gute Mutter" ermöglicht dem Kind, einen „transitionalen Raum" zu schaffen, „den es für seine Spiele und die Entfaltung seiner Phantasien benutzt, und der einen fundamentalen Einfluß auf die zukünftige psychische Gesundheit des Individuums ausübt" (Grinberg und Grinberg, 1984, S. 156). Sowohl für die Grinbergs als auch für Denford (1981) gibt das Vorhandensein eines „transitionalen Raumes" dem Immigranten die Möglichkeit, die Migration in ein Spiel zu verwandeln „mit aller Seriosität und allen Implikationen, die es für Kinder hat" (Grinberg und Grinberg, 1984, S. 14). Denford formuliert diesen Gedanken folgendermaßen: „Einfach ausgedrückt: Emigration ist so, als spiele man, wie man sich von Vater, Mutter und ihren Derivaten entfernen kann, so daß man sich frei, Sich-Selbst fühlt" (Denford, 1981, S. 329). Denford schlägt vor, das Konzept des „transitionalen Raumes" so auszudehnen, daß in ihm neben der menschlichen auch Aspekte der nicht-menschlichen Welt enthalten sind. Indem der Autor auf die Bedeutung der nicht-menschlichen Welt für die psychische Entwicklung des Kindes verweist, folgt er Searles (1960), der von einem bewußten und/oder unbewußten Sinn des Individuums für seine Beziehung zur nicht-menschlichen Welt ausgeht, die sich nicht etwa einer Verschiebung der Besetzung von menschlichen Objekten auf unbelebte verdankt, sondern Eigenständigkeit besitzt und sich spätestens in der Loslösungs-Individuationsphase herausbildet. Der Verlust der nicht-menschlichen Welt wird vom Emigranten ähnlich schmerzlich erlebt wie der Verlust geliebter Personen. Andererseits hilft die Aufrechterhaltung der Erinnerung an vertraute Landschaften, trotz des Objektverlusts, innere Kontinuität zu bewahren.

Auch Stein (1985) geht von einer Analogie zwischen der psychischen Entwicklung des Menschen und der Migration aus. Peter Blos' (1962) „zweiten Individuationsprozeß" paraphrasierend, entwirft er einen „dritten Individuationsprozeß" (Stein, 1985, S. 308), der durch Migration möglich wird. An anderer Stelle analogisiert der Autor fehlgelaufene frühkindliche Entwicklung mit einem nicht gelungenen Migrationsprozeß. Stein greift das 1968 von Volkan und Corney geprägte Konzept der „Satellitenposition" (Volkan und Corney, 1968) auf. Die Herausbildung der „Satellitenposition" deutet für die Autoren auf eine mißlungene Loslösungs-Individuationsphase hin; sie stellt eine Abwehrkonfiguration gegen drohende psychotische Erkrankung dar, mit Hilfe derer der „Satellit" einerseits vermeidet, regressiv in die Symbiose mit der Mutter zurückzufallen, und andererseits verhindert, durch die Trennung total ausgelöscht zu werden. Exzessives Festhalten am Ursprungsort über beständige Besuche und intensiven brieflichen Austausch markieren für Stein die „Satellitenposition" des Migranten.

2.1 Die Universalität des Trauerprozesses und die Restrukturierung der Identität[9]

Auch der These von der Universalität des Trauerprozesses, der durch die Migration, die Trennung vom eigenen Land, von Freunden, Verwandten, von Sitten und Gebräuchen und von der eigenen Sprache ausgelöst wird, liegt die Annahme einer Analogie zwischen der Kultur, dem Land des Migranten und seinem mütterlichen Objekt zugrunde. Die Verarbeitung oder die Abwehr von Trauer entscheidet wesentlich darüber, ob Migration zu psychischer Bereicherung oder zu physischer und/oder psychischer Krankheit führt.

Am systematischsten hat Garza Guerrero (1974) die Trauerprozesse und die damit verknüpften Schicksale der Identität verfolgt, das Drei-Phasen-Modell der Trauer Bowlbys (1961)[10] mit dem Drei-Phasen-Modell Kernbergs (1966) zum Aufbau der intrapsychischen Strukturen, der Introjektion, der Identifikation und der Ich-Identität miteinander verbindend. Die drei Stufen des „normalen" bzw. des „unkomplizierten Kulturschocks" (Garza Guerrero, 1974, S. 417) bestehen in der

---

9 Der von den Grinbergs (1984) und Garza Guerrero (1974) verwendete Identitätsbegriff beruht auf den psychischen Mechanismen der Introjektion und Projektion. Er unterscheidet sich von dem Eriksonschen sozialpsychologischen Begriff der Identität. „Der Begriff 'Identität' drückt also insofern eine wechselseitige Beziehung aus, als er sowohl ein dauerndes inneres Sich-Selbst-Gleichsein (selfsameness) wie ein dauerndes Teilhaben an bestimmten gruppenspezifischen Charakterzügen umfaßt" (Erikson, 1956, S. 115).

10 Bowlby (1961) vertritt eine eigenständige Theorie des Trauerns, das für ihn eine angeborene, universelle Reaktion des Menschen und der Tiere darstellt. Er betont insbesondere den adaptativen Aspekt des Trauerprozesses.

„kulturellen Begegnung" (ebd., S. 425ff.), der „Reorganisation" (ebd., S. 422ff.) und der „Neuen Identität" (ebd., S. 425ff.). In der ersten Phase herrschen Gefühle von Trauer und Verzweiflung über das Verlorene und Feindschaft und Ablehnung dem Neuen gegenüber vor. In der Phantasie werden gute innere Objekte wiederbelebt, und es findet eine Identifizierung mit dem Zurückgelassenen statt. Dieser erste Abschnitt zeichne sich – so Garza Guerrero – durch mangelnde Kontinuität und fehlende Konsistenz der interpersonellen Interaktionen aus. Die Phase der „Reorganisation" der Persönlichkeit, die mit einer Bereicherung des Selbst einhergehe, sei hauptsächlich durch das Durcharbeiten des Trauerprozesses gekennzeichnet, der seinerseits wieder drei Stufen umfasse: die Wiederbestätigung der ursprünglichen Identität durch die Reaktivierung der guten inneren Objektbeziehungen, die Herausbildung eines realistischen Bildes der verlassenen und die realistische Einschätzung der aufnehmenden Kultur. Die Phase der „Neuen Identität" sei Ausdruck der endgültigen Konsolidierung einer neu geformten Identität, die über selektive Identifizierungen mit der neuen Kultur zustande komme, zu der sich allmählich ein Zugehörigkeitsgefühl entwickele.

Auch die Grinbergs betonen die Wichtigkeit des Trauerprozesses für die Restrukturierung der Identität des Individuums. Sie gehen davon aus, daß es zusätzlich zum Objektverlust zu einem Verlust von Teilen des eigenen Selbst komme. Ähnlich wie bereits Garza Guerrero (1974) bieten auch die Grinbergs (1984) ein Drei-Phasen-Modell für die Verarbeitung von Migration an. In einer ersten Phase befalle den Immigranten heftiger „Schmerz um das Verlassene oder Verlorene, Angst vor dem Unbekannten, tiefe Erfahrungen der Einsamkeit, Entbehrung und Schutzlosigkeit" (Grinberg und Grinberg, 1984, S. 111). Manische Zustände, in denen der Immigrant die Tragweite der Veränderung verleugne, wechselten ab mit paranoiden, konfusionalen und depressiven Ängsten. In einer zweiten Phase erwachten Kummer und Nostalgie über das Verlorene; gleichzeitig beginne der Migrant seine Gefühle von Trauer und Schmerz zu „erdulden" (ebd., S. 111). In der dritten Phase gewinne er die Lust am Denken und Pläneschmieden wieder. Die Verarbeitung von Trauer „erleichtert die Integration der Herkunftskultur in die neue Kultur. Sie fördert eine Bereicherung des Ichs, die mit der Konsolidierung eines 'umgeformten Identitätsgefühls' einhergeht" (ebd., S. 111).

Die vorangegangenen Ausführungen verdeutlichen, daß die Autoren (vgl. insbesondere Garza Guerrero, 1974; Grinberg und Grinberg, 1984; Denford, 1981) explizit und/oder implizit zwischen einem „normalen" psychischen Prozeßverlauf der Verarbeitung von Migration unterscheiden, der unter günstigen Bedingungen zur psychischen Bereicherung führt, und einem pathologischen mit seiner physischen und/oder psychischen Symptomatologie. Alle psychoanalytischen Autoren stimmen darin überein, daß Migration „eine potentiell traumatische Erfahrung" (Grinberg und Grinberg, 1984, S. 14) sei, die sich nicht isoliert mit Trennung und Ankunft verbinde, ihre Auswirkung sei für den Migranten vielmehr über einen langen Zeitraum spürbar. Die Autoren gehen davon aus, daß insbesondere frühkindliche Objektverluste, Trennungen und Schuldgefühle den psychischen Ausgang von Migration komplizieren können. Sie postulieren jedoch keinen eindimensionalen Zusammenhang zwischen frühkindlichen Traumen und pathologischer Verarbeitung von Migration; gleichzeitig aber wird den frühkindlichen Konfliktzusammenhängen eine besondere Rolle für das Gelingen oder Mißlingen von Migration beigemessen. Die Grinbergs zählen eine Vielfalt von Faktoren, ihrem Miteinander- und/oder Gegeneinanderwirken auf, die über den psychischen Ausgang einer Migration entscheiden: die präemigratorische Persönlichkeit, die Beweggründe für die Wanderung, die Bedingungen, unter denen sie stattfindet, die Aufnahmebereitschaft der neuen Umgebung und die aktuelle emotionale Situation des Individuums.

Calvo (1977) nennt drei kritische Reaktionen, die in der ersten Zeit nach der Wanderung beobachtbar seien: Einsamkeitsgefühle und Panik angesichts der Anforderungen, die an den Migranten gestellt würden wie Arbeits- und Wohnungssuche und das Erlernen einer neuen Sprache. Schwere Konfusions- oder Desorientierungszustände, die typischen Psychosen der Emigranten (vgl. Calvo, 1977, S. 22) könnten die Panik ablösen oder gleichzeitig neben ihr bestehen. Als dritte Reaktionsform nennt der Autor depressive Verstimmungen bzw. schwere Depressionen, die häufig bei Individuen aufträten, die in hohem Alter emigrierten. Die Grinbergs gehen davon aus, daß Verfolgungsängste, die in Panik übergehen können, konfusionale und depressive Ängste zu Beginn eines jeden Migrationsprozesses nach der Niederlassung im neuen Land auftreten, sich jedoch hinsichtlich ihrer Dauer, ihres Verlaufs und ihrer Intensität unterscheiden. Diese Ängste können unter ungünstigen Bedingungen, sei es aufgrund eines schwachen Ichs, das durch frühe infantile Traumen bereits geschädigt ist, sei es durch eine ungünstige Situation im Aufnahmeland, in psychotische Erkrankungen übergehen. Daneben beschreiben die Grinbergs das Symptom der „übergangenen Trauer" (Grinberg und Grinberg, 1984, S. 106), das sie bei Personen diagnostizieren, die sich schnell und scheinbar unproblematisch an die neue Umgebung anpassen, die sehr schnell Arbeit finden und problemlos die neue Sprache erlernen. Die Autoren führen diese übereilte Form der Anpassung auf eine vorschnelle Identifizierung mit den Gewohnheiten und Eigenheiten der neuen Umgebung und auf manische Abwehr von Trauer und Schmerz zurück. Wenn sich die manische Abwehr erschöpft habe, die während der ersten Zeit nach der Immigration dazu diente, Anpassung durchzusetzen und aufrechtzuerhalten, könne das Symptom der „übergangenen Trauer" – meist im zweiten oder dritten Migrationsjahr – auftreten, das sich in schweren depressiven Verstimmungen äußere. „Übergangene Trauer" kann sich, so die Grinbergs, auch in psychosomatischen Beschwerden, in Herzinfarkten und Magengeschwüren manifestieren.

Während die von den Grinbergs entworfene Psychopathologie der Migration überwiegend die erste kritische Phase nach der Wanderung beschreibt – eine Ausnahme davon bildet die „übergangene Trauer" –, gibt die empirische Untersuchung Calvos (1977) Auskunft über Erkrankungen, die neun Jahre nach der Migration zu beobachten waren.[11] Obwohl sich sein methodischer Ansatz grundlegend von dem der Grinbergs unterscheidet, deren Ergebnisse unmittelbar aus psychoanalytischen Behandlungen, Interviews und Supervisionen stammen, soll seine Untersuchung wiedergegeben werden. Folgen auch die Datenerhebung – u.a. die Ermittlung der Häufigkeit, mit der Arztpraxen besucht wurden – und teilweise auch die Auswertung

11 Nicht-psychoanalytische, empirische Befunde sprechen von zwei kritischen Phasen, in der gehäuft Symptome nach einer Emigration auftreten. Es wird von einem Häufigkeitsgipfel nach einem halben Jahr und einem zweiten nach mehreren Jahren scheinbar problemloser Anpassung (vgl. Gunkel und Priebe, 1992) gesprochen.

eher einem empirischen Ansatz, so ist doch die Interpretation des Materials eine psychoanalytische. Calvos Ergebnisse legen nahe, daß es sich bei der psychischen Verarbeitung von Migration um einen langen und schwierigen Prozeß handelt, über dessen Bedingungen für Gelingen oder Mißlingen noch viel zu wenig bekannt ist. Calvo, Psychoanalytiker aus Barcelona, hatte gemeinsam mit seinem Team Zuwanderer aus Andalusien und Extremadura untersucht, die bereits neun Jahre in Katalonien lebten und zu 30% mit Katalanen verwandt waren. 65% der Befragten gaben an, sich in der neuen Umgebung wohl zu fühlen. Insgesamt lag die Inanspruchnahme der ärztlichen Versorgung bei den Immigranten um 56% höher als bei den Einheimischen. Die Zuwanderer suchten signifikant häufiger die Praxen der Neuropsychiater und der Gynäkologen auf. Das Durchschnittsalter der Katalanen, die sich an Ärzte wendeten, lag bei 43, bei den Immigranten bei 37 Jahren.[12] Bei den diagnostizierten Erkrankungen handelte es sich überwiegend um funktionelle Beschwerden.

2.3 Ursachen der Migration

Als Gründe für die massenhaften Arbeitsemigrationsbewegungen der fünfziger und sechziger Jahre nennt Calvo (1977, S. 16) Armut, chronisches Elend, fehlende Arbeitsplätze und Mangel an Bildungsmöglichkeiten. Daneben oder mit diesen bewußten Motiven verwoben, existieren ihm zufolge unbewußte Motive wie Verachtung und Ablehnung der eigenen Ursprungsumgebung, Rivalität und Eifersucht Freunden und Verwandten gegenüber oder aber auch Wünsche und Phantasien, über andere zu triumphieren. Die Grinbergs erkennen ebenso äußere, zwingende Motive für eine Migration an, lösen sie aber, anders als Calvo, in einem zweiten Schritt tendenziell wieder auf. „So können beispielsweise wirtschaftliche Gründe die Notwen-

12 Medizinisch-soziologischen Untersuchungen zufolge, von den Ian Prior (1977) berichtet, hätte es sich bei der von Calvo untersuchten Population um eine Risikogruppe gehandelt. Prior berichtet von einer Untersuchung, nach der Inselbewohner von den Tokelau Atollen, die nach Neuseeland emigrierten und sich dort mit Euro-päern mischten, einen signifikant höheren systolischen Blutdruck hatten als die Immigranten, die in Neuseeland mit ihren eigenen Landsleuten arbeiteten, eigene Kirchen und eigene Clubs besuchten.

digkeit erklären, in eine Umgebung zu wandern, die günstigere Bedingungen für die eigene Entwicklung bietet" (Grinberg und Grinberg, 1984, S. 65). Die Autoren fahren fort: „Obschon diese Gründe vorhanden sein mögen, können sie – auf einer tieferen Ebene – Rationalisierungen darstellen, um andere – mehr oder weniger konfliktreiche – innere Bedürfnisse zu befriedigen" (ebd., S. 65). An unbewußten Phantasien führen die Autoren den „Wunsch auf, das Ferne, das Unbekannte, vielleicht sogar das Verbotene und das Idealisierte zu entdecken" (ebd., S. 65). Das Weggehen kann aber auch „Ergebnis einer Verfolgungserfahrung" (ebd., S. 66) oder „ein Flüchten vor dem Bekannten, das als böse oder schädigend erlebt wird" (ebd., S. 66), darstellen.

Den eher vorsichtigen, tentativen Überlegungen der Grinbergs steht eine gewagte These von Bingemer, Meistermann-Seeger und Neubert (1972) gegenüber, die sie in ihrer „Sacrifico-Theorie" (Bingemer, Meistermann-Seeger und Neubert, 1972, S. 63) zusammenfassen und die in unterschiedlicher Ausprägung Bedeutung für die vier von ihnen untersuchten Nationalitäten der Arbeitsemigranten in der Bundesrepublik haben soll: für die Türken, die Griechen, die Italiener und die Spanier. Die Autoren gehen von der Annahme aus, daß die ausländischen Arbeiter von zu Hause ausrissen (vgl. Bingemer, Meistermann-Seeger und Neubert, 1972, S. 63) und daß dies mit Aggression und Schuld verknüpft sei. Unverarbeitete Aggression führe zur Entwicklung einer Opfer-Haltung, die sich für die Autoren im „Ertragen von (äußeren, realen, M.Z.) Einschränkungen und Leid" (Bingemer, Meistermann-Seeger und Neubert, 1972, S. 63) manifestiere und die sie auf einen ungelösten ödipalen Konflikt des Arbeitsemigranten mit seinem Vater zurückführen, der seine spezifische Ausprägung in der Wahrnehmung des Vaters als Versager und in einer Identifizierung des Sohnes mit ihm erfahre. Dem auf diese Weise ödipal verstrickten Arbeitsemigranten bleibt wenig Spielraum für eine konstruktive Anpassung an das bundesrepublikanische Leben. Mit dieser Theorie verkehren die Autoren soziales Unrecht in psychisches Versagen.

3. Zusammenfassung

Nur in der Untersuchung von Bingemer, Meistermann-Seeger und Neubert (1972) werden Arbeitsemigrantinnen gesondert erwähnt. Einerseits referieren die Autoren eine Untersuchung von Delgado (1966), der die These vertritt, spanische Emigrantinnen seien realistischer in bezug auf Erwartungen an das Leben in der Bundesrepublik als ihre männlichen Mitemigranten. Aus dem Umstand, daß die spanischen Frauen weniger ihre eigenen kulturellen Zentren besuchten als die Männer, leiten Bingemer, Meistermann-Seeger und Neubert (1972) ein höheres Maß an Integration in die deutsche Umgebung ab. Vor allem verweisen sie auf die integrative Funktion der Frauen für die Anpassung ihrer Männer an die bundesrepublikanische Gesellschaft. „Wir erkannten schon, daß die Anwesenheit von Gastarbeiterinnen besonders als Ehefrauen der Gastarbeiter unter allen integrativen Faktoren den positivsten Einfluß hat, während umgekehrt die Trennung von ihnen und den Familien eine der wesentlichen Krisenursachen darstellt. Unter diesem Aspekt ist die negative Kostenrechnung, die wir über nachreisende Gastarbeiter-Familien allenthalben aufgestellt fanden, unrealistisch und neu zu überprüfen" (Bingemer, Meistermann-Seeger und Neubert, 1972, S. 144). Während für Cazorla Pérez die Frauen zu „nur" Hausfrauen werden, weist ihnen die Bingemer-, Meistermann-Seeger- und Neubert-Untersuchung lediglich die Rolle der Ehefrau zu, die ihrem Mann die Anpassung an die neue Umgebung erleichtern soll. Beide Arbeiten verbreiten traditionelle Klischees über die Frau, ihr werden Eigenständigkeit, eigene Sehnsüchte und Wünsche abgesprochen.

Die psychoanalytischen Arbeiten zur Auswirkung von Migration auf einzelne postulieren ubiquitäre psychische Verarbeitungsmechanismen. Obwohl Calvo (1977) davon ausgeht, die äußere Realität des Arbeiters und des Intellektuellen seien verschieden, wischt er jedoch diesen Unterschied vom Tisch, indem er die Frustrationstoleranz für wichtiger und ausschlaggebender hält als schichtspezifische Unterschiede in der Migrationsverarbeitung.

Die psychische Verarbeitung von Rückkehr wird in der psychoanalytischen Migrationstheorie nur am Rande und eher kursorisch behandelt. Denford (1981) spricht von drei Problemkreisen, mit denen die Rückkehrer konfrontiert seien: Sie müßten schmerzlich feststellen, daß ihre Erwartungen, sich mit einem Ideal (ihrem Land) wiederzuvereinigen, irreal seien. Das Trauma der Rückkehr setze erneut einen regressiven Prozeß in Gang, so daß der Remigrant wieder zum Kind werde, gleichzeitig aber als jemand anerkannt werden möchte, der im Ausland Wichtiges geleistet habe. Die Grinbergs verweisen insbesondere auf die veränderte Umwelt, die die Rückkehrer antreffen. Obwohl sie in „ihr" Land zurückkehrten, kämen sie sich häufig als Fremde vor. Die Grinbergs und Denford sehen in der Rückkehr eine neue Migration.

Die psychoanalytische Migrationstheorie berücksichtigt die Wanderung in ihrer Eigenständigkeit nicht und klammert ihre ökonomische, soziale und politische Bestimmtheit aus. Der theoretische Ansatz, die Migration der individuellen psychischen Entwicklung gleichzusetzen, verstellt den Blick für eine Realität, die außerhalb der je individuellen Migrationserfahrung angesiedelt ist und diese erst in einem zweiten Schritt auf eine je spezifische Weise prägt. Calvo (1977) und die Grinbergs (1984) sehen und anerkennen die äußere Realität durchaus, in ihren Theorien sprechen sie ihr jedoch die Bedeutsamkeit für menschliches Fühlen und Erleben ab. Die Annahme von der Wichtigkeit frühkindlicher Traumen für das Gelingen oder Mißlingen von Migration ist eng mit der Vorstellung verknüpft, daß Migration der psychischen Entwicklung des Menschen gleichzusetzen sei. Ich werde im Gegensatz dazu über theoretische Annahmen und mit eigenem klinischen Material zu zeigen versuchen, wie diese äußere Realität in die Psyche der Arbeitsmigrantinnen hineinkriecht und ihr je individuelles Erleben bestimmt. Ich habe bereits auf die nicht vorhandenen Arbeiten zur geschlechtsspezifischen Migrationsverarbeitung verwiesen. Meine Untersuchung soll diese Lücke schließen. Ich beabsichtige, über die Annahme einer Auseinandersetzung des weiblichen Überichs mit der Migrationsrealität Ansätze für eine geschlechtsspezifische Migrationstheorie zu erarbeiten. Die Anerkennung der Eigenständigkeit einer äußeren Migrationsrealität läßt Schlüsse auf eine schichtspezifische Verarbeitung von Migration zu.

V. Rückreise in die Vergangenheit

1. Weibliche Verarbeitungsformen von Migration

In diesem Kapitel zeichne ich nach theoretischen Vorüberlegungen zur Interaktion des weiblichen Überichs mit der Migrationsrealität die Behandlungsverläufe von Eva, Meri und Sonia, die Gespräche mit Ana, Merche, Teresa und einen Gruppenprozeß nach. Im Anschluß an jede Falldarstellung verknüpfe ich klinisches Material mit theoretischen Annahmen. Damit grenze ich meine Ergebnisse auch von der herrschenden psychoanalytischen Migrationstheorie ab und gelange auf diese Weise zu ersten Formulierungen einer schicht- und geschlechtsspezifischen Migrationstheorie.

Die Hauptlinien meiner Arbeit bewegen sich entlang struktureller, dynamischer, ökonomischer und genetischer Achsen psychischen Geschehens. Im Zentrum meines Untersuchungsinteresses steht die Erforschung des Umgangs der Frauen mit ihrer Weiblichkeit unter den Bedingungen der Migration, die Erforschung ihres Spanien- bzw. Deutschlandbildes und des Konflikts, der sich bei der Rückkehr durch das Aufeinandertreffen der beiden unbewußt verankerten Bilder konstelliert. Sowohl bei der Auswertung des Gruppenprozesses und der Einzelgespräche, besonders aber im Verlauf und bei der nachträglichen Analyse der psychotherapeutischen Behandlungen fiel mir immer wieder auf, daß die Frauen mit großer Persistenz an einem unbewußten Spanienbild festhielten, dessen Ursprünge ich in den frühen Mutter-Tochter-Interaktionen ausmachte und in den Identifizierungen mit den Geboten, Verboten und den Idealen einer frühen, großartig erlebten Mutter. Neben dem Spanienbild existierte ein davon inhaltlich verschiedenes, aber strukturell ebenfalls auf wiederbelebten frühen Identifizierungen aufruhendes Deutschlandbild, dessen manifeste Ausprägung sich über Erfahrungen mit dem Leben und der Arbeit in Deutschland gestaltet hatte. Regelmäßig verbanden sich mit Spanien bestimmte Gerüche, lang vergessen geglaubte Musik, die

Sprache und zärtliche, intime Körpererfahrungen zwischen Mutter oder einem Muttterersatz und Tochter. Ana, mit der ich viele ausführliche Einzelgespräche führte, die sich zunächst scheinbar an das deutsche Leben angepaßt, die deutsche Freunde hatte, schilderte mir, wie nach der Geburt ihrer Tochter der Gedanke an Rückkehr unabweisbar aufkam. Ich hatte diesen Umschwung in Anas Einstellung und Haltung damit erklärt, daß sie offenbar durch die Geburt ihrer Tochter regressiv ihre Beziehung zur eigenen Mutter wiederbelebt hatte und damit verknüpft die Sehnsucht auftauchte, nach Spanien zurückzukehren. Merche war in der Bundesrepublik schwer erkrankt. Obwohl sie in den Gesprächen die deutsche Krankenversicherung und -versorgung gelobt hatte, erzählte sie mir scheinbar unverbunden damit, daß sie mit einem Meniskusschaden nach Spanien zurückgegangen sei, um sich dort heilen zu lassen. Nach ihrer Rückkehr erkrankte sie an einer schweren Depression; sie stellte schmerzlich fest, daß Spanien nicht die phantasierte ideale, versorgende Mutter war. Erst nach der Geburt einer Tochter – in der Bundesrepublik hatte sie eine Fehlgeburt gehabt – begann sie sich psychisch wieder besser zu fühlen; es war so, als ob sie durch die Geburt in sich selbst die versorgende Mutter hätte aufrichten können. Mit Spanien verbanden sich aber auch Triebunterdrückung und Sexualverbote. Insbesondere im Gruppenprozeß wurde deutlich, wie schwer sich die Frauen taten, sexuelle Probleme anzusprechen. Zunächst redeten sie über die „Schandtaten" ihrer Kinder, die die Betten der Eltern „auseinandergenommen" und sich mit Kissen beworfen hätten. Später nahm mich nach einer Gruppensitzung eine Teilnehmerin zur Seite, berichtete mir zunächst über ihre Schwangerschaft und die Geburt der jüngsten Tochter, um dann auch sexuelle Probleme anzudeuten. In der darauffolgenden Stunde thematisierten die Frauen in der Gruppe sexuelle Phantasien, wenngleich zunächst wieder in abgewehrter Form. Sie kicherten wie Schulmädchen und blickten sich vielsagend an. Mit verschämtem Lachen gestanden sie mir, daß sie der festen Meinung seien, ich hätte einen Liebhaber in Deutschland. Wie bereits erwähnt, gehe ich davon aus, daß sich das Spanien- und das Deutschlandbild intrapsychisch im Überich mit seinen Verboten, Geboten und Idealen niederschlägt. Mein empirisches Material und mein theoretisches Interesse, den Einfluß der Migration auf die Weiblichkeit der Frauen zu untersuchen, veranlaßten mich, mich mit der Konstituierung des weiblichen Überichs zu beschäftigen. Ich werde deshalb zuerst die Ausführungen von D. Bernstein (1983) über das weibliche Überich nachzeichnen, um in einem nächsten Schritt die Auseinandersetzung des weiblichen Überichs mit seiner inneren und seiner äußeren (Migrations)realität zu erforschen. Ich stimme mit H. Blum (1976) darin überein, daß „das weibliche Überich (...) spätere weibliche Entwicklungen und Interessen bestimmt und reguliert" (Blum, 1976, S. 186).

Aber noch aus einem anderen Grund scheint mir die Zentrierung meines Interesses auf die Untersuchung der Interdependenz zwischen dem je individuellen Überich und der Migrationsrealität wichtig. Die psychoanalytische Theorie zur Migration, insbesondere Garza Guerrero (1974), verweist auf die Auswirkungen, die die Migration auf die Identität des Individuums hat. Garza Guerrero (1974) entwirft ein Modell, in dem er ausführt, wie sich die Anpassung an „die durchschnittlich zu erwartende Umwelt" stufenweise vollziehe und wie es im Idealfall zur Ausbildung einer „Neuen Identität" komme. Eine Untersuchung, in deren Zentrum die Erforschung der Auseinandersetzung zwischen dem Überich der Individuen und einer durch Migration veränderten äußeren Realität steht, folgt anderen Erkenntnisinteressen. Freud führt über den strukturellen Standort des Überichs aus: „So nimmt das Überich eine Art Mittelstellung zwischen Es und Außenwelt ein, es vereinigt in sich die Einflüsse von Gegenwart und Vergangenheit. In der Einsetzung des Überichs erlebt man gleichermaßen ein Beispiel davon, wie Gegenwart in Vergangenheit umgesetzt wird" (Freud, 1938, S. 138). Das Konzept des Überichs mit seiner Verankerung in der Triebbestimmtheit des Menschen und in den frühen Geboten, Verboten und Idealen sperrt sich dem Entwurf einer Anpassungstheorie der Individuen an „eine durchschnittlich zu erwartende Umwelt"; enthält doch gerade das Überich durch sein Eintauchen in das Es eine nicht gebändigte Triebhaftigkeit, die es in Situationen von Unterdrückung entfesseln kann, die aber ihrerseits auch von der Repression in ihren Dienst genommen werden. Auf meine Untersuchung angewendet bedeutet dies, es ist herauszufinden, unter welchen äußeren und/oder inneren Bedingungen Aufständigkeit oder Unterwerfung zustande kommen. Anders als in Garza Guerreros Modell, in dem einerseits „die durchschnittlich zu erwartende Umwelt" immer gleich bleibt und es andererseits zu einer tendenziellen Aufhebung der Triebhaftigkeit der Überich- und Ich-Instanzen kommt, wodurch der Ausgang einer Migration quasi berechenbar wird, sind die Ergebnisse meiner Untersuchung durch die unwägbare Triebbestimmtheit der Individuen einerseits und durch die je konkrete äußere Realität andererseits gekennzeichnet. Nicht Kalkulierbarkeit, sondern Konflikthaftigkeit steht im Zentrum meiner Erforschung weiblicher Verarbeitung von Migration.

1.1 Exkurs: Zur Bildung des weiblichen Überichs

Doris Bernstein (1983) legt in überzeugender Weise, insbesondere die Ergebnisse E. Jacobsons (1937, 1973), H. Blums (1976) und R. Stollers (1976) miteinander verbindend, eine Theorie zur weiblichen Überich-Bildung vor. Jacobson hatte bereits 1937 von einer eigenständigen weiblichen Überich-Entwicklung gesprochen. Bernstein (1983) befaßt sich mit den Auswirkungen der frühen Mutter-Tochter-Interaktion, der Geschlechtszuweisung, den frühen und ödipalen Identifizierungen mit der Mutter und den körperlichen Erfahrungen des kleinen Mädchens, insbesondere mit seinem Genitale, auf die weibliche Überich-Bildung. Für die Autorin bildet sich der Kern des Überichs in den frühesten Entwicklungsstadien, vor allem in den Loslösungs-Individuationsphasen; die primitiven, irrationalen Qualitäten, die das Überich ausmachen, beruhen auf frühen Introjektionen und Projektionen. Jacobson (1937) hatte darauf verwiesen, daß sich der Kern des weiblichen Ich-Ideals früher bilde als der männliche und zur Konstituierung eines autonomen weiblichen Überichs beitrage. Das von Freud postulierte Überich der Frau, das weniger unnachgiebig, unpersönlich und unabhängig von seinen emotionalen Ursprüngen sei wie das männliche, habe – so Bernstein – keinerlei Bedeutung für die psychoanalytische Behandlung von Frauen. Vielmehr fielen Stärke und Unbarmherzigkeit des weiblichen Überichs auf; insbesondere sei es weitaus sexualfeindlicher als das männliche.

Die Autorin unterscheidet drei Achsen des männlichen und des weiblichen Überichs: den Inhalt, seine Stärke und seine Struktur. Den Inhalt stellen Verbote und Ideale dar; sie können universellen Charakter haben wie das Inzesttabu, zugleich aber gibt es andere Inhalte, die abhängig sind von einer konkret gegebenen äußeren Realität. Die Stärke des Überichs bemißt sich nicht an der Natur seiner Inhalte, vielmehr danach, mit welcher Macht die vorhandenen Inhalte erzwungen wurden; so können sich wilde, rebellische Kinder als Erwachsene passiv, folgsam und autoritätsabhängig verhalten. Die Struktur bildet sich aus der Organisierung der Inhalte, die verschiedene Stärke haben können. Die Stärke eines Inhalts ist bei Frauen situationsabhängig. Die weibliche Überich-Struktur ist flexibler als die männliche. Bereits H. Blum (1976) hatte zwischen dem Ursprung, der Funktion, der Struktur und den Inhalten des Überichs unterschieden. „Wenn das Überich (gemeint ist das weibliche, M.Z.) das kulturell bedingte Ideal der Fügsamkeit und Abhängigkeit internalisiert, wird das starke Überich solche Werte bestätigen und verstärken. 'Schwäche' oder Willfährigkeit stellen eher weibliche Werte dar als ein defizientes Überich zu kennzeichnen" (Blum, 1976, S. 174).

Bernstein geht Stoller (1976) folgend von einer Weiblichkeit aus, die sich längst vor der phallisch-ödipalen Phase konstituiert und ihre Festigkeit im Verlauf der Loslösungs-Individuations-Phase mit der Herausbildung einer weiblichen Kerngeschlechtsidentität (vgl. Stoller, 1968) am Ende des zweiten Lebensjahrs erfährt. Die Geschlechtszuschreibung durch die Eltern beginnt mit der Geburt des Kindes und ist von überragender Bedeutung für die psychische Entwicklung von Jungen und Mädchen. Erwartungen, Enttäuschungen oder Zufriedenheit der Eltern hinsichtlich des Geschlechts ihres Kindes fließen direkt oder indirekt in die Kommunikation mit ihm ein. Eltern sprechen mit Mädchen anders als mit Jungen, sie geben Mädchen andere Spielsachen als Jungen. Die frühe Mutter-Tochter-Beziehung ist gekennzeichnet durch die Erfahrung von Gleichheit. Der Körper des kleinen Mädchens ist der Mutter bekannt und vertraut; sie sieht in ihm ihr eigenes Selbst und kann sich mit dem Mädchenkörper total identifizieren. Dieses Erleben der Mutter, die die Tochter gleichsam wie sich selbst erfährt, teilt sich ihr verdeckt oder offen mit. Zusätzlich zu der Undifferenziertheit des frühesten Entwicklungsstadiums, der fehlenden Differenzierung zwischen innerer und äußerer Welt, zwischen dem Selbst und der Mutter – dies gilt für den Jungen ebenso wie für das Mädchen – verstärkt die der Tochter von der Mutter zurückgespiegelte Gleichheit die Verschwommenheit der Selbst- und der Objektgrenzen. Die durch Gleichheit gekennzeichnete Interaktion wiederholt sich in unterschiedlicher Ausgestaltung in jeder weiteren Entwicklungsphase und findet ihren Niederschlag in der Ich- und in der Überich-Bildung.

Ausgehend von Freuds Postulat, daß das Ich zuallererst ein körperliches sei, skizziert die Autorin die Bedeutung der Körpererfahrungen des kleinen Mädchens für die Überich-Bildung. Gleichzeitig mit der Internalisierung der Spiegelungen der Mutter trägt die Erfahrung des eigenen Körpers zur Entwicklung von Selbstrepräsentanzen bei. Bernstein betont insbesondere die Wichtigkeit der Erfahrungen mit dem eigenen Genitale[13] und die Verschiedenheit der Körpererfahrungen von Jungen und Mädchen innerhalb des gleichen Entwicklungsstadiums. „Die Erfahrung des Mädchens ist eine innere, diffuse, generalisierte. Das Mädchen kann sein Genitale nicht sehen; visuell kann es die Quelle seiner Lust nicht lokalisieren. Indem es das äußere Genitale berührt, stimuliert es das innere (vaginale), das seinerseits das anale stimuliert" (Bernstein, 1983, S. 192).

Ohne, daß dies die Autorin explizit ausführt, läßt sich aus verschiedenen, verstreuten Äußerungen im Text schließen, daß das kleine Mädchen an zwei Körperöffnungen Lust erlebt und deshalb nicht zwischen Anus und Vagina unterscheidet, sie vielmehr miteinander verwechselt. Der kleine Junge jedoch, der nur eine Körperöffnung und den Penis hat, grenzt eindeutig die anale von der genitalen Lust ab. Aufgrund seiner anatomischen Ausstattung erlebt das kleine Mädchen die Lust „ausgedehnt" zwischen analem und genitalem Bereich ebenso wie es die Kontrollmöglichkeit über den Sphinkter ausgedehnt auch als genitale Kontrolle phantasiert.

Ödipale Identifizierungen tragen Merkmale der Identifizierungen aus der frühen Mutter-Tochter-Beziehung, die sich über die Wahrnehmung anatomischer Gleichheit herstellen. Wenn sich das kleine Mädchen ödipal identifiziert, so muß es dies mit demselben Objekt tun, von dem es versucht hatte, Trennung aufrechtzuerhalten und Individualität zu entwickeln. Die ödipalen Identifizierungen haben wegen

13 Der Einfluß des Körperbildes auf Ich-Stile und Ich-Interessen kommt in Eriksons (1964) Konzept des „inneren Raumes" und in Kestenbergs (1968) Konzept des „inneren Genitales" zum Ausdruck. Greenacre (1948) verbindet unmittelbar die Unbestimmtheit des weiblichen Genitales mit der mangelnden weiblichen Fähigkeit abstrakt und analytisch zu denken.

ihrer Herkunft aus frühen Identifizierungen einen verschwommen Charakter und bedrohen die Autonomie des Mädchens.

Die Stärke des weiblichen Überichs beruht erstens auf der Angst vor und auf Identifizierungen mit der omnipotent phantasierten, grandiosen, narzißtischen Mutter der Kindheit; zweitens geht sie auf die Verwechslung und Ausdehnung von analer und genitaler Lust zurück. Alle analen Verbote gelten aufgrund der anatomischen Ausstattung des Mädchens auch für genitale Triebregungen. Eine dritte Quelle der Überich-Stärke liegt in der Angst vor körperlicher Beschädigung, die sich in der phallisch-ödipalen Phase als Angst vor Penetration äußert. Die omnipotente Mutterrepräsentanz verleiht dem Überich auch seine Struktur. Kindliche Augen hatten diese Mutter diffus und unstrukturiert wahrgenommen. Die Ich- und Überich-Identifizierungen vollziehen sich mit diesem unklaren Objekt, das für das Erleben des Mädchens unklare Erwartungen hat und unbeständig ist; diese Identifizierungen verursachen die Flexibilität der weiblichen Überich-Struktur. Die Inhalte des weiblichen Überichs sind unterschiedlicher Art. Gebote wie „Sei abhängig", „Sei mein kleines Mädchen", „Denke nicht, Intellektualität ist Männersache" können immer wieder zu beobachtendes weibliches Verhalten erklären wie Suche nach Zustimmung, fehlende Autonomie, intellektuelle Hemmung. „Die wiederbelebte Diffusität (der Körpererfahrung des Mädchens und der Art und Weise, wie die Mutter wahrgenommen wird, M.Z.) verleiht der Struktur ihre Flexibilität; die Stärke hängt mit der Kastrationsangst zusammen (überwiegend im Sinn der vorher erwähnten Angst vor Körperverletzung, M.Z.). Der Inhalt besteht aus allen Erwartungen an die Weiblichkeit vom Moment der Geschlechtszuschreibung an. All dies geht aus den Entwicklungserfahrungen im Selbst und zwischen dem Selbst und der Außenwelt hervor. Die wiederbelebte Mutter verleiht dem Überich Stärke, Struktur und Inhalt" (Bernstein, 1983, S. 198).

1.2 Meine psychoanalytische Praxis bei APOYAR

APOYAR hatte in Aluche in einem vierstöckigen Wohnhaus eine Wohnung angemietet. Ein etwa 8 qm großer Raum, in dem auf der einen Seite ein häßliches, rotgeblümtes altes Sofa und ein niedriger alter

Couchtisch standen und auf der anderen Seite ein bis zur Decke reichendes Regal angebracht war, in dem sich die Aktenordner stapelten, diente mir als Behandlungszimmer. In der kleinen Wohnung, die keine Zentralheizung hatte, ging es immer sehr lebhaft zu. In jedem der vier Zimmer hielt sich immer irgend jemand auf. Meist standen auf dem kleinen Flur Frauen, die sich laut und lebhaft miteinander unterhielten und lachten. In den Stunden, in denen ich Einzelinterviews und Therapien durchführte, hörte ich immer Gesprächsfetzen, die vom Flur oder von den anderen Zimmern kamen. Nicht selten wurden meine Gespräche durch jemanden unterbrochen, der gerade in diesem Moment dringend eine Akte aus dem Regal an der Wand des Behandlungszimmers benötigte. An die Laute, die aus der Wohnung zu mir drangen und an das „Hereinplatzen" hatte ich mich im Laufe der Zeit gewöhnt. Störender war die Schnulzenmusik, die aus der Wohnung über oder neben mir kam, so laut, als ob der Plattenspieler oder das Radio in meinem Zimmer stünden. Wenn zu der Musik im Winter noch die Eiseskälte durch alle Ritzen in den Raum drang, hatte ich häufig nicht übel Lust aufzustehen und wegzulaufen.

In solchen Momenten half mir ein Gespräch mit Matilde, die mich darin bestärkte, daß meine Arbeit notwendig und wichtig sei und daß ich der einen oder der anderen Frau mit meinem Therapieangebot Hoffnung auf Besserung vermittele. Tatsächlich bedeutete für mich meine Tätigkeit eine Bereicherung. Versuchte ich doch, die Psychoanalyse außerhalb ihres traditionellen Rahmens der Einzelbehandlung mit einem festumrissenen Setting anzuwenden. Vor allem erschien mir wichtig, Frauen, die nie den Weg zur psychoanalytischen Praxis gefunden hätten, u.a. auch weil sie von ihrer Existenz nichts wußten, Gespräche anstelle von Medikamenten anzubieten. Während meiner Tätigkeit bei APOYAR erfuhr ich, daß alle Frauen, wenn sie depressiv waren oder, wie sie es nannten, „es an den Nerven hatten", zum organmedizinisch orientierten Arzt gingen, der ihnen Medikamente verschrieb. Selbstverständlich erfuhr ich bei dieser Tätigkeit eine Menge über meine eigene Migration und lernte, wie wichtig ein „besserer" sozialer Status bei ihrer Verarbeitung war.

2. *Eva*

Eva klagte über depressive Verstimmungen und über Konflikte mit ihrer 17 Jahre alten Tochter. Seit ihrer Rückkehr vor ungefähr zwei Jahren fühlte sie sich verloren, zu niemandem zugehörig, leer und antriebslos, hatte keine Freunde, und die Verwandten, mit denen sie früher engen Kontakt gepflegt hatte, waren gestorben. Sie litt unter starken Rückenschmerzen, Venenentzündungen in den Beinen, Herzrhythmusstörungen und hatte sich im ersten Sommer nach ihrer Rückkehr einer Gallenblasenoperation unterzogen; sie befand sich beständig in organmedizinischer Behandlung. Eva war nach einem zwanzigjährigen Aufenthalt im Ausland zusammen mit ihrer Tochter nach Madrid zurückgekehrt; ihr Mann war in der Bundesrepublik geblieben.

Eva war 52 Jahre alt. Sie war mir sympathisch, obgleich ihre beständigen Klagen die Kontaktaufnahme schwierig gestalteten. Sie war eine blonde, schön aussehende, völlig depressive Frau mit einem blassen ausdrucksvollen Gesicht und schönen dunklen Augen. Sie stammte aus einem Dorf in der Provinz von Salamanca; sie war die älteste von sieben Geschwistern und wuchs bei der Großmutter auf, die Evas Mutter, die jedes Jahr ein Kind bekam, entlasten wollte.[14] Sie hatte das Gefühl, etwas Besonderes zu sein, weil sie bei der Großmutter leben konnte. Als sie nach deren Tod allein mit einem Onkel im großmütterlichen Haus bleiben wollte, holten die Eltern, die dieses Verhalten unschicklich fanden, Eva mit 19 Jahren zu sich. Ein Jahr später wurde ihr eine Stelle als Serviererin in Madrid angeboten. Mit 21 Jahren lernte sie hier ihren Mann kennen, der sich in die Bundesrepublik anwerben ließ und unmittelbar nach der Hochzeit Spanien verließ; wenig später folgte sie ihm. In der Bundesrepublik arbeitete Eva nicht; sie träumte vielmehr davon, nach ihrer Rückkehr in Madrid eine Boutique zu eröffnen. Mit 34 Jahren wurde sie schwanger. Als sie im 6. Monat an einer Nierenbeckenentzündung erkrankt

---

14 Zwischen den Mitgliedern einer Familie der kastilischen Landbevölkerung herrschten Großfamilienbeziehungen. Es war deshalb nichts Besonderes, wenn Kinder bei den Großeltern oder den Onkeln und Tanten aufwuchsen, die meist im Haus nebenan lebten. Auf diese Weise teilten sich die Familien die finanziellen Belastungen, die durch die Geburt von Kindern entstanden.

war und medikamentös behandelt wurde, rieten ihr die Ärzte – so Eva – zur Abtreibung wegen der Gefahr einer Mißbildung des Kindes. Heute besucht Manuela, Evas Tochter, die deutsche Schule in Madrid. Zu Behandlungsbeginn stand sie unmittelbar vor dem Abitur. Stolz berichtete mir Eva, daß Manuela nach dem Abitur nach Deutschland zurückgehen werde, um Medizin zu studieren. Über die Beziehung zwischen Mutter und Tochter konnte ich im Verlauf der Behandlung herausfinden, daß sich Manuela von Eva bedienen ließ, daß Eva morgens als erste aufstand, um die Wohnung zu heizen, Badewasser und Frühstück vorzubereiten. Eva fühlte sich häufig allein, wenn sie mit der Tochter zusammen war. Manuela sei nicht ansprechbar; entweder lerne sie für die Schule oder sie laufe mit den Stöpseln in den Ohren herum und höre Musik. Im Verlauf der Behandlung, nachdem Eva Zutrauen zu mir gefaßt hatte, erzählte sie mir, daß Manuela, als sie sechs Jahre alt war, unter Allergien litt, die mit ihren Schwellungen das Gesicht ihres Kindes völlig entstellt hätten. Ca. eineinhalb Jahre nach der Rückkehr nach Madrid bekam Manuela plötzlich eine Halbseitenlähmung im Gesicht, die nach zwei Wochen wieder verschwand. Seit dieser letzten Erkrankung habe sich Manuela – so Eva – verändert. Sie sei plötzlich rücksichtslos und aggressiv ihr gegenüber geworden und habe ihre Studienpläne in der Bundesrepublik aufgegeben.

Das Bild von Evas Mann blieb über den gesamten Behandlungsverlauf unscharf. Aus Evas Äußerungen schloß ich, daß die Beziehung zu ihm ambivalent war. Einerseits bezeichnete sie ihn als Nichtsnutz, andererseits schilderte sie ihn als wichtige Figur in der spanischen Emigrantenszene in der Bundesrepublik. Er klärte seine Landsleute über ihre Rechte auf, half Analphabeten beim Ausfüllen von Formularen u.ä.m. Die Cafeteria, die er vor seiner Emigration in Madrid gepachtet hatte, ging pleite, weil er – so Eva – ein Faulenzer war. In der Bundesrepublik arbeitete er als ungelernter Maschinenschlosser und verdiente gut. Trotzdem spielte Eva während der zwanzig Jahre, die sie in der Bundesrepublik lebte, immer mit dem Gedanken zurückzukehren; sie habe die Zeit auf gepackten Koffern sitzend verbracht, sagte sie.

Ich sah Eva zwei Jahre lang zweimal in der Woche. Selbstverständlich führten wir die Behandlung im Sitzen durch. Wir duzten uns alle im Mitarbeiterkreis und auch mit den Frauen. Eine Änderung dieser Umgangsform meinerseits wäre auf totales Unverständnis gestoßen und mehr noch, sie wäre als Affront verstanden worden. Zu Beginn jeder Stunde wiederholte sich regelmäßig derselbe Auftakt. Bevor Eva auf der Couch Platz nahm, holte sie sich eines der Rückenkissen, um sich darauf zu setzen. Hinter ihrem Rücken wurden dann immer auf einer Seite der Couch die Latten sichtbar. Da sie sich nun nicht mehr anlehnen konnte, saß sie meist aufrecht oder leicht nach vorne gebeugt auf ihrem Kissen. Gleichzeitig suchte sie im Winter immer die Nähe des kleinen, nach Farbe stinkenden, wenig Wärme abgebenden Heizöfchens.

Eva kam zu den ersten Stunden geängstigt, aber auch mit Ansprüchen an ihre Therapeutin. Sie berichtete von der Psychologin in der Schule ihrer Tochter, die alles wisse. Zugleich teilte sie mir mit, daß „alles keine Zweck mehr habe" und daß sie am Ende ihrer Kräfte sei. Ich erlebte ihre Klagen so, als ob sie sich von mir abschließen wolle; sie hatten etwas Hermetisches, Abweisendes und erweckten in mir kein Mitgefühl. Ich reagierte vielmehr mit einer Mischung aus Lähmung, Leere und Ärger. Ich spürte, daß sie ihre Aggressionen, die in die Klagen eingebunden waren, verdeckt äußerte und zugleich die Rolle des Opfers einnahm. Einerseits fiel mir ihr Hinweis ein, daß es nicht lohne, sich mit ihr zu beschäftigen, andererseits aber erinnerte ich mich an ihre Äußerung über die Psychologin in der Schule der Tochter. Die beiden widersprüchlichen Äußerungen gegeneinanderhaltend, sagte ich ihr, daß ich ihr offenbar helfen solle, wenn sie sage, es sei ihr nicht zu helfen, daß sie wünsche, daß ich mich mit ihr beschäftige, wenn sie mir signalisiere, daß es keinen Zweck habe, mit ihr Therapie zu machen. Meine Gefühle von Leere und Lähmung ermöglichten mir einen weiteren Zugang zum Verständnis für Evas Klagen. Ich habe bereits erwähnt, daß sie kein Mitgefühl oder Verständnis in mir auslösten. Ich ging deshalb davon aus, daß ich mich mit Evas Gefühlen von Lähmung und Leere identifiziert hatte und brachte sie zunächst in Zusammenhang mit ihrem Remigrationserlebnis, von dem sie indirekt zu Beginn der Stunde gesprochen hatte. Ich vermutete, daß sie sich nach der Rückkehr, die sie einerseits herbeigesehnt, die sie aber andererseits auch enttäuscht hatte, leer und gelähmt gefühlt haben mag. Ich teilte ihr meine Überlegungen mit, worauf sie trocken zu weinen begann. Sie komme sich allein und verlassen vor. Eine Schwägerin und ihre Schwiegermutter, mit denen sie sich gut verstanden habe, lebten nicht mehr; sie habe keine Freunde, mit denen sie sprechen könne. Die Aggressionen, die ihre Klagen enthielten, waren zunächst nicht ansprechbar. Ich ging davon aus, daß es für das psychische Gleichgewicht Evas zu diesem Zeitpunkt wichtig war, eine Schuldige in der Außenwelt zu finden, der sie die Verantwortung für ihre Situation zuschieben konnte. Mit ihren Klagen wehrte sie einen depressiven Zusammenbruch ab.

In einer der nächsten Stunden, nachdem sie wieder geklagt hatte, daß es ihr schlecht gehe, daß ihr alles egal sei und sie am liebsten im Bett liegen wolle mit zugezogenen Gardinen, eingeschlossen wie in eine Nuß, berichtete sie mir von ihrer Brückenangst. Sie hatte Angst über die Brücke zu gehen, die über den Tormes führt, von der aus man den schönsten Blick auf Salamanca hat. An der gleichen Stelle, an der die Angst über sie komme, fürchte sich auch ihre Tochter, obgleich sie ihr ihre Ängste verberge. In dem Augenblick, in dem Manuela ihr von ihren Ängsten rede, verflögen ihre eigenen. Ich verstand ihre Erzählung als Angebot an mich, so als ob sie mich gebeten hätte, mit ihr über die Brücke zu gehen, von der aus man den schönsten Blick auf Salamanca hat, ohne daß ich mich von ihrer Angst anstecken ließ wie die Tochter. Als ich ihr meine Überlegungen mitteilte, hellte sich ihr Gesicht auf und sie begann von Salamanca zu schwärmen. Meine Überlegung, daß ich den Weg über die Brücke nach Salamanca auch als Evas Weg in die Vergangenheit verstand, zu der sie offenbar in der Emigration den Zugang verloren hatte, teilte ich ihr an dieser Stelle nicht mit.

Zur nächsten Stunde kam sie traurig, ohne zu klagen. An diesem Tag war es im Behandlungszimmer kälter als gewöhnlich. Die armselige elektrische Heizröhre schien heute weniger Wärme abzugeben als an anderen Tagen. Die aus der Nachbarwohnung ins Zimmer dringenden Schnulzen störten mich heute mehr als sonst. Ich empfand eine starke Diskrepanz zwischen der traurigen, ruhigen, in sich gekehrten Eva und der plärrenden Musik. Meine Irritation über die von außen kommende, kreischende Musik, die das ruhige Schweigen zwischen Eva und mir störte, wies mir den Weg zum Verständnis für ihre Suche nach einer ruhigen Beziehung zur Analytikerin, die sie vor störenden Umwelteinflüssen schützen sollte. Ich erinnerte ihre Mitteilung von der letzten Stunde, daß sie sich Geborgenheit in der Nußschale wünschte und sagte ihr sinngemäß, daß sie sich offensichtlich die Geborgenheit wünsche, die ihr sonst nur das Bett und die heruntergelassenen Vorhänge böten, wo sie sich beschützt fühle, wie in einer Nußschale eingeschlossen.

In den folgenden Stunden waren die Klagen verschwunden; sie erzählte mir, wann es mit ihren Depressionen angefangen habe. Alles begann, als sie ihrem Mann in die Bundesrepublik folgte. Sie fuhr mit dem Zug von Madrid nach Paris und von dort aus weiter nach R. Sie erinnerte sich, daß sie von Paris aus nach Madrid angerufen hatte, um sich endgültig zu verabschieden. Als sie dann im Zug in Richtung Deutschland fuhr, hatte sie das Gefühl, nie mehr diejenige zu sein, die sie einmal war. Es schien so, als ob innerlich etwas zerrissen sei. Ich sagte ihr: „Und um Dich wiederzufinden, die Risse zu schließen, mußt Du gemeinsam mit mir die Reise noch einmal unternehmen, um zurückkommen zu können, und den schönsten Blick auf Salamanca zu genießen. Über die Brücke auf die Stadt zuzugehen, bedeutet doch auch, die Rückreise in Deine Vergangenheit anzutreten, das wiederzuholen, was Dir damals auf der Reise in die Bundesrepublik verlorenging." Es schien so, als sei sie bereit die Reise anzutreten, denn in den folgenden Stunden begann sie von ihren Erlebnissen in der Bundesrepublik zu berichten. Sie tat dies zögernd und mit viel Angst. Sie erzählte mir von der alten Frau, die im gleichen Haus wohnte wie sie. Da sie keinen Fernseher hatte, kam sie oft zu Eva, um fernzusehen. Sie lud Eva ihrerseits zu Kaffee und Kuchen zu sich ein. Als die alte Frau 75 Jahre alt wurde, sei ihre Tochter aus H. gekommen, die sich nie um die Mutter gekümmert habe und organisierte eine Geburtstagsfeier, zu der sie alle Freundinnen der alten Frau einlud – nur sie nicht. Die Tochter brachte ihr eine Tasse Kaffee und ein Stück Kuchen hinauf in ihre Wohnung. Das Verhalten der Tochter und der alten Frau kränkte sie sehr. In anderen Stunden berichtete sie von einem Krankenhausaufenthalt an Weihnachten. Die Angehörigen der Kranken hätten den Mitpatientinnen Äpfel und Nüsse geschenkt – sie sei jedoch leer ausgegangen. Allerdings sagte sie, sich selbst tröstend, im Krankenhaus habe niemand sagen können, daß sie stinkende Nachthemden gehabt hätte, von denen man sich naserümpfend abgewandt habe. Ihre Intimwäsche sei so schön gewesen, daß manche Besucherin wohlwollende Äußerungen darüber gemacht habe.

Zur nächsten Stunde kam Eva nicht. Ich erfuhr von Matilde, daß sie morgens Herzrhythmusstörungen hatte und von einer Nachbarin ins Krankenhaus gebracht worden war. Man behielt sie jedoch nicht dort, nachmittags war sie wieder zu Hause. Ich rief sie in der Zeit, in der sie Stunde bei mir gehabt hätte an, um mich nach ihrem Befinden zu erkundigen. Zunächst klang sie apathisch, wurde dann aber zunehmend offener und zutraulicher. Sie habe die Herzrhythmusstörungen schon in der Bundesrepublik gehabt, die Ärzte konnten aber keine organische Ursache feststellen. Sie meinte, daß ihre körperlichen Beschwerden mit ihren Depressionen zu tun hätten. Nach dem Gespräch mit Eva verstand ich nachträglich meine eigene depressive Verstimmung, die sich nach der letzten Stunde mit ihr im Lauf des Abends verstärkt hatte. Zum ersten Mal zweifelte ich daran, ob ich mit der Arbeit bei APOYAR nicht überfordert sei. Ich hatte das Gefühl, den an mich gestellten Anforderungen nicht gewachsen zu sein. Offensichtlich hatte ich mich mit Evas Depressionen, die auch mit den erlittenen Kränkungen zusammenhingen, identifiziert und sie ihr auf diese Weise auch teilweise abgenommen. Ich interpretierte ihre Herzrhythmusstörungen als einen ins Organische verlagerten depressiven Zusammenbruch. Es kam sicherlich nicht von ungefähr, daß das Herz wegen der Erinnerungen an die verschleierten Erniedrigungen, die Eva als narzißtische Kränkungen erlebt hatte, funktionell in Mitleidenschaft gezogen worden war. Eva sagte die nächste Stunde ab, weil sie zur gleichen Zeit einen Termin bei ihrem Arzt wahrnehmen mußte. Ich interpretierte ihr Fernbleiben als Versuch, sich mit den schmerzlichen Erinnerungen nur dosiert konfrontieren zu müssen. Die darauf folgende Stunde eröffnete sie damit, daß sie fürchte, einen Herzanfall bei mir in der Stunde zu bekommen. Als ich ihr sagte, daß die Erinnerungen an Deutschland und das Gefühl, schlecht behandelt worden zu sein, gerade deshalb, weil die Nachbarin versucht habe, ihre Vorurteile zu kaschieren, indem sie ihr Kaffee und Kuchen in die Wohnung schicken ließ, während sie mit ihren Freundinnen, zu denen sie sich auch zählte, ihren Geburtstag feierte, ihr so weh getan hätten, daß sie fürchtete, die Beschämung nicht zu ertragen und deshalb phantasiert habe, sterben zu wollen, antwortete sie mir, daß „alles keinen Zweck mehr habe", sie wolle sich nicht mehr schön machen, am liebsten bliebe sie im Bett. Früher als sie noch in der Bundesrepublik lebte, habe alles nicht so hoffnungslos ausgesehen wie jetzt. Damals dachte sie an Spanien und schmiedete Pläne. Jetzt bedeute ihr das Leben gar nichts mehr, wenn ihre Tochter nicht wäre, wüßte sie nicht, was sie täte. Ich erinnerte sie daran, daß sie mir vor einigen Stunden erzählt habe, daß sie im Zug von Paris nach Deutschland das Gefühl hatte, es sei etwas zerbrochen, und daß sie nie mehr die alte sein würde und verband dies mit ihren Gefühlen bei der Rückkehr, von denen sie vorher gesprochen hatte. Ich sagte ihr sinngemäß, daß sie die Rückkehr wie einen erneuten Riß in ihrem Leben empfunden habe. Nun sei es so, als ob sie auf der Brücke stünde, die über den Tormes führe, sich zwar ängstige, aber doch auf die Stadt, auf ihre Vergangenheit zugehen wolle, um die Risse zu schließen. Einen Augenblick lang schien es so, als beginne sie zu weinen; sie kontrollierte sich jedoch, blickte auf ihre Armbanduhr und sagte: „Ich muß meine Tabletten nehmen, der Arzt hat gesagt, 'Du mußt sie immer zu einer bestimmten Uhrzeit nehmen, egal wo Du bist'." All die vielen Jahre in Deutschland, fuhr sie fort, habe sie nur an Spanien gedacht, aber als sie dann hier war, schienen ihre Hoffnungen und Phantasien von damals in sich zusammenzubrechen. Die Realität habe nichts mit ihren Vorstellungen zu tun gehabt. Alles habe angefangen, als sie damals im Zug von Paris nach Deutschland saß, alles, was später gekommen sei, wäre wie ein Weiterschneiden dort gewesen, wo bereits eine Wunde war. Ich nahm an, daß diese Bahnfahrt eine Metapher für Deutschland darstellte und daß sie von Schnitten sprach, von denen sie glaubte, daß sie ihr dort zugefügt worden seien. Als sie die Schnitte erwähnte, blickte sie zu einer ärmlich aussehenden Pflanze, die auf dem Tisch des Behandlungszimmers vor sich hinkümmerte, zeigte auf sie, als wolle sie sagen, so erbärmlich wie diese Pflanze sehe auch ich aus.

Auch in den folgenden Stunden sprach sie weiter von ihren Erfahrungen in der Bundesrepublik. Zum ersten Mal glaubte ich aus ihren Erzählungen direkte Anklagen und Vorwürfe herauszuhören. Sie hatten allerdings nicht wie zu Beginn der Behandlung die Funktion, Distanz zwischen ihr und mir herzustellen. Die Übertragungsbeziehung hatte sich geändert. Hatte sie mich bisher als Teil von sich erlebt, so nahm sie mich jetzt als Gegenüber, als Andere wahr. Diese von ihr Verschiedene kam aus dem Land, in dem sie viele schlechte Erfahrungen gemacht hatte; ihr schob sie die Schuld dafür zu, innerlich zerrissen, von ihrer Vergangenheit getrennt zu sein. In aufgebrachtem Ton erzählte sie mir, daß eine Deutsche zu ihr gesagt habe, „Du mit Deinem blonden Haar könntest Deutsche sein. Du bist doch sicherlich aufgrund Deines Äußeren nie diskriminiert worden". Über diesen Unsinn sei sie wütend geworden; sie fand es unmöglich, daß sie Deutsche hätte sein müssen, um nicht diskriminiert zu werden. Sie wollte als Spanierin nicht schlecht behandelt werden. Sie habe sich immer als Spanierin gefühlt und sei stolz darauf gewesen, Spanierin zu sein. Im übrigen hätte diese Frau offensichtlich die Vorstellung gehabt, daß alle Spanierinnen klein, dick, dunkelhaarig und dunkeläugig sein müßten. Ich hatte mich für Eva offensichtlich in die Deutsche verwandelt, von der sie annahm, daß sie sie diskriminierte, die ein klischeehaftes Bild von Spanien hatte und von der sie fürchtete nicht verstanden zu werden, wie von der Deutschen, die sie nach ihrem Äußeren beurteilt hatte. Trotzig fügte sie hinzu, daß ihre Haare gar nicht blond seien, sie färbe sie nur blond. Je ärgerlicher sie auf die Deutschen und auf mich wurde, um so lebendiger erschien sie mir; ihr blasses Gesicht bekam Farbe. Zum ersten Mal sprach sie in einer der nächsten Stunden ausführlicher über die Probleme mit ihrer Tochter. Sie helfe ihr überhaupt nicht im Haushalt, ließe sich vielmehr von ihr bedienen. Sie wünsche sich, daß sie wenigstens an den Sonntagen etwas gemeinsam unternähmen, aber ihre Tochter habe dazu keine Lust. Der Sonntag dehne sich immer endlos aus, morgens ginge sie zur Messe, um sich abzulenken, dann sehe sie den ganzen Tag fern. Aber so, als ob sie erschrocken wäre, relativ unverblümt ihre Tochter kritisiert zu haben, die sie zugleich idealisierte, die die Schönste und Klügste war, versuchte sie wieder die Einheit zwischen sich und mir herzustellen. Als ich in einer der nächsten Stunden eine Bluse mit einem großen Rosenmuster trug, brach sie in Begeisterung aus; sie habe auch einmal einen Rock mit einem solchen Muster besessen, sagte sie.

In den folgenden Stunden war ihre kritische Haltung gänzlich verschwunden; sie klagte wieder, daß es ihr schlecht gehe, daß sie keine Gefühle mehr habe, daß es nichts mehr gebe, was sie interessiere, daß sie jede Woche tiefer und tiefer falle, daß sie keine Lust mehr habe zu kochen, zu essen oder sich anzuziehen. Das Schlimmste aber sei, daß sie nicht unter Leute gehen könne; alle seien lustig, sie aber sei deprimiert. Sie habe mehrere Male versucht, sich mit den anderen Frauen, die zu APOYAR kamen, auszutauschen, sei aber immer auf Unverständnis gestoßen. Es wäre viel einfacher, wenn sie Krebs hätte, dann würden sie alle bedauern. Ich sagte ihr, daß die anderen Frauen, die ihrer Krankheit verständnislos gegenüberstünden, doch sicherlich auch ein Teil von ihr selbst seien, der Teil, der nicht verstünde, was mit ihr passiere. Sie frage mich, ob ihre Krankheit mit einer unheilbaren Krebserkrankung zu vergleichen sei. Daraufhin begann sie trocken zu weinen, es war eher ein Würgen, sie griff sich dabei an den Hals und sagte: „Hier sitzt es und kann nicht herauskommen." Nun begann sie zu schluchzen, hielt dabei aber immer den Hals fest, so als fürchte sie auseinanderzufallen. Als sie sich etwas beruhigt hatte, fragte sie mich, ob ich glaube, daß es für sie noch Hoffnung gebe. Sie habe die Phantasie, daß ein Spinnennetz über sie geworfen sei, das sie unbeweglich mache, das sie aber auch nicht zerreißen könne. Die Bilder, die Eva benutzte, waren sehr plastisch; zugleich aber verwendete sie keine Gefühle. Es saß etwas im Hals, das nicht heraus konnte, sie spielte auf eine Krebserkrankung an, und sie fühlte sich in einem Spinnennetz gefangen. Als ich ihr dies sagte, meinte sie, Gefühle zu haben, schaffe Probleme. Dann komme es mit ihrer Tochter zu Auseinandersetzungen, oder sie werde wütend auf das, was ihr im Leben widerfahren sei, so daß sie die Kontrolle verliere und imstande sei Dinge zu sagen, die ihr zum Nachteil gereichten. Daraufhin meinte ich sinngemäß, so, wie sie befürchte, daß ich mich von ihr abwende, wenn sie ihre Kritik an meinem Land äußere. Es gehe doch offensichtlich um die Wut, die ihr im Hals säße und nicht herauskommen dürfe, daß keine Gefühle zu haben, sie vor ihrer Wut schütze. Sie hörte mir still und aufmerksam zu, ich glaubte, in ihrem Gesicht Zustimmung zu erkennen, aber sie schwieg. Ich sagte ihr, daß das Zerreißen des Spinnennetzes doch vielleicht auch bedeute, sich ihrer augenblicklichen Lage bewußt zu werden, nämlich allein mit Manuela in Madrid, von ihrem Mann getrennt zu wohnen. Sie stimmte mir zu und fügte hinzu, daß es gut sei, ohne ihren Mann zu leben, sie könne mit ihm nicht über ihre Verzweiflung reden, vor ihm müsse sie immer die Form wahren. Offenbar war sie u.a. auch nach Madrid gekommen, um sich von ihrem Mann zu trennen. Als ich ihr meine Überlegungen mitteilte, wich sie mir aus, indem sie sagte, daß er sie oft hier in Madrid besuche. Nach der Stunde sah ich, wie sie sich auf dem Flur mit anderen Frauen unterhielt. Sie blickte mich offen, zutraulich, freundlich, ja fast zärtlich an.

Zu Beginn der nächsten Stunde berichtete sie mir, daß ihre Tochter gesagt habe: „Du gehst nicht mehr zu Mechthild, das tut Dir nicht gut." Daß Eva selbst aus der Tochter sprach, war offensichtlich. Mir fiel besonders ihre Kleidung auf. Eva, die immer korrekt, Ton in Ton gekleidet war, kam heute in schreienden Farben, die sich, wie es umgangssprachlich heißt, „bissen". Ihr frischgefärbtes Haar hatte einen auffälligen, fast unangenehmen Rotstich und wirkte zum erstem Mal unecht. Mit ihrem karottenroten Haar kontrastierte ein zartrosa Pullover und eine schreiend tiefrote Jacke. Offensichtlich wollte sie nicht mehr kommen, weil sie sich vor ihrer Wut fürchtete, von der sie in der letzten Stunde gesagt hatte, daß sie, wenn sie wütend sei, die Kontrolle verliere und Dinge sage, die ihr zum Nachteil gereichten. In ihrer schreienden Kleidung aber kam der Ärger und die Wut zum Ausdruck, ihr Gesicht jedoch war entspannt und wirkte lebendig. Nachdem ich ihr meine Beobachtungen mitgeteilt hatte, erzählte sie mir, daß sie seit langem wieder hätte kochen können. Sie hätte es genossen, klassische Musik zu hören, die ihr gut gefiel, die sie aber in den letzten Monaten traurig gestimmt habe. Ich zeigte ihr den Widerspruch in ihrer Mitteilung auf, daß sie einerseits nicht mehr kommen wolle, mir aber andererseits indirekt zu verstehen gebe, daß es ihr gut getan habe, aggressive Gefühle in sich vor mir anerkannt zu haben. Das stimme, aber sie habe mit ihrer Tochter, die wieder einmal mit dem Kopfhörer durch die Wohnung lief und nicht mit ihr sprechen wollte, eine heftige Auseinandersetzung gehabt, in deren Verlauf sie ihr gesagt habe, daß sie nicht mehr bereit sei, sie zu bedienen. In einer der nächsten Stunden zeigte mir Eva Bilder von Manuela. So als wolle sie ein wenig die Kritik an ihr relativieren, sagte sie, daß ihre Tochter sehr schön und sehr intelligent sei. Anhand der Bilder konnte ich mich von Manuelas Schönheit überzeugen; sie war ein bildschönes Mädchen mit reichem, gelocktem, kastanienfarbenem Haar.

Nach einer Ferienunterbrechung war Eva froh, mich wiederzusehen. Nachdem sie über mein gesundes Aussehen gesprochen hatte, erzählte sie mir einen Traum, den sie wiederholt in der Kindheit hatte. Im Traum wird der Eingang des Hauses der Großmutter sichtbar; auf der Straße steht ein Telefonmast, an den Kinder angebunden sind.

Sie sieht einen Mann mit einem alten Hut in zerrissener Kleidung, der zur Großmutter sagt, er wolle Eva mitnehmen. Diese aber erwidert, daß sie sie nicht hergebe. Daraufhin antwortet der Mann, daß er aufgrund einer Anordnung handele; auch die Kinder, die am Telefonmast angebunden seien, habe er aufgrund einer Anordnung mitgenommen. „Wenn dies so ist, daß Sie eine Anordnung haben, dann nehmen Sie sie mit", sagte die Großmutter. Zu dem Traum fiel Eva als erstes die Nachkriegszeit[15] ein. Sie wurde 1935 geboren. Sie erinnerte, daß im Dorf oft hinter vorgehaltener Hand gesagt worden sei, dieser oder jener sei von der Guardia Civil[16] abgeholt worden. Viele Menschen seien plötzlich verschwunden gewesen; die Dorfbewohner gingen davon aus, daß sie ermordet worden waren. Z.B. sei auch plötzlich der Vater von Nachbarskindern nicht mehr da gewesen, später sei auch noch die Mutter gestorben. Diejenigen im Dorf, die nicht mit den Nationalen (Frankisten) sympathisierten, hätten in beständiger Angst vor Verhaftung, Verschleppung und Ermordung gelebt. Trotzdem hätte sie an diese Zeit gute Erinnerungen, fügte Eva hinzu. Sie lebte in einem großen Haus mit der Großmutter. Sie erinnerte die Küche mit der Feuerstelle. Das Haus existiere heute noch; sie habe es bereits mehrere Male mit ihrer Tochter besucht und den Stickrahmen gefunden, den sie als junges Mädchen benutzte. Das Dorf liege 50 km von Salamanca entfernt im Vorgebirge. Die Luft sei dort klar und sauber und die Nächte, insbesondere im Sommer, frisch und angenehm. Sie hielt in ihrer Erzählung inne und fragte, ob der Mann mit dem alten Hut vielleicht ihr Vater gewesen sei. Sie fuhr fort, daß die Mutter sie nach einigen Jahren zurückhaben wollte, die Großmutter aber immer gesagt habe, „laß sie bei mir, es ist zu viel für Dich". Gleichzeitig erinnerte sie, daß die Mutter häufig auf dem Pferd ins Dorf gekommen sei, um sie zurückzuholen. Die Nachbarskinder hätten sie aber immer gewarnt, wenn sie von weitem das Pferd hörten. Sie habe sich dann regelmäßig versteckt, denn sie wollte nicht von der Großmutter weg; die Zeit mit ihr sei paradiesisch gewesen.

---

15 Der spanische Bürgerkrieg begann mit dem Putsch Francos am 18. Juli 1936 und endete mit der Niederlage des republikanischen Spanien am 1. April 1939.

16 Eine 1844 gegründete paramilitärische Polizeiorganisation, die dem spanischen Innenministerium unterstellt ist und zu Francos Zeiten hauptsächlich gegen die linke Opposition eingesetzt wurde.

Sie wollte nicht zu den Eltern, die in äußerst ärmlichen und beengten Verhältnissen lebten. Später, als sie nach dem Tod der Großmutter bei ihnen wohnte, habe sie nicht einmal ein eigenes Bett gehabt. Das Traumbild vom Mann in der zerrissenen Kleidung scheint das Elternhaus zu symbolisieren.

An den Assoziationen Evas zu ihrem Traum fiel die Widersprüchlichkeit auf zwischen dem großen, weiten Haus der Großmutter mit seiner Küche und der Feuerstelle, der klaren sauberen Luft und den frischen Nächten einerseits, was Eva als paradiesisch bezeichnete, und Gewalt, Verfolgung, Ermordung und Sexualität (niemand in ihrem Elternhaus hatte ein eigenes Bett) andererseits. Dort, wo Menschen in Evas Assoziationen auftauchten – mit Ausnahme der Großmutter – ging es um Ausübung von Macht und Freiheitsberaubung. Wenn Eva von der Großmutter sprach, schien es so, als gehöre sie zur Weite, zur frischen Luft, einer Küche mit Feuerstelle – gleichermaßen eine frühe allgegenwärtige, versorgende, gut riechende Mutter symbolisierend; ihre Mama, wie Eva sie nannte. Die paradiesische Welt ihrer Mama, das Haus, schützte sie vor der Welt der Gewalt. Mit dem Tod der Großmutter glaubte Eva ihr Paradies verloren zu haben. Eva und ich verstanden jetzt auch die Metapher von der Nußschale, in der sie sich geborgen gefühlt hatte. Wir erarbeiteten gemeinsam, daß wir in den Stunden, in denen sich zwischen ihr und mir eine ruhige Stille ausgedehnt hatte, uns im weiten Haus der Großmutter befanden, daß ich für Eva zur Großmutter-Mama geworden war, die sie vor den plärrenden Schnulzen aus der Nachbarwohnung (der Gewalt außerhalb des großmütterlichen Hauses) schützte. Ich interpretierte ihren übereilten Weggang von den Eltern nach Madrid als Flucht vor dem Mann in der zerrissenen Kleidung. Daß Eva trotzdem heiratete, d.h. den Mann mit der zerrissenen Kleidung nicht nur fürchtete, schien mir ein Beleg dafür zu sein, daß sie das gemeinsame großmütterliche Paradies in sich trug, auf dem sie gleichsam aufbauend, die Beziehung zu ihrem Mann einging.

Nach einer Stunde, in der wir wieder über ihre Probleme mit Manuela gesprochen hatten, kam sie zur nächsten Sitzung mit bleichem, fast fahlem Gesicht. Wie immer nahm sie das Rückenkissen der geblümten Couch, um sich daraufzusetzen. Ihre angespannte Haltung verriet ihre Angst und den Versuch, sie unter Kontrolle zu halten. Nach einem längeren Schweigen fragte sie mich, ob ich von dem schrecklichen Verbrechen an einem Kind in Extremadura gehört hätte. Als ich dies verneinte, erzählte sie mir mit vielen Details von einem grausamen Mord an einem sechsjährigen Mädchen. Ob ich nicht der Meinung sei, daß die Aggressiven eingesperrt gehörten? Die Verrückten seien die Aggressiven, die ihre Impulse nicht kontrollieren könnten. Ich sagte ihr, daß sie offensichtlich geängstigt sei, daß jede Aggression mit Verrücktsein und mit Mord zu tun habe. Wir hätten auch hier von ihren unterdrückten Aggressionen gesprochen – und nun fürchte sie, daß auch sie verrückt werden und etwas Schreckliches tun könne. Ein wenig entspannter gab sie mir zur Antwort, daß es oft unvermeidlich sei, wütend zu werden. Wieder kam sie auf die jüngsten Auseinandersetzungen mit Manuela zu sprechen, der sie Distanz und Gleichgültigkeit vorgeworfen habe. Scheinbar unvermittelt begann sie dann von der Gesichtslähmung ihrer Tochter zu sprechen. Plötzlich, im vorletzten September sei ihre linke Gesichtshälfte gelähmt gewesen, das Auge und der Mund hingen nach unten, und sie habe einfach schrecklich ausgesehen. Nach zwei Wochen sei die Lähmung völlig verschwunden gewesen; die Ärzte hätten keinerlei Erklärung für die Ursache der Lähmung gehabt. Seit dieser Zeit sei ihre Tochter uneinfühlsam und aggressiv und habe gleichzeitig den Wunsch geäußert, nicht in die Bundesrepublik zurückzukehren und Medizin zu studieren, sondern in Spanien in der Nähe der Mutter zu bleiben und Jura zu studieren. Eva machte sich Vorwürfe wegen der Krankheit ihrer Tochter; geängstigt fragte sie mich, ob sie vielleicht schuld daran gewesen sei, denn es habe häufig Streitereien zwischen ihnen gegeben. Zu einer der nächsten Stunden brachte sie mir Bilder von ihrer entstellten Tochter mit, die sie, Eva, aufgenommen hatte. Das bildschöne Mädchen sah tatsächlich wie ein Monster aus. Sie habe Manuela fotografiert, weil die Ärzte ihr sonst nicht geglaubt hätten, wie entstellt Manuela ausgesehen habe. Ich sagte ihr sinngemäß, daß die Ärzte Manuela doch in der Sprechstunde gesehen hätten, vielleicht habe sie die Bilder aufgenommen, um sich selbst zu beruhigen, um sicher zu sein, daß sie mit ihrer Wut auf Manuela diese nicht noch mehr entstellt habe. Auch mir habe sie die Bilder mitgebracht, um sich gemeinsam mit mir davon zu überzeugen, daß Manuela zwar schlimm aussah, aber nicht so schrecklich wie das zerstückelte Kind in Extremadura, von dessen Mord sie mir erzählt habe. Eva reagierte sichtlich erleichtert auf meine Interpretation und erzählte mir, daß sie sich eigentlich immer Sorgen um Manuela gemacht habe, obgleich es eigentlich keinen Grund dafür gegeben habe. Sie habe Schwierigkeiten in der Schwangerschaft gehabt, aber ihr Kind, obwohl ihr die Ärzte zu einer Abtreibung rieten, bekommen, sagte sie triumphierend. Ich sagte ihr: „Und dann ist Manuela mit sechs Jahren krank geworden und war völlig entstellt, und vielleicht hast Du gefürchtet, daß die Ärzte doch noch recht behalten hätten." Natürlich wisse sie, daß das eine nichts mit dem anderen zu tun habe, aber vom Gefühl her könne ich recht haben. Sie sei sowohl damals wie auch jetzt im vorletzten September sehr erschrocken gewesen. „Vielleicht machst Du Dir Vorwürfe, daß Du damals krank geworden bist, vielleicht hast Du auch die Vorstellung, daß Du mit der Krankheit und den Tabletten Deinem Kind beinahe etwas angetan hättest", sagte ich ihr. Sie habe ja nichts für ihre Krankheit gekonnt, antwortete sie mir, aber es sei eine schreckliche Zeit gewesen. Sie korrigierte ihre frühere Version von der Erkrankung an einer Nierenbeckenentzündung und teilte mir jetzt mit, daß sie an einer Hepatitis erkrankt war, die sie sich durch eine unsaubere Spritze geholt habe. Seit damals könne sie nicht mehr richtig essen, sie habe sich seither immer Diät gekocht. Seit dieser Zeit lebe sie eigentlich nicht mehr, sie sei wie tot. Ich sagte ihr sinngemäß, daß sie offensichtlich fürchte, bis heute nicht ihre Schuld abgetragen zu haben dafür, daß sie glaube, Manuela beinahe getötet zu haben; deshalb fühle sie sich leblos, wie tot. Als Manuela ihre Allergieanfälle hatte, fuhr ich fort, „lebte offensichtlich wieder die vermeintliche Schuld von damals auf". Fast düster antwortete sie mir, daß das Schlimme an Manuelas Allergien darin bestünde, daß die Ärzte nicht wüßten, woher sie kämen. Und vage fügte sie hinzu, daß sie sich deshalb auch mehr Gedanken gemacht und die Fotos aufgenommen habe.

Aber nicht nur ihre latenten Schuldgefühle der Tochter gegenüber, sondern auch ihr Wunsch, Manuela möge das erreichen, was ihr verschlossen geblieben war, nämlich Medizin zu studieren und sich in der Bundesrepublik wohlzufühlen, veranlaßten sie, der Tochter alle Arbeiten im gemeinsamen Haushalt abzunehmen, halfen ihr, Manuelas Launen zu ertragen. Ich konnte außerdem gemeinsam mit Eva erarbeiten, daß sie offensichtlich versucht hatte, mit Manuela das großmütterliche Haus, die paradiesische Einheit, wiederaufleben zu lassen. Die Art und Weise, wie sie mir davon gesprochen habe, daß sie den Ärzten ein Schnippchen geschlagen und trotz ihrer Warnung ein gesundes Kind zur Welt gebracht habe, hätte Manuela von allem Anfang an zu ihrem und nur zu ihrem Kind werden lassen. Daraufhin blickte sie mich erschrocken an, schwieg und sagte nach einer Pause, dann überfordere sie ihre Tochter vielleicht. In den nächsten Stunden sprachen wir von Evas narzißtischen Vereinnahmungsversuchen; zum ersten Mal fragte sich Eva, ob Manuela tatsächlich Medizin studieren wolle oder ob das nicht vielleicht ihr Wunsch sei. Obwohl Eva meinen Deutungen folgte und selbst Erkenntnisse beitrug, war deutlich spürbar, daß sie dies aber gefühlsmäßig abwesend tat und daß ihre Einsichten eher über den Kopf liefen. So erwähnte ich auch nicht, daß ich der Annahme war, daß die Allergien mißglückte Trennungsversuche Manuelas darstellten und daß sie mit ihrem Kopfhörer versuchte, die Mutter gewaltsam auszuschließen.

Eva nahm emotional erst dann wieder Kontakt mit mir auf, als sie sich entschieden hatte, nach Manuelas Abitur mit ihr nach Salamanca zu gehen, wo Manuela Jura studieren wollte. Wir verabredeten, die Behandlung vor den Sommerferien zu beenden. Eva kaufte für sich und Manuela eine Wohnung in Salamanca. In der Stunde, in der sie mir davon berichtete, war sie deprimiert und klagte über ihre Schmerzen in den Beinen und daß sie sich vielleicht die Venen operieren lassen müsse. Und dann begann sie von ihrer Gallenblasenoperation zu sprechen und daß sie davon eine große Narbe zurückbehalten habe. Ich antwortete ihr: „Du meinst, dies sei eine Narbe, die Du sehen kannst. Die anderen Narben, die Schnitte, die Risse und die Wunden, von denen Du gesprochen hast, kannst Du nicht sehen, nur fühlen." Auf meine Intervention hin wurde sie etwas lebhafter und schilderte mir, wo die Wohnung in Salamanca lag und wie sie sie einrichten wollte. Sie freue sich auch ein wenig auf Salamanca, fügte sie hinzu. Zu den letzten Sitzungen kam sie blaß und in sich gekehrt. In einer dieser Stunden fragte sie mich, ob ich glaube, daß es richtig sei, Manuela nach Salamanca zu begleiten; ohne jedoch eine Antwort abzuwarten sagte sie, es bliebe ihr nichts anderes übrig als mitzugehen, denn ihre Tochter habe sie darum gebeten. Dann begann sie auf ihren Mann zu schimpfen, der nicht wolle, daß Manuela zu ihm zurückkehre. Zur letzten Stunde kam sie ruhig und gefaßt. Nachdem sie ein wenig von Salamanca und der neuen Wohnung gesprochen hatte, brach sie in Klagen aus, es habe alles keinen Zweck mehr; es sei egal, was sie tue, ob sie hier bliebe oder nach Salamanca gehe. Sie sei am Ende. Dann schwieg sie lange. Als die Stunde zu Ende war, tat sie wie immer das Rückenkissen zurück an seinen Platz. Sie bedankte sich bei mir, daß ich mit ihr den Mut nicht verloren hätte. Sie verließ mit schleppenden Schritten das Behandlungszimmer. Ich blickte ihr im Hinausgehen nach und sah, daß ihre Beine geschwollen waren.

3. Migration macht krank

Der Verlauf der psychoanalytischen Behandlung zeigt eindringlich, daß Eva nach zwanzigjährigem Aufenthalt in der Bundesrepublik physisch und psychisch zerstört in ihr Land zurückgekehrt war. Sie litt unter multiplen physischen Erkrankungen, insbesondere aber waren ihre psychischen Kräfte durch eine schwere Depression mit einer Herabsetzung des Selbstwertgefühls und einer Ich-Verarmung aufgebraucht. Ich bin der Auffassung, daß sich die Frage, ob Eva auch ohne ihre Migrationserfahrung erkrankt wäre, erübrigt. Ich konnte zeigen, daß ihre Kindheit und Jugend keinerlei Anlaß dafür gaben, daß sie später schwer depressiv erkranken würde. Ich stelle mir vor, daß Eva, wenn sie mit ihrem Mann in Madrid geblieben wäre, viele Kinder mit ihm gehabt, die Kontakte mit der Familie und den Nachbarinnen gepflegt und sich möglicherweise darüber beschwert hätte, daß ihr Mann in der Bar nebenan zu viel Domino spiele. Der in der psychoanalytischen Migrationsliteratur betonte Zusammenhang zwischen frühen Traumen und traumatischer Verarbeitung von Migration konnte anhand der Behandlung Evas nicht bestätigt werden. Ihre frühen Erlebnisse waren nicht von so schwerer traumatischer Natur, als daß sie den traumatischen Ausgang ihrer Remigration hätten erklären können. Wenn sie in der Behandlung immer wieder betonte, daß „etwas in ihr" auf dem Weg von Paris in die Bundesrepublik zerrissen sei, nehme ich an, daß sie sich tatsächlich nicht wirklich auf diese Bahnfahrt bezog; ich vermute vielmehr, daß sie mit dieser häufig wiederholten Mitteilung das Resultat ihrer Erfahrungen und ihrer Erlebnisse in der Bundesrepublik zum Ausdruck brachte. Die Liste der kränkenden Erfahrungen, von denen sie mir zwei ausführlich beschrieb, wäre sicherlich beliebig weiter fortzusetzen.

Ich glaube, es hätte Eva nicht an psychischer Flexibilität und an der Fähigkeit zur Wiederbelebung guter innerer Objekte (vgl. insbesondere Garza Guerrero, 1974) gefehlt, um den ersten Kulturschock abzufangen, verfügte sie doch über ihre frühen Erlebnisse mit ihrer Mama-Großmutter, die ihrem Ich und Überich Stärke verliehen hatten. Da Eva aber in der neuen Umgebung überwiegend nur kränkende und erniedrigende Erfahrungen machte, konnte es nicht zu den von den psychoanalytischen Autoren (vgl. insbes. Grinberg und Grinberg, 1984; Garza Guerrero 1974) beschriebenen Verinnerlichungsprozessen der Beziehungen aus der neuen Umgebung kommen. Vielmehr identifizierte sich Eva mehr und mehr regressiv mit dem Verlorenen. Wenn sie mir in der Behandlung sagte, daß es in Deutschland noch Hoffnung gegeben, jetzt aber alles keinen „Zweck mehr" habe (nach ihrer Rückkehr), spielte sie auf ihr Spanien-Ideal an, das an das weite ruhige Haus der Großmutter gebunden war. Die Wiederbelebung der frühen paradiesischen Erfahrungen mit ihrer Mama halfen Eva zwar die Enttäuschungen, Kränkungen und Niederlagen in der Bundesrepublik zu ertragen, sie entfernten sie aber mehr und mehr von der deutschen äußeren Realität; dies drückte sich u.a. in ihren Worten aus, „daß sie eigentlich zwanzig Jahre auf gepackten Koffern gesessen hätte". Zur Abkapselung vom deutschen Leben kam auch noch der Umstand hinzu, daß Eva nie wirklich gelernt hatte deutsch zu sprechen. Dies hatte teilweise auch damit zu tun, daß sie des Schriftspanischen nur dürftig mächtig war. Eva fühlte sich in der Bundesrepublik abgelehnt und diskriminiert und klammerte sich an das Verlorene, an „ihr" Spanien. Der von den psychoanalytischen Autoren beschriebene Trauerprozeß, der die Voraussetzung dafür darstellt, sich dem Neuen zuzuwenden und es langsam in sich aufzunehmen, konnte von Eva nicht geleistet werden. Ihre innere Bereitschaft, ihre psychischen Möglichkeiten zur Anpassung an die neue Umgebung wurden durch die sozialen Verhältnisse eingeschränkt, ja lahmgelegt. Eva erfuhr nicht etwa Ablehnung, weil sie eine unangenehme Person war, sondern vielmehr weil sie als Frau eines ausländischen Arbeitsemigranten nach Deutschland gekommen war, von denen die Deutschen ohne weitere Kenntnis ihrer Lebensweise annahmen, daß ihre „Nachthemden stinken". Meine Ergebnisse legen nahe, daß der soziale Faktor bei der psychischen Verarbeitung von Migration von der psychoanalytischen Emigrationstheorie zu wenig beachtet wird. Die äußere Realität im Aufnahmeland gab Evas guten psychischen Voraussetzungen nicht etwa eine Chance, sie ging vielmehr gleichgültig über ihre psychischen Möglichkeiten hinweg. So wäre auch Calvo (1977) zu widersprechen, der zwar einerseits davon ausgeht, daß ein Arbeiter oder ein Intellektueller mit einer unterschiedlichen äußeren Realität konfrontiert wird, andererseits aber ausschließlich die Frustrationstoleranz ins Zentrum von Migrationsverarbeitung stellt. Evas Spanien-Introjekt wurde, wie zu erwarten war, von der äußeren spanischen Realität bei ihrer Rückkehr keine Nahrung zugeführt. Enthielt es doch tatsächlich in seinem Kern nicht mehr und nicht weniger als ihre frühesten zärtlichen libidinösen Erfahrungen mit der Großmutter. Konnte Eva aus der Entfernung während ihres Aufenthalts in der Bundesrepublik an ihrer Spanien-Phantasie festhalten, so brach sie bei der Konfrontation mit dem aktuellen Spanien, mit ihrer Wohnung in Aluche, die sie mit ihrer Tochter teilte, die nichts von ihr wissen wollte, damit, daß sie allein ohne Freunde und Verwandte war, wie ein Kartenhaus zusammen und verursachte eine Verschlimmerung ihrer Depression. Ihr einziger Bezugspunkt waren die anderen Frauen, die zu APOYAR kamen, und die Beziehung zu mir.

Aber ihr tiefes Gefühl von Aussichtslosigkeit und von innerer Zerstörtheit – ich erinnere an den Vergleich, den sie zwischen sich und der ärmlichen Pflanze zog, die auf dem Tisch des Behandlungszimmers stand und die kurz vorm Vertrocknen war – veranlaßten sie, sich wie eine Ertrinkende an ihre Tochter zu klammern, so als ob sie sich durch sie wieder ausfüllen könnte. Bernstein (1983, 1990) hatte die frühe Mutter-Tochter-Beziehung beschrieben, die durch das Erleben von Gleichheit, ausgehend von körperlicher Gleichheit, gekennzeichnet ist und von der Verwischung der Selbst- und Objektrepräsentanzen durch die der Tochter von der Mutter gespiegelten Gleichheit und durch die Schwierigkeit, sich im Verlauf der Loslösungs-Individuationsphase unabhängig von der Mutter zu machen. Aus den Schilderungen Evas entnehme ich, daß diese Ununterscheidbarkeit zwischen Mutter und Tochter und das Erleben von Gleichheit unbewußt, über die Loslösungs-Individuationsphase und den ödipalen Konflikt hinaus weiter fortbestanden hatte. Es mögen viele Faktoren für die Persistenz dieser Beziehungsform verantwortlich sein; aus meinem Material entnehme ich jedoch, daß die Komplikationen in Evas Schwangerschaft, ihre Weigerung abzutreiben und ihr Triumph, vielmehr ein gesundes, schönes Kind zur Welt gebracht zu haben, in ihr ein Gefühl von Omnipotenz aufkommen ließ. Sie phantasierte, daß Manuela es nur ihr zu verdanken habe, daß sie am Leben sei. Es mögen in Eva auch Gefühle aufgekommen sein, in denen sie ihre Tochter als ihr Eigentum betrachtete. In der Behandlung wurde deutlich, daß Manuela Evas Ich-Ideal war; sie sollte all das erreichen, was Eva in ihrem Leben verschlossen geblieben war. Für Eva wurde Manuela zum schönsten und intelligentesten Mädchen auf der Welt; stellvertretend für sie sollte ihre Tochter nach Deutschland zurückkehren und Medizin studieren, für Eva das Studium mit der höchsten Wertigkeit. Wie der Behandlungsverlauf zeigte, war Eva bereit, alles zu tun, damit Manuela dieses Ziel erreichte.

Ich habe bereits auf Manuelas Loslösungsversuche von der Mutter verwiesen. Ihre Allergie mit sechs Jahren und ihre Gesichtslähmung nach der Rückkehr nach Spanien hatten die Bedeutung eines, wenn auch selbstdestruktiven Abgrenzungsversuchs von der Mutter. Als könne sie über die abstoßende Häßlichkeit ihres verunstalteten Gesichts, die Mutter, die idealisierend und verliebt von Manuelas körperlicher Schönheit sprach, gewaltsam von sich wegstoßen. Daß sie nicht nach Deutschland ging, um dort Medizin zu studieren, sondern in Spanien Jura studieren wollte, erschien mir als ein konstruktiver Abgrenzungsversuch. Ich gehe davon aus, daß Eva versuchte, die fast symbiotische Beziehung zu Manuela weiter aufrechtzuerhalten, indem sie sie nach Salamanca begleitete. Ich interpretiere ihr Zurückgehen als letzten verzweifelten Selbstheilungsversuch. Nachdem ihre Spanien-Phantasie sich, einer Luftspiegelung gleich, aufgelöst hatte, sollte die Tochter die entstandene Lücke ausfüllen. Die innere Sicherheit, die Eva ehemals hatte, ihre guten inneren, verläßlichen Objektbeziehungen hatten sich in den Migrationsprozessen aufgebraucht; weil sie von außen keine entsprechende Zufuhr bekamen, verloren sie an Bedeutung für ihr bewußtes und unbewußtes Erleben. Als sie mir sagte, daß sie seit ihrer Krankheit während der Schwangerschaft nicht mehr richtig esse, drückte sie auf einer körpernahen Ebene drastisch diesen Mangel an äußerer Zufuhr und seine Konsequenzen aus: Sie sei innerlich tot, sagte sie mir.

Eva ist Opfer einer Migration, die die ökonomische Situation ihrer Familie verbessern sollte; sie hat dafür einen hohen Preis bezahlt: die psychische Zerstörung. Die psychoanalytische Behandlung hat Eva ein Stück weit begleitet, sie konnte ihre Wunden jedoch nicht heilen. Vielleicht aber hat sie ihren psychischen Schmerz lindern können durch die Einsicht in die Ursache ihrer Erkrankung und das Erkennen der Faktoren, die die Verarbeitung des Migrationsprozesses verhinderten.

Evas Verhalten, zwanzig Jahre in der Bundesrepublik unter den genannten Bedingungen auszuharren, nichts an der Situation zu ändern, die sie offenbar krank machte, gibt Rätsel auf – es sei denn, man wollte ihr Verhalten als masochistisch abtun. Ich stelle mir vor, daß eine genauere Untersuchung der früher von mir erwähnten Interdependenz zwischen dem Überich und der sozialen Realität eine erste Antwort auf diese Frage geben kann. Hinweise auf die Bedingungen und das Funktionieren des weiblichen Überichs entnehme ich den theoretischen Ausführungen von Doris Bernstein (1983). Der Behandlungsverlauf erschloß die Lage Evas in der Bundesrepublik; sie fühlte sich erniedrigt und gedemütigt und glaubte, mit ihrem Mann nicht darüber sprechen zu können. Zu Beginn dieses Kapitels habe ich Evas Situation psychoanalytisch aufgeschlüsselt. Bernstein (1983) hatte zwischen Stärke, Struktur und Inhalt des weiblichen Überichs unterschieden, das seine Wurzeln in der frühesten Mutter-Tochter-Interaktion und in frühen Körpererfahrungen hat. Mein Material gibt keine direkten Hinweise auf frühe Körpererfahrungen Evas, jedoch reichlich Anhaltspunkte für das Verständnis ihrer frühen Beziehung zur Großmutter-Mama. Die Inhalte ihres Überichs könnten folgendermaßen gelautet haben: „Es ist eine weibliche Tugend auszuhalten, ohne zu klagen." „Du mußt Deinem Mann und Deinen Kindern ein Vorbild an Kontrolle und Haltung sein." „Vor Deinen eigenen Interessen stehen immer die Deiner Familie." u.ä.m. Durch die bereits ausführlich dargelegte Unmöglichkeit Evas, sich mit anderen als den bekannten Beziehungsinteraktionen in ihrer neuen Umgebung zu identifizieren, blieben ihre Überich-Inhalte bestehen, so wie sie aufgrund von frühen Abwehrbewegungen geworden waren, unangetastet durch neue Beziehungserfahrungen, gleichermaßen anachronistische Ideale und Verbote vertretend.

Die wiederbelebte großartige Einheit mit der Großmutter kann Evas Überich-Stärke erklären. Bernstein führt als weiteren Ursprung der Überich-Stärke der Frau die frühen Körpererfahrungen des kleinen Mädchens an, das nicht zwischen analen und genitalen Lustquellen unterscheidet. Insbesondere die analen Anteile an der genitalen Befriedigung unterliegen schwersten Verboten. Da aber die genitalen Triebregungen mit analen vermischt sind, wird die sexuelle Befriedigung an sich zur Quelle von Verbot und Bestrafung. Die Stärke von Evas Überich, die sich im Verbot von sexueller Befriedigung und sexueller Lust manifestiert, mag den Umstand erklären, daß sie nach der Trennung von ihrem Mann mit 52 Jahren nicht daran dachte, eine Beziehung mit einem anderen Mann einzugehen, vielmehr sich statt dessen in Salamanca lebendig zu begraben. In meinem Material fallen die Schuldgefühle Evas ihrer Tochter gegenüber auf, die ich im Behandlungsverlauf auf die unbewußte Verknüpfung von Sexualität und Gewalt zurückgeführt hatte. War Eva doch davon überzeugt, daß sie mit ihrer Krankheit während der Schwangerschaft ihr Kind beinahe getötet hätte. Eher hypothetisch, denn mein Material gibt keine direkten Hinweise, möchte ich diese Verknüpfung von Sexualität und Tötungsphantasie auf die weiter oben dargelegten weiblichen Körpererfahrungen zurückführen.

Im Behandlungsverlauf läßt sich weiter Material ausmachen, das auf die Flexibilität der Überich-Struktur verweist. Bernstein (1983) gibt als Quelle der Flexibilität eine Identifizierung des Mädchens mit einem frühen unscharf wahrgenommenen Liebesobjekt mit unklaren Erwartungen an. In Evas Traum vom Mann in der zerrissenen Kleidung, der sie auf Anordnung der Großmutter wegnehmen will, fürchtete sich Eva vor der Nichteindeutigkeit der Großmutter, die erst nein, dann aber ja sagte. Im Vergleich mit der Eindeutigkeit der Äußerungen des Mannes in der zerrissenen Kleidung, wirkte die Großmutter von Zweifeln geplagt, uneindeutig.

Die von Calvo (1977) im Zentrum von Migrationsverarbeitung angesiedelte Frustrationstoleranz läßt sich aus Überich-Inhalten, Überich-Stärke und der Flexibilität der Struktur erklären. Eva beweist eine hohe Frustrationstoleranz, die sie dazu veranlaßt, sich gleichermaßen sinnlos an eine äußere Realität anzupassen, die ihr ablehnend gegenübersteht. Überich-Forderungen und ichgerechte Einschätzung klaffen so weit auseinander, daß es zur depressiven Erkrankung Evas kam. Eva brauchte ihre Überich-Stärke, die sie aus der wiederbelebten Einheit mit der Großmutter zog, um sich von der sie ablehnenden und als enttäuschend wahrgenommenen äußeren Realität zurückzuziehen und nicht zu erkranken. Aber gleichzeitig wirkte sich die

Überich-Stärke gegenteilig aus, indem sie Eva dazu zwang durchzuhalten.

So wie die sozialen Umstände, insbesondere in Form gleichgültiger bis diskriminierender Behandlung im Immigrationsland, die Überich-Stärke und die Inhalte in ihren Dienst nahmen, so taten sie dies auch mit der Flexibilität der Überich-Struktur. Was unter anderen, nicht repressiven Bedingungen im Dienst von Progression und Aufklärung hätte stehen können, diente in Evas Lage der weiteren Unterdrükkung. War es doch insbesondere die Flexibilität ihres Überichs, die Eva in die Lage versetzte, unerträgliche, erniedrigende und demütigende Situationen auszuhalten und passiv auf deren Veränderung zu hoffen.

Frustrationstoleranz wirkt sich unter den hier dargelegten repressiven Bedingungen von Migration als selbstzerstörerisch aus. Die Stärke des Überichs steht nicht im Dienst ichgerechter Realitätsverarbeitung, vielmehr wendet sich seine Triebhaftigkeit gegen das Ich und seine Realitätsprüfung. Eine Entfesselung der Triebhaftigkeit im Sinne der Auflehnung gegen widersinnige, krankmachende Situationen ist nicht möglich, steht sie doch im Dienst des psychischen Überlebens in einer als feindlich erlebten Umgebung. Nach der Rückkehr ins Ursprungsland helfen weder Überich-Stärke noch Überich-Inhalte, sich in dem einst vertrauten, jetzt aber fremd gewordenen Land zurechtzufinden. Die Entzauberung der Überich-Inhalte durch die veränderten Beziehungskonstellationen und die soziale Realität, führt zu einer weiteren Schwächung der Ich-Funktionen wie Realitätsprüfung und Organisierung des Lebens unter neuen persönlichen und sozialen Bedingungen. Das bereits in der Emigration aufgezehrte Ich, das mit den ihm sinnlos erscheinenden Anforderungen seines Überichs nicht umgehen konnte, sondern seiner unerbittlichen Strenge erlegen war, hat kaum noch eine Chance, wieder lebendig zu werden; die grausame Strenge des Überichs, von der Repression im Einwanderungsland in seinen Dienst genommen, wendet sich nach der Rückkehr gegen das Ich und legt seine Funktionen lahm.

Anhand des weiter oben skizzierten Behandlungsverlaufs wird die Ausweglosigkeit Evas, die sich drastisch im Bild vom Spinnennetz niederschlägt, manifest. Aber Evas Schicksal ist kein Einzelschicksal; ihre infantile Biographie, die Inhalte ihrer Emigrationserlebnisse und die konkrete Situation nach der Rückkehr sind verschieden von denen anderer Frauen. Aber die unerbittliche Macht der sozialen Verhältnisse läßt keine Erlebniserweiterung zu, von der die psychoanalytische Migrationsliteratur so ausführlich spricht, im Gegenteil, sie geht gleichgültig über die individuellen psychischen Möglichkeiten hinweg, so wie ich dies am Beispiel Evas ausgeführt habe, und macht auf eine irreversible Weise psychisch krank.

4. *Sonia* und *Meri*

4.1 Biographische Anmerkungen und erste Begegnung

Sonia war die jüngste von fünf Geschwistern. Sie stammte aus einem Dorf in der Provinz von Toledo. Weil sie den Eltern bei der Haus- und Feldarbeit helfen mußte, konnte sie keine Schule besuchen. Mit 19 Jahren emigrierte sie als einzige der Geschwister nach Madrid, wo sie in einem billigen kleinen Hotel als Zimmermädchen arbeitete. Im Jahr 1961 ließ sie sich in die Bundesrepublik anwerben. Nach 25 Jahren war sie 1986 mit ihrer damals 23jährigen Tochter Meri nach Spanien zurückgekehrt. Als ich sie zum ersten Mal sah, war sie 59 Jahre alt. Sie hatte sich vorzeitig pensionieren lassen und lebte damals (1987) von umgerechnet DM 640,– im Monat zusammen mit ihrer Tochter in einer ärmlichen, dunklen Wohnung, die sie von ihrem ersparten Geld gekauft hatte.

Sonia hatte ein ausdrucksvolles Gesicht, das manchmal sehr jung und sehr schön aussehen konnte, dunkle Augen und dunkles gewelltes Haar. Sie war immer sehr einfach, manchmal auch etwas nachlässig gekleidet. Meri war ein übergewichtiges Mädchen mit einem grobgeschnittenen, aber keineswegs abstoßenden Gesicht; sie war ungefähr 1,69 cm groß und wog ca. 100 kg. Sonia war hektisch, Meri starr; Sonia redete, Meri schwieg. Sonia schien die Spanierin, Meri die Deutsche zu sein. Meri war unehelich geboren. Ihr Vater, ein spanischer Arbeitsemigrant, war verheiratet und lebte mit seiner Familie in der Bundesrepublik. Er hatte Meri zwar als seine Tochter anerkannt, zahlte aber keinen Unterhalt.

Da Sonia arbeitete und niemanden hatte, der auf Meri aufpassen konnte, gab sie sie, als sie wenige Monate alt war, auf Anraten des Priesters Don Pedro in ein Waisenhaus. Man hatte Sonia im Heim geraten, in den beiden ersten Jahren keinen Kontakt mit Meri aufrechtzuerhalten, damit sie sich besser eingewöhnen könne. Später besuchte Sonia Meri ein- bis zweimal im Monat an einem Sonntag. Als Meri acht Jahre alt war, nahm Sonia sie zu sich nach Hause. In dieser Zeit hatte sich Meris Vater vorübergehend von seiner Familie getrennt und lebte bei Sonia. Sonia und Meri hatten große sprachliche Verständigungsschwierigkeiten, da Meris „Muttersprache" Deutsch war und Sonia kein deutsch sprach und verstand. Zu Anfang kommunizierten sie über Gesten. Später sprachen Mutter und Tochter spanisch miteinander. Meri hat mit Unterbrechungen die Volksschule besucht.

Meri reagierte auf die Übersiedlung vom Heim zur Mutter, die zugleich einen kulturellen Wechsel darstellte, aggressiv und mit Weglaufen. Wenn der Vater sie morgens zur Schule gebracht hatte, versteckte sie sich in der Toilette und lief dann wieder nach Hause zurück, wo sie den ganzen Tag über allein blieb und Musik hörte. Ihre Aggressivität und die Unmöglichkeit, sich bei der Mutter einzugewöhnen, die sich u.a. auch in Angst vor Sonia äußerte, vor der Meri weglief, um sich unter dem Bett zu verstecken, veranlaßten den Priester Don Pedro, Sonia vorzuschlagen, mit Meri einen Nervenarzt aufzusuchen, der sie später in das psychiatrische Landeskrankenhaus in R. einwies. Sonia betonte, daß Meris Einlieferung nicht mit ihrer expliziten Einwilligung erfolgt sei, sie habe auf den Rat des Priesters gehört. Meri war damals 15 Jahre alt. Sie war ursprünglich ein schlankes Mädchen; sie nahm das erste Mal zu, als ihre Mutter sie vom Heim zu sich nach Hause holte. Nach einem halbjährigen Aufenthalt im psychiatrischen Krankenhaus kam es das zweite Mal zu einer drastischen Gewichtszunahme. Seit dem Klinikaufenthalt war Meri amenorrhöisch. Erst während der Gespräche mit mir bekam sie ihre Regel wieder. Meri war 23 Jahre alt, als sich Sonia entschloß nach Spanien zurückzukehren; auf diesen Wechsel reagierte Meri mit einer erneuten Gewichtszunahme und war abwechselnd aggressiv oder depressiv. Sie lag tagelang im Bett, wusch sich nicht und kleidete sich nicht an. Sonia fühlte sich schuldig, Meri die Übersiedlung nach Spanien zugemutet zu haben. Andererseits aber sei es – so Sonia – auf Dauer unmöglich gewesen von ihrer niedrigen Rente in der Bundesrepublik zu leben. In Madrid hatte sie außerdem ihre Wohnung und mußte keine Miete zahlen. Sonia betonte, daß sie sich in B. sehr allein gefühlt habe; in Madrid lebten jedoch Familienangehörige, mit denen sie Kontakt unterhielt.

Meri befand sich seit ihrer Rückkehr in ambulanter psychiatrischer Behandlung. Die Ärztin hatte vorgeschlagen, sie stationär psychiatrisch zu behandeln. Sonia weigerte sich jedoch, einer erneuten Einlieferung zuzustimmen, da sie der Auffassung war, daß Meris Aufenthalt in der Psychiatrie in R. sich negativ auf ihre weitere Entwicklung ausgewirkt habe. Andererseits aber wurde sie jetzt mit Meris Konflikten nicht mehr fertig; sie wußte nicht mehr ein noch aus. Matilde, die Sonia beim Ausfüllen eines Rentenantrags behilflich gewesen war, erfuhr von Sonias und Meris Problemen und fragte mich, ob ich mit den beiden Frauen sprechen könne. Matilde hatte mir ein wenig Meris und Sonias Schicksal geschildert. Ich war beeindruckt, daß Sonia den Mut aufgebracht hatte, während der Nachkriegszeit aus der Armut der Provinz Toledo wegzugehen und sich ein eigenes Leben mit ihren spärlichen finanziellen und kulturellen Möglichkeiten aufzubauen. Aufgrund ihrer Armut konnte sie ihr Kind nicht selbst aufziehen. Dafür fühlte sie sich einerseits schuldig, andererseits aber wußte sie auch, daß sie alles getan hatte, was innerhalb ihrer Möglichkeiten stand, um Meri zu helfen. Unwissenheit und Ungebildetheit ließen sie auf den Rat des Priesters vertrauen, der vorgeschlagen hatte, Meri in ein Heim zu geben. Sie konnte nicht wissen, daß auf diese Weise die Weichen für Meris psychische Erkrankung gestellt worden waren. Sonias Armut hat Meri krank gemacht. In den knapp zwei Jahren, in denen ich die beiden Frauen zweimal in der Woche sah, konnte ich gemeinsam mit ihnen ihren Leidensweg zurückverfolgen; ich begleitete beide ein Stück ihres Weges, ohne ihnen helfen zu können. Ich glaube, daß ihrer beider Geschichte stellvertretend für viele Emigrantenschicksale steht. In den Gesprächen mit Sonia und Meri konnte ich mich einmal mehr von der Unerbittlichkeit der sozialen Realität überzeugen, die gleichgültig über die Menschen, ihre Anpassungsbereitschaft und ihre psychische Flexibilität hinweggeht.

4.2 Behandlungsverlauf

Wir hatten vereinbart, uns zu den Gesprächen in den Räumen von APOYAR zu treffen. Vor der ersten Sitzung warteten Sonia und Meri bereits auf mich. Sie saßen so dicht nebeneinander auf der geblümten Couch des Behandlungszimmers, daß sie sich berührten. Meri machte auf mich mit ihrer Leibesfülle und ihrem grobgeschnittenen Gesicht einen wuchtigen und massigen Eindruck. Sonia wirkte dagegen eher zierlich und schmal. Meri trug einen karierten Schottenrock und eine helle Bluse, Sonia war dunkel gekleidet und wirkte älter als sie war. Beide waren mir spontan sympathisch. Meri schwieg und Sonia redete. Sich in ihrem Redefluß unterbrechend, sagte Sonia wiederholt: „Sprich doch mit der Señorita, sag doch etwas, erzähle ihr, was Dir passiert ist." Aber ohne Meri wirklich die Möglichkeit zu geben etwas zu sagen, fuhr sie nervös in ihrer Erzählung fort. Während sie Meri aufforderte zu reden, schubste sie sie gleichzeitig in die Seite, als ob sie so ihrer Rede mehr Nachdruck verleihen könne.

Sonia erzählte, daß sie aus der Provinz von Toledo stammte, daß sie nach Madrid und später in die Bundesrepublik emigriert sei, daß sie Meri in ein Kinderheim geben mußte, weil sie niemanden hatte, der auf sie aufpassen konnte, und daß Meri ein schönes Kind gewesen sei. Während sie sprach, begann sie in ihrer großen unförmigen Tasche zu kramen und holte Bilder von Meri als 7Jährige hervor, die sie mir weinend zeigte. Meri versuchte die Mutter zu trösten, indem sie ihr unbeholfen den Arm um die Schulter legte. Aber Sonia weinte und ließ sich nicht beruhigen. Meri blickte mich hilfesuchend, aber vorwurfsvoll zugleich an, so als ob ich an Sonias Tränen schuld sei; sie sagte kein Wort. Als sich Sonia ein wenig gefangen und die Tränen mit dem Handrücken abgewischt hatte, holte sie aus ihrer Tasche mehrere halbleere und leere Medikamentenschachteln, die Neuroleptika enthielten. Stolz erzählte Sonia, daß sie Meri, der es in der letzten Zeit etwas besser gehe, nur noch eine Tablette am Tag gebe. Die Psychiaterin, bei der Meri in Behandlung sei, wolle sie in die Psychiatrie einweisen, aber das komme nach den Erfahrungen mit Meris Aufenthalt im psychiatrischen Landeskrankenhaus in R. nicht in Frage, betonte Sonia. Erst jetzt schaltete sich Meri ein. Sie sprach ein fast fehlerfreies Spanisch mit einem leichten deutschen Akzent. Sie habe in B. Stimmen gehört, die sie beschimpft hätten. Auch hier in Madrid höre sie Stimmen; eine Popsängerin habe an einem Kiosk auf sie geschossen. Jetzt war es an Sonia, mich hilfesuchend anzublicken; gleichzeitig murmelte sie etwas, das sich anhörte wie: „Mein armes Kind, mein armes Kind."

Bereits in diesem ersten Gespräch wies ich die beiden Frauen darauf hin, daß Meri, während sie zu mir komme, in psychiatrischer Behandlung bleiben müsse. Sonia versprach, dafür Sorge zu tragen. Meri sagte zum Abschied, sie wolle wiederkommen, es gefalle ihr, wie ich spreche. Zum Abschied rief sie mir auf spanisch zu: „Auf Wiedersehen, meine Schöne." Ohne viel nachzudenken, sagte ich: „Gleichfalls." In meinen Aufzeichnungen hatte ich notiert, daß ich über meine konventionell verleugnende Reaktion befremdet war; hatte Meri doch auf mich bereits im ersten Gespräch eher männlich gewirkt und war doch auch die Art, wie sie sich von mir verabschiedet hatte, eher männlich. Die nachträgliche Reflexion dieser Stunde machte deutlich, daß es aber nicht die Abwehr eines homosexuellen Angebots war, das mich veranlaßt hatte, konventionell zu reagieren. Ich fühlte mich in Meris Anwesenheit vielmehr unbehaglich, befangen und hatte die Vorstellung, auf der Hut sein zu müssen. Nachträglich ging ich davon aus, daß mich Meris verrückte Distanz bereits zu Beginn unserer Gespräche beunruhigt hatte. Viele Sitzungen später gab mir Matilde ein Blatt Papier mit Meris Kinderschrift, auf dem Matilde das Datum festgehalten hatte. Ich rekonstruierte, daß Meri vor der ersten Stunde mit mir, während ich mit Sonia sprach und sie auf mich wartete, folgendes notiert hatte[17]: „Darf ich sagen, daß ich sie erschlagn könnte. Sie soll der echte Schlag treffen. ich schieß sie beide ab. That man and his very lovely wife. Euch beide erwartet etwas Bestimmtes. Ein Abschießgrund. Ein Spezialist. ihr beide werdet total vorher sterben. Das könnte living für mich bedeuten. Ein Angebot und zwar mit meiner Mama zusammen. Eric Stewart are my angel (unleserlich). könnte auch heiraten. verstehen. Seine Frau ist mir lieber." Als ich Meris Aufzeichnungen las, verstand ich, warum ich mich in ihrer Anwesenheit unbehaglich gefühlt hatte. Es war ihre aggressive Verrücktheit, die ich als Distanz und Nichtkommunikation erlebt hatte, worüber auch ihre scheinbar angepaßte Art zu reden, nicht hinwegtäuschen konnte. Bereits in den ersten Gesprächen wurde deutlich, wie sehr Meri in ihre eigene verrückte Welt eingeschlossen war, und daß ihre Kontakte mit mir gleichermaßen Inseln der Kom-

---

17 Ich gebe Meris Text so wieder, wie sie ihn selbst niedergeschrieben hatte, ohne die orthographischen und Interpunktionsfehler zu korrigieren.

munikation mit einer Gesprächspartnerin außerhalb ihrer selbst waren.

Zur zweiten Stunde mit Sonia und Meri öffnete bei APOYAR niemand die Türe. Ich stand vor dem Haus, als Meri und Sonia Arm in Arm auf mich zukamen. Meri hatte ihre Lippen leicht geschminkt und blickte mich freundlich an. Als eine Viertelstunde vergangen und noch immer kein Mitarbeiter von APOYAR gekommen war, der uns die Haustüre hätte aufschließen können, schlug ich vor, auch um die aufgeregte Sonia zu beruhigen, in einer Bar[18] in der Nähe zu warten, bis der Portier um 17.00 Uhr kommen und uns das Haus und vielleicht auch die Räume von APOYAR aufschließen würde. In der Bar waren nur Männer, die ihren Kaffee tranken. Wir setzten uns an einen der schmutzigen Tische. Es kam jedoch niemand, um uns zu bedienen oder gar den Tisch abzuwischen. Sonia rannte nervös und fahrig zum Tresen, um für sich und mich einen Kaffee und für „das Kind" – so Sonia – eine Limonade zu holen. Ich durfte ihr dabei nicht helfen. Da sie aufgeregt war, verschüttete sie den Kaffee auf dem ohnehin schmutzigen Tisch. Sie lief wieder zum Tresen, um mit einem schmutzigen Lappen wiederzukommen. Sie wischte den verschütteten Kaffee und zugleich den ganzen Tisch auf, legte den schmutzigen Lappen zwischen sich und mich und begann mit mir zu reden. Ich wollte den Lappen wegbringen, sie ließ es aber nicht zu. Mit zitternder Stimme fragte sie mich, wie es denn möglich sein könne, daß bei APOYAR niemand anwesend sei, wir hätten uns doch angemeldet. Ich versuchte sie zu beruhigen, indem ich von einem Telefonhäuschen in der Nähe der Bar bei Matilde anrief, die sich natürlich nicht meldete. Als ich zurückkam, sah ich die beiden Frauen schweigend voreinander sitzen. Sonia, die meiner ansichtig wurde, sagte mit lauter Stimme, so daß es jeder in der Bar hören konnte: „Ach mein armes krankes Kind, aber am letzten Wochenende bei der Familienfeier hast Du Dich doch amüsiert." Meri blickte ihre Mutter stumm voller Wut an, die nun wie im ersten Gespräch krampfhaft versuchte, Meri dazu zu veranlassen, mit mir zu sprechen. Mit leiser, aber bestimmter, fast drohender Stimme sagte Meri: „Aber doch nicht hier." Sonia ließ sich jedoch von Meris Einwand nicht davon abbringen, weiter auf sie und auf mich einzureden. Meri schwieg verstockt. Ich bat Sonia, etwas

18 In Spanien ist eine Bar eine Art Cafeteria, wo es überwiegend Getränke gibt.

leiser zu reden, was sie auch einen Augenblick tat, um dann für alle in der Bar laut und vernehmlich zu erzählen, daß sie die jüngste von fünf Geschwistern und die einzige war, die das Dorf verlassen hatte, um nach Madrid zu gehen. In der Bundesrepublik habe sie unter großen Verzichtleistungen Geld zusammengespart, um sich hier eine Wohnung zu kaufen. Ich verstand Sonias zwanghaft getriebenes Sprechen als Versuch, Meris verrücktes Schweigen zu unterlaufen, so als ob sie sich in Meris Gegenwart unbehaglich oder irritiert fühlte. Tatsächlich aber erreichte sie das Gegenteil, denn Meri zog sich mehr und mehr in ihre verrückte Welt zurück. Um 17.00 Uhr gingen wir zu APOYAR; jetzt waren alle da. Niemand entschuldigte sich dafür, uns vergessen zu haben. Meri redete kein Wort mit mir.

Zum nächsten Gespräch kamen die beiden Frauen fast eine Stunde später als verabredet. Ich brachte ihr Zuspätkommen mit unserem Ausgeschlossensein vor der letzten Stunde in Verbindung. Zu der darauffolgenden Sitzung kam Meri noch geschminkter als zur vorletzten. Um mit ihr ins Gespräch zu kommen und in der absurden Hoffnung, meine Annahme von Meris schizophrener Erkrankung entkräften zu können, hatte ich mit ihr ausgemacht, zwei projektive Tests durchzuführen (ORT[19] und Rorschach[20]). Meri wirkte aufgeschlossen und war zur Mitarbeit bereit. Sie sprach zum ersten Mal deutsch mit mir; sie betonte, daß sie den Test unbedingt auf deutsch machen wolle. Später blickte sie mir begierig zu, als ich ihre Antworten aufschrieb. Vom Flur drang jedoch beständig lautes Lachen und aus dem Nebenzimmer plärrende Schnulzenmusik ins Behandlungszimmer. Meri ließ sich insbesondere vom Lachen ablenken und begann auch zu lachen, so daß ich den Test abbrechen mußte, nachdem ich Meri drei Tafeln gezeigt hatte. Als Sonia später ins Zimmer kam, versteinerte sich Meris Gesicht und nahm einen abwesenden, gleichgültigen Ausdruck an. Sie sprach weder mit mir noch mit ihrer Mutter; sie blickte Sonia vielmehr schweigend mit ausdruckslosem Gesicht an. Das Lachen, das vom Flur gekommen war, hatte auch mich nervös gemacht; ich fühlte mich gestört und hatte meinen Ärger über die Mitarbeiter und Mitarbeiterinnen, die uns vor ein paar Tagen vor der Tür stehen gelassen hatten, nicht vergessen. Wütend dachte ich bei

19 H. Phillipson (1955): The Object Relation Technique.
20 H. Rorschach (1921): Psychodiagnostik.

mir, daß offenbar auch heute niemand für Ruhe sorgen wollte, obwohl alle wußten, daß ich mit Meri und Sonia sprach. Die Gespräche mit den anderen Frauen waren sehr viel ruhiger verlaufen. Ich überlegte, ob die Nachlässigkeit der Mitarbeiter eine Reaktion auf Sonia und Meri war. Zu einem späteren Zeitpunkt teilte ich den Mitarbeitern und Mitarbeiterinnen meine Überlegungen mit und fand heraus, daß die rücksichtslose Haltung Meri und Sonia gegenüber mit Ängsten vor Verrücktheit zu tun hatte. Einigen von ihnen wäre es lieber gewesen, die beiden Frauen nicht mehr sehen zu müssen. Mißtrauisch fragten sie mich, was ich mit Sonia und Meri mache; mit denen sei doch nicht zu reden. Sie benutzten psychiatrische Diagnosen, um sich von beiden abzugrenzen, so als ob sie damit das Unheimliche, das sie mit Meri und Sonia verbanden, bannen könnten. In Matilde hatten die beiden Frauen jedoch eine unermüdliche Fürsprecherin. Sie versprach mir, künftig für mehr Ruhe zu sorgen.

In der nächsten Sitzung sprach Meri wieder deutsch mit mir. Wie in der vorangegangenen Stunde war sie zunächst aufmerksam, um sich dann aber vom Lachen und Sprechen auf dem Flur ablenken zu lassen. Sie sprach mit mir über ihr Gewicht. Sie habe sehr schnell zugenommen, als ihre Mutter sie vom Kinderheim zu sich genommen habe. Sie erinnerte weitere Zeitpunkte, zu denen sie drastisch zugenommen hatte; das zweite Mal, als sie nach dem halbjährigen Aufenthalt in der psychiatrischen Landesklinik wieder bei der Mutter lebte, und das dritte Mal, nachdem sie mit der Mutter nach Spanien übersiedelt war, das sie nur von den Ferien kannte und das ihr ebenso wenig vertraut war wie mit acht Jahren ihre eigene Mutter. Ich sagte ihr, daß sie offenbar jedesmal wenn sie fürchte, etwas verloren haben, viel essen müsse, um sich so das Verlorene wieder anzueignen. Über die erste Trennung von der Mutter, die sich in allen späteren wiederholte, konnte ich mit Meri selbstverständlich nicht sprechen. Die späteren Trennungen überlagerten die früheste, sie verstärkten sie nachträglich und färbten sie auf eine bestimmte Weise ein. Mir fiel auf, daß Meri sich nie wirklich über ihren Aufenthalt in der psychiatrischen Klinik in R. beklagt hatte. Es war vielmehr Sonia, die sich Vorwürfe wegen Meris Einweisung machte. Ich ging deshalb davon aus, daß R. für Meri unbewußt die Bedeutung des verlorenen Kinderheims hatte. Dort war, wie später in R. deutsch, Meris „Muttersprache" gesprochen worden. Es war durchaus denkbar, daß R. wie vorher das Heim ihr ein Gefühl von Richtigkeit und Zugehörigkeit vermittelt hatte, während die Übersiedlung zur Mutter und später nach Spanien in ihr Gefühle von Entwurzelung und Verrücktheit auslösten. Meri hatte innerhalb des ersten Jahres in Madrid 20 kg zugenommen. Angesichts der Tatsache, daß sie die ersten acht Jahre ohne die Mutter aufgewachsen war, schien es Meri offenbar verrückt, Sonia als ihre „richtige" und „wahre" Mutter anzuerkennen.

Der Umstand, daß ich Deutsche war, mag auch den Ausschlag gegeben haben, daß Meri zu Gesprächen mit mir bereit war. Sie ergriff die Initiative und begann mit mir deutsch zu sprechen. Vielleicht verkörperte ich für sie ein Stückchen Heim, ein Stückchen Psychiatrie, ein Stückchen ihres Landes. Ich sprach die Sprache, die ihr vom ersten Lebensjahr an bekannt und vertraut war und vermittelte ihr deshalb ein Gefühl von innerer Kontinuität. Dies ermöglichte ihr, sich offen, weitgehend angstfrei und mit ein wenig Zutrauen auf mich zu beziehen, ohne daß dadurch allerdings, dies machte der Behandlungsverlauf deutlich, der früheste Bruch in ihrer Entwicklung hätte geheilt werden können. Sie hatte bereits zweimal mit mir allein gesprochen, ohne auf der Anwesenheit der Mutter zu bestehen. Am Ende der zweiten Stunde teilte sie mir geängstigt mit, daß sie deutsche Stimmen höre, seit sie in Spanien sei. Danach sprach ich mit Sonia, die einen ruhigen, gefaßten Eindruck machte. Es gehe Meri sehr viel besser, seit sie zu mir komme. Gleichzeitig meinte Sonia, die Gespräche seien jetzt wohl auch nicht mehr nötig. Ich ging davon aus, daß sie einerseits aus Unwissenheit die Auffassung vertrat, ihre Tochter, die über viele Jahre psychisch krank gewesen war, könne in wenigen Stunden geheilt werden. Andererseits aber konnte sie auch nur bedingt verkraften, daß sich Meri einer anderen, ihrer Vorstellung nach vielleicht besseren Mutter zuwandte, die ihr Kind nicht ins Kinderheim gegeben hätte. Möglicherweise wiederholten sich jetzt für Sonia die Situationen von damals, als sie Meris Einweisung zunächst ins Heim und später in die Psychiatrie zugestimmt hatte. Nach dem Gespräch mit Sonia fragte sie Meri, ob sie wiederkommen wolle. Meri bejahte.

Meri hatte nicht verstanden, warum die fremde Frau, die sie sonntags im Heim besucht hatte und die eine ihr unverständliche Sprache sprach, plötzlich, als sie acht Jahre alt war, behauptete, sie sei ihre Mutter, die sie lieben müsse. Dafür haßte sie Sonia. Ebenso wenig wie Meri verstanden hatte, daß die fremde Frau ihre Mutter war, so wenig war für sie nachvollziehbar, daß Spanien, das Land ihrer Mutter, auch ihr Land sein sollte. Aus den ORT-Testergebnissen schloß ich, daß Meri krampfhaft nach einer Erklärung suchte, warum sie nicht bei der Mutter aufwachsen konnte. Sie griff dabei auf die Erklärung zurück, die sie offensichtlich am wenigsten schmerzte. Die Männerbekanntschaften der Mutter, so phantasierte sie, hatten verhindert, daß sie bei ihr bleiben konnte. Auf diese Weise erhielt sie sich die Phantasie, daß die Mutter sie liebte und sie nicht aus Gleichgültigkeit ins Heim gegeben hatte. Sonia konnte Meri nicht aufziehen und machte sich dafür Vorwürfe. Als sie später ihre Tochter zu sich nahm, mag sie geglaubt haben, nun sei alles gut. Meris Verhalten jedoch zeigte ihr, daß die ersten acht Jahre und die frühe Trennung nicht einfach auszulöschen waren. Trotzdem versuchte Sonia so zu tun, als ob nichts passiert sei. Mit aller Gewalt wollte sie sich mit diesem fremden, aufsässigen Mädchen gut verstehen. Sie mag sich ein über das andere Mal gesagt haben, daß sie tatsächlich nicht wirklich schuldig war. Die Einlieferung Meris in die psychiatrische Klinik bedeutete für Sonia eine Wiederholung der Einweisung Meris ins Kinderheim. Wieder, wie damals, kam ihr Kind verändert und fremd zurück. Sonia hatte sich von der Rückkehr nach Spanien erhofft, daß sich doch noch alles zum Guten wende, daß es Meri – und damit auch ihr – hier besser gehen werde. Aber wieder einmal war sie angesichts der schwierigen Situation, in der sie sich nun mit Meri befand, mit ihrer Hilflosigkeit konfrontiert. Meri ging es in Spanien schlechter als vorher in der Bundesrepublik. Hinter Sonias Überbesorgtheit verbargen sich insbesondere Schuldgefühle. Ich vermutete, obgleich darüber noch nicht zu sprechen war, daß sie sich sicherlich manchmal gewünscht haben mag, keine Tochter zu haben. Schließlich hatte sie Meri allein aufgezogen, der Vater tauchte zwar ab und an auf, war aber keine wirkliche Hilfe für Sonia; sie vertrat die Auffassung, daß er depressiv war.

Obgleich sich Sonia und Meri heute über eine Sprache, das Spanische, verständigten, so schien es doch, als ob damit ihre Gefühle nicht benennbar seien, daß die Sprache vielmehr die Gefühle verwirrte. In der ersten Stunde mit mir wurde dies recht deutlich. Sonia redete beständig, forderte aber gleichzeitig Meri auf, mit mir zu sprechen. Hätte Meri diesen Versuch unternommen, so wäre sie am Redefluß Sonias gescheitert. Ich ging davon aus, daß zwischen Meri und Sonia nie eine emotionale, affektive Einigung stattgefunden hatte, ohne daß sie dies allerdings hätten benennen können. Die Worte, die sie benutzten, hatten wenig mit den Gefühlen zu tun, die sie bezeichnen sollten. Sonia hatte Schuldgefühle, Meri weggegeben zu haben; für Meri jedoch war es problematisch, nach acht Jahren im Heim bei der Mutter leben zu müssen. Für Sonia bedeutete Meri in die Psychiatrie einzuliefern, wieder einmal versagt zu haben, Meri hingegen war endlich wieder in ihrem Heim, in dem ihre Sprache gesprochen wurde. Sonia wollte nach Spanien zurückkehren, weil sie sich in der Bundesrepublik allein fühlte und weil ihre finanzielle Situation sehr prekär war. Meri litt darunter, Deutschland, ihr Land, für immer verlassen zu müssen. Alte Trennungssituationen, die Trennung vom Heim und von der Psychiatrie, wurden durch die Übersiedlung nach Spanien wiederbelebt. Da sie auf der frühen Trennung von der Mutter aufruhten, hatten sie für Meri traumatischen Charakter. Sie einigte sich jedoch mit Sonia darauf, daß sie gerne in Spanien lebte. Sonia verstand deshalb auch nicht, warum es Meri seit ihrer „Rückkehr" schlechter ging. Die Symbolisierung der Gefühle hatte auf eine verrückte Weise stattgefunden. Sonia nahm zum ersten Mal wieder Kontakt mit Meri auf, als diese zwei Jahre alt war. Sie verleugnete Gefühle von Fremdheit und Ablehnung und verwandelte sie in „Ich liebe Dich". Unglück, Verzweiflung und Enttäuschung durften schon früh und auch später, nachdem Meri mit acht Jahren zur Mutter übersiedelt war, nicht existieren. Betonte doch Sonia, die Situation, in der sie sich mit Meri befand, verleugnend, daß Meri nun glücklich sei, denn sie lebe nun bei ihr, ihrer Mutter, die sie liebe. Diese Verwirrung der Gefühle bezog sich insbesondere auf die Verständigung zwischen Meri und Sonia in spanischer Sprache. Daß Meri deutsch mit mir sprach und begierig zusah, wie ich ihre ORT-Antworten notierte, interpretierte ich als Versuch, doch noch die richtigen Worte für die entsprechenden Gefühle zu finden.

Vor einer der nächsten Stunden warteten Sonia und Meri bereits auf mich. Als ich mit Meri allein war, begann sie sofort mit mir deutsch zu sprechen. Sie erzählte mir geängstigt von Jim Morrison, einem Popsänger, dessen Stimme sie höre, die sie und ihre Mutter beständig belästige und von ihnen Geld für die Hure verlange. Jim Morrison sei schon vor langer Zeit gestorben. Aber vorher habe er sie, Meri, noch getötet, und zwar vor ihrer Geburt. Während sie mir dies erzählte, regte sie sich schrecklich auf und bewegte sich aufgeregt hin und her. Das sei doch ganz unmöglich, daß sie diese Stimme höre, sagte sie sichtlich unter Druck. Auf meine Frage, wann das mit dem Stimmenhören angefangen habe, sagte sie, sie habe auch manchmal Stimmen in Deutschland gehört, aber seitdem sie in Spanien sei, wäre es ganz schlimm geworden. Auf meinen Einwand, daß die Stimmen vielleicht von innen, aus ihr, herauskämen, blickte sie lange nachdenklich vor sich hin und sagte dann, daß sie aber ganz laut zu hören seien. In ihren Wahnvorstellungen waren nicht nur die Worte von den Gefühlen getrennt, jetzt waren auch die Worte selbst untereinander verwirrt. Ich konnte erst nachträglich Meris Halluzinationen enträtseln. Sehr viel später erfuhr ich, daß sie regelmäßig von der Schule weggelaufen war, um zu Hause allein Musik zu hören. Der Popsänger Jim Morrison begleitete sie in ihrer Einsamkeit und wurde zu einem Teil ihrer selbst. Die Hure, für die er Geld verlangte, war offensichtlich die Mutter. Ich habe bereits darauf verwiesen, daß Meri die Phantasie hatte, ihre Mutter habe neben ihrem Vater noch andere Männerbekanntschaften gepflegt. Allein der Umstand, daß Sonia nicht mit Meris Vater verheiratet war, ließ sie für Meri zur Hure werden. Ich kann nicht mit Sicherheit sagen, ob Meri das Wort Hure ausschließlich in seinem deutschen Bedeutungshof verwendete. Im Vulgärspanischen bedeutet Hure auch einfach schlechte, böse Frau, weitgehend losgelöst von seiner sexuellen Konnotation. Die Mutter war für Meri eine böse Frau, hatte sie ihr doch mit der Übersiedlung nach Spanien Jim Morrison, etwas, was unmittelbar und eindeutig zu ihr gehörte, genommen. Sie hatte ihr in Meris Phantasie ihre Welt genommen, ohne ihr dafür eine Entschädigung zu bieten. Diese verlangte Meri nun von der Mutter. Mit der Mutter identifiziert, wird auch Meri selbst zur Hure. Daß Jim Morrison schon lange gestorben war, sie aber noch vor ihrer Geburt getötet hatte, verstand ich u.a. so, daß Meri damit zum Ausdruck brachte, sich innerlich unlebendig und tot zu fühlen.

Meri fuhr in den Stunden fort, vom Dickerwerden zu sprechen, daß es damit angefangen habe, nachdem sie aus dem Heim zur Mutter gekommen sei. Später habe sie noch einmal sehr viel zugenommen, als sie aus der Psychiatrie entlassen worden sei. Als sie 15 Jahre alt war, habe sie plötzlich Angst vor ihrer Mutter gehabt. Sie sei auf die Straße gelaufen und wollte nicht mehr nach Hause zurückkehren. Eine Freundin der Mutter habe gesagt, das Mädchen muß in eine Klinik. Auf diese Drohung hin lief sie nicht mehr weg. Sie habe vielmehr nur noch im Bett gelegen, sei tagelang nicht aufgestanden und habe sich nicht mehr gewaschen. Es sei ganz schrecklich gewesen, sie habe viel Angst gehabt und sei sehr gedrückt gewesen. Deshalb brachte man sie zu einem Nervenarzt, der sie in die psychiatrische Klinik eingewiesen habe. Der Priester Don Pedro habe sie dorthin begleitet. Da die Klinik ungefähr hundert Kilometer von B. entfernt gewesen sei, habe die Mutter sie nicht allzu häufig besuchen können. Ab und an habe auch der Vater nach ihr gesehen. Als sie aus der Klinik zurück nach Hause kam, sei es ihr sehr schlecht gegangen. Um sich zu erholen, seien sie deshalb nach Spanien gefahren. Als sie dann wieder in Deutschland war, habe alles von vorne angefangen. Allerdings habe sie nun keine Angst mehr vor ihrer Mutter gehabt; sie habe sie vielmehr sehr geliebt. Heute lebe sie gerne in Spanien, manchmal gehe sie mit der Mutter einkaufen. Diese Ausführungen Meris belegen das, was ich weiter oben die falsche Benennung von Gefühlen genannt habe. Ich ging nicht davon aus, daß Meri glaubte, sich in Spanien zu erholen oder gar, daß sie gerne endgültig nach Spanien übersiedelt sei. Hatte sie sich doch selbst mit ihren Depressionen, ihren Halluzinationen und ihrer Gewichtszunahme Lügen gestraft. Scheinbar unmotiviert fing sie am Ende der Stunde wieder an, auf Jim Morrison zu schimpfen: dieses liederliche Schwein, sie sollten für die Hure zahlen, das sei ja noch einmal schöner. Meris Halluzinationen setzten unmittelbar nach der Formulierung der „falschen" Gefühle ein, auf die sie sich mit ihrer Mutter geeinigt hatte.

In der nächsten Stunde beendeten wir den ORT-Test. Meri wollte mir keine Geschichte zur Blank-Tafel erzählen, wie es die Testanweisung vorsieht, sie bat mich vielmehr, sie aufschreiben zu dürfen. Während sie schrieb, lachte sie vor sich hin, so daß ich dachte, es werde eine lustige Geschichte. Ich war dann erstaunt über den Text, den sie in ihrer unbeholfenen Kinderschrift niedergeschrieben hatte. Ihre Geschichte lautete folgendermaßen[21]: „Ich hatte einen Kanarienvogel. Er war dunkel und hieß Pauli. Eines Tages nachdem meine Mutter von der Arbeit kam, hatten wir uns gestritten ich saß am Fenster und neben mir auf der Fensterbank war der Vogelkäfig also

21 Ich gebe den Text so wieder, wie ihn Meri geschrieben hat.

meine Mutter und ich stritten sich, plötzlich glitt mir der Arm aus, und der Vogelkäfig stürzte zusammen mit Pauli aus dem Fenster ab, ich hatte mich erschrocken und sagte zu meiner Mutter, der Vogel sei abgestürzt, danach ging meine Mutter runter in den Hof und holte den Vogel samt Vogelkäfig wieder nach oben, der Vogel hatte sich den Flügel gebrochen ich glaubte er würde bald sterben, ich tat in den Vogelkäfig ein paar Tempotaschentücher hinein und der Vogel lag auf die Tempotaschentücher, dann gab ich ihm noch zu fressen und frisches Wasser, doch der Vogel wollte nicht fressen, jedoch nach ein paar Tagen begann er zu fressen und er erholte sich rasch nach 1 Monat ungefähr konnte er wieder auf die zwei Stöcke herumhopsen und erholte sich rasch wieder. Bald war er wieder gesund und er konnte seinem gesunden Vogelleben wieder nachgehen." Versuche meinerseits, mit Meri über diese Geschichte zu sprechen, schlugen fehl. Sie antwortete mir, daß sie doch alles aufgeschrieben habe. Sie fing hingegen wieder davon an, über ihre Übergewichtigkeit zu klagen und sagte, daß sie gerne abnehmen wolle. Auch Sonia, mit der ich später sprach, klagte über Meris Gewicht; sie nehme von Woche zu Woche zu. An dieser Stelle hätte ich hellhörig werden müssen. Während Meri mir sagte, daß sie abnehmen wolle, klagte Sonia darüber, daß sie beständig zunahm. Ich stellte jedoch nicht die Überlegung an, ob Meri tatsächlich abnehmen wollte; ich empfahl ihr vielmehr, einen Endokrinologen aufzusuchen. Sonia war hochzufrieden über Meris Fortschritte. Insbesondere seit ihrer Rückkehr nach Spanien habe es schreckliche Szenen gegeben. Meri habe aus dem Fenster geschrien und die Nachbarn beschimpft, auf der Straße habe sie Leute angepöbelt, in einem ihrer Wutanfälle habe sie versucht, den Kühlschrank zu zertrümmern. Jetzt aber sei Meri nicht mehr aggressiv, sie gehe sogar manchmal mit ihr einkaufen. Beim Weggehen rivalisierte Sonia mit Meri um das perfekte Aussprechen meines Namens. Als Meri sagte: „Auf Wiedersehen, Mechthild", warf ihr Sonia einen bewundernden Blick zu und versuchte ihrerseits meinen Namen zu sagen, was ihr gut gelang.

Die Geschichte Meris zur Blank-Tafel des ORT, schilderte eindringlich und bewegend die Konflikte zwischen ihr und Sonia, die zweifach in Meris Geschichte auftritt: einmal als die Mutter, die den Vogelkäfig wieder nach oben holt, d.h. als diejenige, die die Realitätskontrolle aufrechterhält, und zum anderen als Vogel im Käfig, den Meri voller

Wut aus dem Fenster wirft. Tatsächlich war Sonia ein Vogel im Käfig; konnte sie sich doch nicht aus ihrer sozialen Verankerung und den damit verbundenen psychischen Verstrickungen mit Meri lösen. Meri wünschte sich, der Vogel möge ihre Zerstörungswut überleben. Dazu trug sie aktiv bei, indem sie ihn gesund pflegte. Meri hatte geschrieben: „Der Vogel hatte sich den Flügel gebrochen und ich glaubte, er würde bald sterben. Ich tat in den Vogelkäfig ein paar Tempotaschentücher hinein, und der Vogel lag auf die Tempotaschentücher, dann gab ich ihm noch zu fressen und frisches Wasser." Der Streit, von dem Meri sprach und ihr Wutanfall waren offensichtlich Teil der Beziehung zwischen ihr und Sonia, denn es gab keinen besonderen Anlaß zum Streiten. Meri hatte das so beschrieben: „Eines Tages nachdem meine Mutter von der Arbeit kam, hatten wir uns gestritten." Mit der Wiedergutmachungsgeste war deshalb Meris Geschichte nicht wirklich zu Ende, vielmehr barg diese in sich wieder den Streit und die Auseinandersetzung mit ihrem fast tödlichen Ende. Weil es keinen konkreten Anlaß für die Auseinandersetzung gab, konnte sie sich jederzeit wiederholen. Ich ging davon aus, daß der Auslöser für den Streit in dem Wunsch Sonias lag, eine heile Beziehung herzustellen, und in Meris Weigerung, darauf einzugehen. Hatte Sonia doch Meri mit acht Jahren zu sich genommen und von ihr verlangt, sie als Mutter anzuerkennen, ohne daß vorher eine Beziehung zwischen ihnen bestanden hätte. Nach der frühen Trennung gab es nur bruchstückhafte Kontaktaufnahmen, wenn Sonia Meri sonntags im Heim besucht hatte. Da es für Meris Haß und Verzweiflung keine Worte gab, entluden sie sich in unkontrollierten Wutanfällen. Für Sonia ihrerseits mag Meri auch eine Last gewesen sein, insbesondere auch deshalb, weil sie, worauf ich bereits verwiesen habe, keine Unterstützung von Meris Vater erhielt. Da sie sich psychisch überlastet fühlte, mag sie manchmal vielleicht auch gewünscht haben, Meri im Kinderheim bei den Nonnen gelassen zu haben. Gemeinsam zimmerten sich Meri und Sonia jedoch den Käfig der Liebe. Ihre Devise lautete: „Wir lieben uns." Gefühle von Fremdheit, Wut, Ablehnung und Verzweiflung fanden keine Worte, so daß das Zerstörerische übermächtig wurde. Es bahnte sich periodisch seinen Weg in Meris Wutanfällen, in ihren Freßorgien und in Sonias Überfürsorglichkeit, mit der sie Meri vorgab, was sie zu fühlen hatte. Meris Halluzinationen stellten den einzigen, wenn auch mißglückten Ausweg aus ohnmächtiger Wut und Freßanfällen dar.

So, wie die Hure in Meris Halluzinationen die Mutter, aber auch sie selbst symbolisierte, so war der Vogel im Käfig sowohl die Mutter als auch Meri. Lebte sie doch im Käfig ihrer Verrücktheit. So gesehen wäre der Sturz aus dem Fenster auch als versuchter Selbstmord zu verstehen. Eine Selbstmordphantasie formulierte Meri auch im ORT. Zu Tafel A 1 sagte sie: „'Da steht ein Mann vor einem Wasserfall, würde sagen, da ist ein Fluß.' Auf meine Frage, wie die Geschichte ausgehen werde, antwortete sie: 'Daß der Mann sich ins Wasser stürzt.'" Wenn Meri dicker und dicker wurde, so tat sie sich damit selbst etwas an, so wie sie in der Geschichte dem Vogel, d.h. sich selbst, Leid zugefügt hatte. Die Autodestruktivität, die sich im Dicksein manifestierte, war nicht zu übersehen. Der Käfig steht aber auch für die Beziehung zwischen den beiden. Der Vogel war im Käfig gefangen; Meri und Sonia waren miteinander über eine verrückte Beziehung verklammert. Der Käfig des Vogels hatte jedoch eine doppelte Bedeutung. Einerseits machte er den Sturz des Vogels weniger dramatisch und rettete ihn möglicherweise vor dem Tod, andererseits bildete er für ihn ein Gefängnis, aus dem er sich nicht ohne fremde Hilfe befreien konnte. Auf die Beziehung zwischen Meri und Sonia bezogen, bedeutete dies, daß die Einigung auf Liebe den tödlichen Haß zwar unter Kontrolle hielt. Gleichzeitig aber war diese Liebe auch ein Gefängnis, aus dem sie sich nicht allein befreien konnten. Ich hatte die Vorstellung, dem Drama zwischen Meri und Sonia zuzusehen, ohne eingreifen zu können. Meri hatte mir bekanntlich ihre Geschichte abgeliefert, ohne mit mir darüber sprechen zu wollen. So sehr ich mir auch wünschte, den Käfig zu öffnen, in dem sich die beiden Frauen befanden und aus dem sie ohne fremde Hilfe nicht herausfanden, so blieben meine Versuche jedoch vergebens. Nachträglich glaubte ich, daß ich Meri zu einem Endokrinologen schickte, weil ich den Käfig gewaltsam öffnen wollte. Hatte doch das Gewicht Meris u.a. die Funktion, keinen möglicherweise tödlich endenden Streit aufkommen zu lassen. Würde sie jedoch abnehmen, drohte Streit. In dieser Zeit sprach Meri in jeder Stunde vom Abnehmen. Ich ging davon aus, daß sie in ihrem Gewicht ihre und Sonias nicht verbalisierbare Aggressionen mit sich herumtrug und so verhinderte, daß sie in der Beziehung eine zerstörerische Rolle spielten. Wenn sie vom

Abnehmen sprach, so fragte sie mich auch indirekt, ob ich bereit sei, die Rolle der Mutter zu übernehmen, die den Vogelkäfig wieder nach oben holt und so verhindert, daß der Vogel stirbt. Darüber hinaus verstand ich, daß sie mich bat, den Vogel im Käfig, d.h. aber auch die Beziehung zwischen ihr und Sonia, schonend zu behandeln.

Nachdem ich in einer der folgenden Sitzungen mit Meri darüber gesprochen hatte, daß sie vielleicht auch ärgerlich auf ihre Mutter sei, mit der sie nach Spanien kommen mußte, während sie vielleicht lieber in Deutschland bleiben wollte, wurde sie zunehmend aufmerksamer und konzentrierter als zu Beginn unserer Gespräche. Ihre diffuse verrückte Aggressivität war durch meine Intervention benannt worden und hatte eine Richtung erhalten. In der Folgezeit verstand es Meri, sich im Deutschen anschaulich und farbenreich auszudrücken. Sie erzählte mir von ihrem Vater, der ein klagsamer und depressiver Mann gewesen war. Das Haus, in dem sie in B. wohnten, sei eines sonntagsmorgens eingestürzt. Sie sei mit der Mutter zur Messe und der Vater in Pacos Bar gegangen. Als sie nach Hause kamen, sei die Polizei schon da gewesen und habe alles abgesperrt. Der Vater habe sich den Einsturz sehr zu Herzen genommen. Er suchte eine neue Wohnung; da er aber so schnell keine fand, wohnten sie vier Wochen im Hotel. In dieser Zeit habe er oft von Selbstmord gesprochen. Nachts habe er sie und die Mutter geweckt und geklagt, er müsse sich umbringen. Das Bild, das Meri vom Vater entwarf, war das eines gebrochenen Mannes, der keinerlei Selbstwertgefühl hatte. Über die Beziehung zwischen Meri und ihrem Vater konnte ich nur wenig in Erfahrung bringen. Offensichtlich aber hatte er nicht das Gewicht, um als Dritter Meris und Sonias Verwicklung zu entwirren. Daß Meri genau in dem Augenblick von ihm sprach, als sie mir ihre Geschichte vom Vogel im Käfig aufgeschrieben hatte, legte die Vermutung nahe, daß sie sich wünschte, der Vater hätte ihre und Sonias nicht verbalisierte Aggression erkennen sollen, um die verkehrte Einigung auf Liebe zu durchbrechen. Daß Meri sich nach einem Elternpaar sehnte, wurde in der A 3-Geschichte des ORT deutlich. „Ein Mann und eine Frau und ein Junge. Da ist ein Fluß, der Junge steht am anderen Ufer. Da sind Bäume, der Junge steht wartend, die Eltern warten auch, und der kleine Junge wird gerettet, und wird zu den Eltern gebracht." Als ich Meri sagte, daß sie sich möglicherweise einen Vater gewünscht habe, der immer bei ihr und der Mutter lebte und den Streit zwischen ihr und der Mutter verhinderte, schwieg sie lange und blickte vor sich hin.

In einer der nächsten Stunden begann sie zu drängen, ich möge einen Brief nach Deutschland schreiben, um ihre Schulzeugnisse anzufordern, weil sie den spanischen Volksschulabschluß nachholen wolle. Sie trug sich mit dem Gedanken, eine Stelle als Putzhilfe zu suchen. Mit sichtlich großer Befriedigung berichtete sie mir, daß sie die Stimme von Jim Morrison zwar noch höre, sie sei aber so leise geworden, daß sie nicht mehr verstünde, was er ihr sagen wolle. In einer der folgenden Stunden unterstrich Sonia die Ausführungen Meris über ihren Vater. Eines Tages sei die Polizei gekommen und habe ihn beschimpft, er sorge nicht dafür, daß Meri die Schule besuche. Sie war bekanntlich an vielen Tagen, nachdem der Vater sie in der Schule abgeliefert hatte, heimlich wieder nach Hause zurückgelaufen. Um der Polizei zu demonstrieren, daß ihr Vorwurf unberechtigt sei, habe er Meri vor ihren Augen geschlagen. Eines Tages habe die Polizei Meri zur Seite genommen und ihr gesagt, ihre Eltern seien nicht miteinander verheiratet. Es sei schrecklich für Meri gewesen, sie sei aggressiv geworden und von zu Hause weggelaufen.

Nach einer längeren Ferienunterbrechung war Meri verändert; sie sprach nur noch spanisch mit mir. Sie teilte mir mit, daß sie mir nichts mehr zu sagen habe und blickte mich feindselig an. Sonia meinte, sie bei mir entschuldigen zu müssen; sie sei nur heute aggressiv, und mit einer vagen Bewegung zum Fenster hin fügte sie hinzu, das hinge mit dem Mond zusammen. Ich sagte den beiden sinngemäß, daß sie sich in den Ferien offenbar allein gelassen fühlten, weil sie nicht zu mir kommen konnten. Es sei niemand dagewesen, der den Streit zwischen ihnen beiden in Schach gehalten hätte, nun schöben sie das Schlechtgehen auf den Mond, um mir keine Vorwürfe machen zu müssen. Das sähen sie eigentlich nicht so, sagte Sonia, denn sie liebten sich sehr und es habe keinen Streit gegeben. Meri blickte stumm und abwesend vor sich hin, dann berührte sie die Mutter sacht am Arm und murmelte geistesabwesend: „Ich liebe meine Mutter", und strafte mich erneut mit einem feindseligen Blick. Ich hatte eigentlich, wie vor den Ferien, mit jeder der beiden Frauen allein sprechen wollen. Aber Meri lehnte dies ab, sie blieb vielmehr stumm neben ihrer Mutter auf dem geblümten Sofa sitzen. An ihrer Stelle teilte mir Sonia voller unterdrücktem Ärger mit, daß sie beim

Endokrinologen gewesen seien. Er habe jedoch noch zwei Untersuchungen angeordnet, bevor er eine Behandlung anfangen könne. Meri tauchte einen Augenblick lang aus ihrer feindseligen Stummheit auf und sagte: „Wir waren beim Arzt und sonst gar nichts." Daß Meri die Ferien offensichtlich so erlebt hat, als ob ich sie ins Heim gegeben hätte, lag auf der Hand. Ich sprach diese Parallele jedoch nicht an.

Sonia sagte die nächste Stunde ab, weil sie erkältet war. Sie und Meri kamen zwei Wochen lang nicht zu den Gesprächen. In dieser Zeit sprach ich einmal mit Sonia am Telefon, die mir mitteilte, daß sie mir nichts mehr zu sagen hätten. Ihre Stimme klang wie die eines jungen Mädchens. Ich ging davon aus, daß meine Interpretation, die Meris Veränderung mit der Ferienunterbrechung in Zusammenhang gebracht hatte, zwar stimmte, aber nur teilweise Meris veränderte Haltung mir gegenüber erklärte. Ich begann darüber nachzudenken, was zwischen Sonia und Meri während der Ferien passiert sein könnte. Als die beiden nach zwei Wochen wiederkamen, fiel mir die jugendliche Frische Sonias und im Kontrast damit die abstoßende Häßlichkeit Meris auf. Zu Beginn unserer Gespräche hatte ich Meri nie häßlich gefunden; im Gegenteil, ihr etwas grobes Gesicht war mir ausdrucksvoll erschienen; ihre Leibesfülle hatte mich bis zu der Stunde, von der ich jetzt berichten werde, nie abgestoßen, sie gehörte gewissermaßen zu ihr. Jetzt wirkte Meri starr, abwesend, unansprechbar, und es schien so, als ginge etwas Bedrohliches von ihr aus. Trotz ihrer Geistesabwesenheit hatte sie zugleich etwas Lauerndes. Es war überdeutlich, daß sie nicht auf Stimuli von außen, sondern nur auf innere eingestellt war. Die Nichtbeeinflußbarkeit durch Kommunikation oder durch Gesten gaben ihr etwas Unberechenbares. Hatte sie früher u.a. über die Mitteilung ihrer Wahnvorstellungen eine Beziehung zu mir hergestellt, so war jetzt jeder Kontakt abgebrochen. Ich verstand, daß mich nicht ihre physische Häßlichkeit, sondern ihr totaler Kontaktabbruch irritierten und ängstigten. So, wie sie vorher versucht hatte, mit meiner Hilfe aus dem Käfig ihrer Verrücktheit und der Verstrickung mit ihrer Mutter zu entkommen, so schien sie sich jetzt in ihn, d.h. in ihre verrückte Welt, zurückgezogen zu haben. Auch Sonia war beunruhigt über Meris Rückzug, versuchte jedoch mich und sich selbst zu beschwichtigen, indem sie murmelte, daß Meri sicherlich eines Tages Arbeit finden werde und daß ihr augenblickliches Verhalten vorübergehend und auf den Mond zurückzuführen sei. Dann aber brach sie in Tränen aus, wohl wissend, daß es Meri sehr schlecht ging und daß auch ihre Beruhigungsgesten nichts daran änderten. Meri saß während des gesamten Gesprächs bedrohlich schweigend auf der geblümten Couch neben Sonia. Ich konnte nicht feststellen, ob sie zuhörte oder nicht. Rituell murmelte sie vor sich hin: „Ja, ja, so ist es. Ja, ja, so ist es." Auf Sonias Fragen schwieg sie, als ob sie sie nicht gehört hätte.

Nach dieser Stunde fühlte ich mich leer und deprimiert, mir erschien die Arbeit mit den beiden Frauen sinnlos. Ich überlegte, ob sich Sonia ähnlich ausgelaugt und ohne inneren Antrieb gefühlt haben mag. All ihre Versuche, die erste frühe Trennung von Meri wieder gutzumachen, indem sie versucht hatte, sich mit ihr zu einigen, sich mit dem störrischen Mädchen auf ihre Weise zu verständigen, schienen umsonst gewesen zu sein angesichts des erneuten Rückzugs Meris. Nachträglich erinnerte ich mich, daß ich in dieser Zeit zum ersten Mal innerlich aggressiv und ungeduldig auf Sonia und Meri reagiert hatte. Ich glaubte, daß sie sich gegen mich verbündet hätten und mir mit ihrem Verhalten und ihren Äußerungen zeigten, daß sie meine Interventionen als zudringlich empfanden und fürchteten, ich könne ihre „Liebesidylle" stören. Ich erinnerte gleichzeitig meine Irritation darüber, daß ich Meri innerlich zum ersten Mal als Fettkloß bezeichnet hatte, daß Meri häßlich und Sonia jung und schön geworden waren. Ich hatte den Wunsch Meris, sich von ihrem Gewicht zu trennen, als Versuch interpretiert, nicht verbalisierbare Aggression loszuwerden, was eine partielle Trennung von Sonia mit sich gebracht hätte. Sie fürchtete offenbar, sie könne mit ihrem Abnehmen die Mutter töten. Nach der Stunde hatte ich das Gefühl, von Meri und Sonia erschlagen worden zu sein; ich führte diese Phantasie darauf zurück, daß ich offenbar das unbewußte Arrangement zwischen Sonia und Meri nicht wirklich antasten durfte. Ich war zum Vogel im Käfig geworden, den die beiden Frauen aus dem Fenster geworfen hatten. Meri hatte einmal mehr die Aggressionen in der Beziehung zur Mutter auf sich genommen; sie war darüber dick und häßlich, Sonia hingegen schön geworden. Das Gefühl, von beiden erschlagen worden zu sein, hing demnach auch mit ihrem Beharren auf der verrückten Einheit zusammen, womit sie mich stumm gemacht hatten. Unbewußt wollten sie nicht, daß ich Worte für Gefühle von Haß, Abneigung und Fremdheit fand, worüber ich ihnen einen bisher verschlossenen Erlebnisbereich zugänglich gemacht hätte. Sie spürten, daß dies Konsequenzen für ihr bisheriges emotionales Arrangement haben würde. Wenn „Ich liebe Dich" eine andere Bedeutung bekommen, sich möglicherweise in „Ich hasse Dich" verwandeln würde, schien eine über viele Jahre eingespielte regressive Beziehungsform ihre Bedeutung zu verlieren, ohne daß sie sich eine andere vorstellen konnten. Ich sagte Sonia und Meri sinngemäß, daß sie offensichtlich die Gespräche mit mir fürchteten, weil dann aggressive und negative Gefühle auftauchten und benannt werden könnten, von denen sie nichts wissen wollten, weil sie glaubten, daß die Art und Weise, wie sie bisher miteinander gelebt hätten, ernsthaft in Frage gestellt werde. Meri gab mir keine Antwort. Sonia stimmte mir jedoch zögernd zu. Obgleich sich Sonia mit einem Teil in sich wünschte, Meri solle gesund werden, so gab es aber auch einen anderen, der durch Meris Befreiungsversuch in Unordnung zu geraten drohte. Wenn Meri die vor langer Zeit geschlossene Einigung auf Liebe aufkündigte, so würde notgedrungen auch Sonias Ambivalenz ihr gegenüber aufgedeckt. Dies aber erschien Sonia angesichts ihrer massiven Schuldgefühle Meri gegenüber unannehmbar. Meris Abnehmen hätte für beide Offenlegung von Haß, Wut, Ablehnung und Enttäuschung bedeutet. Da sie diese Gefühle jedoch nie benannt hatten, waren sie auf meine Interpretationsarbeit angewiesen. Über ihren Rückzug verhinderten sie, daß ich ihre verrückte Idylle zerstörte. Meri fühlte sich von Sonia verrückt gemacht, weil sie sie weggegeben, wiedergeholt und ihr zu Hause ein heiles Familienleben vorgespiegelt hatte. Sonia ihrerseits war enttäuscht von Meri und lehnte sie ab. Ich ging davon aus, daß ich in Identifizierung mit Sonia Meri einen Fleischkloß nannte. Hatte mir doch Sonia weinend die Bilder von der siebenjährigen schlanken Meri gezeigt. Heute hatte Meri in ihrer Fettheit, ihrer Starre und ihrer Schweigsamkeit etwas Monströses, ja fast Unmenschliches. Es war naheliegend, daß auch Sonia diese Unförmigkeit und Starre ihrer Tochter abstieß, sie kränkte und enttäuschte. Hatte sie doch ihrer Meinung nach alles getan, um Meri zu helfen. Ich habe bereits auf die Autoaggressivität verwiesen, die in Meris Adipositas lag. Auch das aggressive Element ihres Dickseins war unübersehbar. Es schien so, als ob Meri Sonia mit ihrem Dicksein signalisiere: „Du hast mich nicht haben wollen, als ich schön war, um Dir weh zu tun, wurde ich häßlich, unansehnlich, ein menschliches Monstrum, aber jetzt wirst Du mich nie mehr wieder loswerden."

In einer der nächsten Stunden, in der sich Meri wieder geweigert hatte, mit mir zu sprechen, blieb ich mit Sonia allein. Sie begann, sich zum ersten Mal offen über Meri zu beklagen. Sie fand es ungerecht, daß sie mit deren Krankheit gestraft werde; dies um so mehr, als sie alles in ihrer Macht stehende getan habe, damit sich Meri wohlfühle. Ich sagte ihr, daß sie offenbar das Gefühl habe, Meri wolle sie mit ihrem Dicksein auch strafen. Diese Interpretation bestätigte sie indirekt, indem sie erneut davon sprach, daß Meri ein hübsches Kind gewesen und daß alles erst wirklich schlimm geworden sei nach der Rückkehr nach Madrid. Ich sagte ihr: „So, als ob Meri auf diese Weise ihren Protest zum Ausdruck brachte." Das wisse sie nicht, aber jetzt werde sie einfach nicht mehr mit ihr fertig. Sie sei froh darüber gewesen, daß sich Meri während der ersten Zeit ihrer Gespräche mit mir sehr viel besser gefühlt habe. „Und jetzt fragst Du mich, warum das nicht anhalten konnte", sagte ich ihr. Ja, und vielleicht sei doch etwas daran, was ich vor ein paar Wochen im Zusammenhang mit den Auswirkungen der Ferienunterbrechung auf Meris Gefühle mir gegenüber gesagt habe. Zu Beginn der Ferien habe Meri immer wieder nach mir gefragt. Sie wollte zu APOYAR gehen, um mich zu sehen. Sie hätte sie beruhigen müssen, denn manchmal habe sie sich sogar angezogen und habe zu mir gehen wollen. Als sie sie zurückhielt, sei sie oft ungehalten und unwirsch geworden und habe sie angeschrien und beschimpft. Gegen Ende der Ferien erwähnte sie mich jedoch nicht mehr. Als sie zu ihr gesagt habe, jetzt werden wir bald wieder zu Mechthild gehen, habe sie überhaupt nicht mehr reagiert. Auf ihre Frage, ob sie sich nicht freue, mich wiederzusehen, habe sie ihr nicht einmal eine Antwort gegeben. Unser Gespräch wurde beständig durch Meri unterbrochen, die ins Zimmer platzte und nur unter großen Schwierigkeiten dazu zu bewegen war, wieder zu gehen. Wieder allein mit mir begann sich Sonia erneut über Meri zu beschweren. Sie habe das Gefühl, daß Meri ihre Wohnung in einen Kerker verwandele, in dem sie als Gefängnisaufseherin fungiere. Ich sagte ihr daraufhin: „Es scheint so, als ob Meri Dich in den Vogel im Käfig verwandelt hat, mit dem sie nun beliebig umgehen kann." Darauf antwortete sie mir, daß sie sich vor Meri fürchte. Ihre Wohnung sei sehr dunkel und sehr klein, deshalb habe sie häufig Lust wegzugehen. Aber Meri, die nicht ausgehen, aber auch nicht allein bleiben wolle, halte sie fest und hindere sie daran, die Wohnung zu verlassen. Sie halte diese Situation kaum noch aus. Ich verstand Meris Verhalten so, und sagte Sonia dies auch, daß sie offenbar mit Gewalt darauf bestände, den Liebesschwur von einst aufrechtzuerhalten. Sie versuche, Sonia mit allen Mitteln dazu zu veranlassen, das einmal gegebene Versprechen, sich immer zu lieben, nicht zu brechen. Je mehr sie jedoch fürchte, daß Sonia diese verrückte Bindung aufkündigen wolle, um so entschlossener hielte sie daran fest. Als Sonia weiter klagte, sagte ich ihr, daß es doch offensichtlich nicht stimme, daß sie sich nur liebten, sie empfinde doch auch Ärger, beispielsweise über Meris Tyrannei, und fürchte sich vor Meris Aggressivität. Noch bevor sie mir darauf antworten konnte, stand Meri wieder im Zimmer; diesmal ließ sie sich nicht wieder hinausschicken. Herrisch sagte sie, sie wolle wissen, worüber wir sprächen. Schuldbewußt versuchte Sonia sie zu beruhigen, wir hätten nicht schlecht über sie gesprochen. Sie wisse doch, daß sie sie liebe. Sonia traute sich nicht weiterzusprechen, Meri kontrollierte mit ihrer Anwesenheit jedes weitere Wort. Gleichzeitig war es unmöglich, sie dazu zu veranlassen, das Zimmer wieder zu verlassen. Schweigend, mit unangenehmem, drohendem Gesichtsausdruck saß sie neben ihrer Mutter. Und dann begann das gleiche Ritual, das ich aus der ersten Stunde kannte. Sonia, die sich nicht traute, weiter offen zu reden, ermahnte Meri, sie solle mit mir sprechen. „Sprich mit der Ärztin, mit der Señorita"; sie müsse immer freundlich zu Matilde und mir sein, fuhr sie fort. Sonia fürchtete offenbar, Meri aufzufordern, mit ihr zu sprechen und sie freundlich zu behandeln; deshalb erwähnte sie Matilde und mich und teilte Meri ihre Bitte unter meinem Schutz mit. Diese blickte jedoch ausdruckslos vor sich hin und schien ihrer Mutter nicht zugehört zu haben. In den folgenden Stunden wiederholte sich in leichter Abwandlung immer dasselbe Ritual.

Zu einer der nächsten Stunden kam Sonia allein; sie war sehr aufgeregt und weinte. Meri sei dabei, die Wohnung zu demolieren, sie werfe mit Kissen um sich und wolle nichts mehr von ihr wissen. Erst jetzt gestand sie mir, daß sie nicht regelmäßig zur Psychiaterin gegangen seien und daß Meri die Medikamente nur sehr unregelmäßig eingenommen habe. Meri schlösse sich in ihr Zimmer ein und komme auch auf ihr Bitten nicht heraus. Sie habe zwei Tage nichts gegessen. Von ihr nehme sie kein Essen an; sie esse nur das, was sie sich selbst zubereite. Nachts werfe sie sich im Bett herum. Sonia sagte geängstigt: „Das macht immer wum, wum, wum." Meri schneide Filmbilder aus, klebe sie in ein Heft ein und zerreiße es dann. Ich bat Sonia, sich dringend in Kontakt mit der Psychiaterin zu setzen, denn Meri brauche Medikamente. Sonia versprach es mir, fügte jedoch hinzu, daß sie nicht wisse, ob Meri dazu bereit sei. Als Sonia mehrere Male wiederholte, daß sie wenig Hoffnung habe, Meri dazu zu bewegen, die Psychiaterin aufzusuchen, bat ich eine Sozialarbeiterin von APOYAR in Sonias Wohnung zu gehen, um mit Meri zu sprechen. Die Sozialarbeiterin kam jedoch unverrichteter Dinge zurück; Meri habe sich in ihr Zimmer eingeschlossen und sich geweigert, mit ihr zu sprechen, berichtete sie.

Zur nächsten Stunde kam Sonia wieder allein. Erneut standen wir vor verschlossener Tür. Diesmal gab der Portier uns aber einen Schlüssel zu den Räumen von APOYAR. Ich konnte jedoch die Tür nicht aufschließen; offensichtlich hatte er uns einen falschen Schlüssel gegeben. Als ich Sonia vorschlug, in die Bar zu gehen und zu warten bis jemand kam, der aufschließen konnte, nahm sie mir mit zitternder Hand den Schlüssel aus der Hand und versuchte dort aufzuschließen, wo kein Loch war. In mir stieg Ärger auf. Ich hielt mir jedoch vor Augen, daß die Mitarbeiter von APOYAR auf die jüngsten Ereignisse offensichtlich geängstigt reagiert hatten und erneut versuchten, Meri und Sonia auszuschließen, die Grenzen zwischen der Verrücktheit und der Normalität klar markierend. Nur über diese Reflexion konnte ich meinen Ärger über die erneute Schlamperei kontrollieren. Meine Überlegung bestätigte sich später, als mir eine Sozialarbeiterin mitteilte, daß ich donnerstags den Raum für die Gespräche mit Sonia und Meri nicht mehr benutzen könne, sie brauchten ihn von nun an für einen der Alphabetisierungskurse. Nur auf die Intervention von Matilde hin konnte ich Sonia weiter bei APOYAR sehen. In einer Besprechung fragte mich später einer der Mitarbeiter argwöhnisch, was ich mit Sonia täte. Einige Anwesende äußerten offen, daß ihnen das „Gehabe" Sonias auf die Nerven gehe und daß sie eigentlich nicht wüßten, was sie hier noch wolle. „Beide gehören in die Psychiatrie eingeschlossen", sagte ein Mitarbeiter voller Angst. Sonia, die partout die Tür zu den Räumen von APOYAR mit einem falschen Schlüssel aufschließen wollte, der so wenig zum Schlüsselloch paßte wie Sonia nach der Meinung der Mitarbeiter zu APOYAR, schien die Ausgrenzungsversuche zu spüren. Sie war so nervös, daß ich fürchtete, sie werde vor der Tür zusammenbrechen; deshalb redete ich auf sie ein, mit mir in die Bar zu gehen. Etwas ruhiger kam sie mit mir. Hier wiederholten sich dieselben Szenen wie beim ersten Mal. Sonia lud mich zum Kaffee ein, holte ihn völlig aufgelöst am Tresen ab und setzte sich mit mir an einen der schmutzigen Tische. Verzweifelt berichtete sie mir, daß es Meri von Tag zu Tag schlechter gehe. Sie wolle weder die Psychiaterin noch mich sehen; sie behaupte, daß sie gesund sei und keinen Arzt brauche. Schon zweimal habe sie das Telefonkabel aus der Wand gerissen und versucht, den Kühlschrank zu demolieren. Weinend sagte Sonia, daß er nun nicht mehr funktioniere, sie habe aber auch kein Geld, ihn reparieren zu lassen. Sie fürchte sich vor Meri und verstecke Scheren und Messer vor ihr. Sie schlafe schlecht, beständig schrecke sie hoch und höre auf die Laute, die aus Meris Zimmer kämen. Meri wasche und kämme sich nicht mehr und zupfe sich auch die Haare am Kinn nicht aus. Was sie tun solle, sie wisse nicht mehr weiter. Die körperliche Bedrohung Sonias, das Leiden Meris, die ihren Aggressionsausbrüchen blind ausgeliefert war, und ihre Weigerung, einen Arzt aufzusuchen, veranlaßten mich, Sonia die Einweisung Meris in eine psychiatrische Klinik vorzuschlagen. Eine Medikation war unabdingbar. Die Vergangenheit hatte gezeigt, daß weder Sonia noch Meri in der Lage waren, ambulant eine kontinuierliche, von der Ärztin angeordnete Medikation einzuhalten. Spontan schien Sonia mein Vorschlag zu erleichtern, dann aber begann sie ein über das andere Mal zu klagen: „Mein armes Kind, mein armes Kind." Meri sei klug, sie habe ihr alle Briefe an die Ämter in Deutschland geschrieben. Sie beschuldigte sich, an der Verschlimmerung des Zustandes von Meri schuld zu sein. Seit der Rückkehr nach Spanien sei es ihr von Tag zu Tag schlechter gegangen. „Aber was hätte ich tun sollen", fragte sie sich verzweifelt, „ich hätte von meiner Rente in der Bundesrepublik nicht leben können". Zum ersten Mal sprach sie ausführlicher von ihrer Wohnung, daß sie verstehe, daß sich Meri dort nicht wohlfühle. Die Wohnung sei klein, habe weder Dusche noch Bad, sondern nur ein Waschbecken und eine Toilette. Es gebe keine Fenster zur Straße, sondern nur zu einem dunklen Innenhof, so daß sie immer Licht anmachen müßten. Allerdings sei dies bei den Strompreisen viel zu teuer; so säßen sie häufig in der Dämmerung.

Ich verabredete mit Sonia, mich mit einem Psychoanalytiker-Kollegen in Verbindung zu setzen, der als leitender Psychiater in einer großen Klinik arbeitete, um die Formalien einer Einweisung, die gegen Meris Willen fast ausgeschlossen war, zu besprechen. Sonia bedankte sich einerseits wortreich bei mir, andererseits aber fragte sie mich, ob es Meri in der Psychiatrie nicht noch schlechter gehen werde als vorher. Sie habe die Zeit nach ihrer Entlassung aus der psychiatrischen Landesklinik in R. noch in schrecklicher Erinnerung. Die Einweisung Meris erwies sich tatsächlich als äußerst kompliziert. Einerseits war Sonia an einem Tag dafür und an einem anderen dagegen, andererseits war juristisch eine Einlieferung gegen den Willen Meris ausgeschlossen; es sei denn, Sonia würde Anzeige gegen ihre Tochter wegen versuchter Körperverletzung erstatten. Sonia machte mir klar, daß sie nicht bereit sei, dies zu tun. Wieder und wieder sagte sie, ihre Tochter sei keine Kriminelle. Gleichzeitig aber klagte sie weiter über Meri, die die Wohnung unter Wasser setze und Öl auf den Küchenboden schütte. Sie laufe barfuß auf die Straße, schreie die Leute an und verlange Geld von ihr, um in der Bar an der Ecke Coca-Cola und Kaffee zu trinken. Sonia war verzweifelt, sie wußte nicht mehr ein noch aus und sagte wieder und wieder: „Mein armes Kind, mein armes Kind."

So verging eine Woche nach der anderen. Die Stunden waren angefüllt mit Sonias Klagen über Meri und mit ihrer Sorge um die Zukunft ihres Kindes. Die Psychiatrie werde ihr nicht helfen. Nach ihrer Entlassung aus R. sei Meri gedrückt gewesen und habe ihre Regel nicht mehr gehabt. Ich fühlte mich hilflos. Sie hatte recht, daß eine psychiatrische Behandlung keine ursächliche Heilung brachte, sie hatte recht, sich zu weigern, Anzeige gegen ihre Tochter zu erstatten. Und doch versuchte ich sie davon zu überzeugen, daß sie im Augenblick keine andere Wahl habe, als die Einweisung Meris voranzutreiben. Aber Sonia unternahm keine Schritte, sie berichtete mir hingegen immer wieder von Meris Wutanfällen und von ihrer Angst vor ihr. Eines Tages jedoch – es mochten seit dem ersten Gespräch mit Sonia über Meris Einlieferung vielleicht zwei bis drei Monate vergangen sein – rief mich Matilde zu Hause an und bat mich, so schnell wie möglich zu APOYAR zu kommen. Meri habe ihre Mutter gewürgt und habe immer wieder gesagt: „Ich muß Dich umbringen." Sonia sei voller Angst und Schrecken aus ihrer Wohnung geflohen und habe die Nacht in der Wohnung einer Mitarbeiterin von APOYAR verbracht. Wir müßten Sonia dazu bringen, Anzeige gegen Meri zu erstatten, um sie in die Psychiatrie einliefern zu können.

4.3 Meris Einweisung in die Psychiatrie

In einem ausführlichen Protokoll hatte ich einen Tag nach der Einweisung Meris in die Psychiatrie folgendes notiert: „Als ich bei APOYAR ankam, war Sonia bereits da, sie duschte sich, während ich auf sie wartete. Ich erfuhr, daß Meri sie gewürgt und gesagt habe: 'Ich muß Dich umbringen'. Daraufhin war Sonia aus ihrer Wohnung geflohen und hatte die Nacht bei Mercedes verbracht. Ich sagte ihr, daß wir nun keine andere Wahl mehr hätten, als Meri einzuweisen. Sie müsse sie anzeigen. Daraufhin begann sie zu weinen und wieder, wie so oft vorher, sagte sie, ihre Tochter sei keine Kriminelle. Matilde kam zu uns ins Zimmer und erzählte, daß sie morgens in Sonias Wohnung gewesen sei, sie sähe chaotisch aus; der Küchenboden sei mit Orangenschalen und Öl bedeckt, außerdem stünde das Wohnzimmer unter Wasser. Meri hatte sich eingeschlossen und sich geweigert, mit ihr zu sprechen. Auch Matilde versuchte, Sonia von der Einweisung Meris zu überzeugen, woraufhin diese wieder in Tränen ausbrach und wiederholte, ihre Tochter sei keine Kriminelle. Ich versuchte sie zu trösten, insistierte aber gleichzeitig auf Meris Einweisung. Vom Nebenzimmer rief Matilde Maite an, die Anwältin von APOYAR, und bat sie, mit uns – Sonia, Matilde und mir – in Sonias Wohnung zu fahren. Auf dem Weg war ich so nervös, daß ich mich verfuhr, so daß wir uns im Kreis bewegten. Endlich fanden wir die Metrostation, an der Maite auf uns wartete. Gemeinsam fuhren wir zu Sonias Wohnung, die in einer Sackgasse lag. Die ganze linke Straßenseite bestand aus einem kasernenähnlichen Bau, einer Casa Cuartel, in dem die Guardia Civiles mit ihren Angehörigen wohnten. Das riesige Gebäude symbolisierte für mich erdrückende staatliche Gewalt. Mir fiel bei seinem Anblick ein, daß ETA[22] auf eine Wohn-

22 ETA: Abkürzung für Euzkadi Ta Azkatasuna (dt. „Das Baskenland und seine

kaserne der Guardia Civil in Zaragoza ein Attentat verübt hatte, bei dem es viele Tote gegeben hatte. Auf der linken Straßenseite vor dem einförmigen Gebäude der Guardia Civil war totales Halteverbot, auf der rechten Seite Parkverbot. Als ich dort hielt, wurde ich von einem Guardia vertrieben; Matilde hatte inzwischen mit anderen Guardias gesprochen und ihnen den Grund unseres Kommens mitgeteilt. Freundlicherweise erlaubten sie mir in der zweiten Reihe zu parken; aber nicht zu lange, sagten sie. Maite, die praktische Anwältin, die Matilde bei ihrer Scheidung juristisch beraten hatte und damals in einer Frauenvereinigung arbeitete, hatte derweilen ein privates Parkhaus ausfindig gemacht, wo ich, nachdem ich dem Parkwärter den Grund meines Kommens mitgeteilt hatte, mein Auto abstellen konnte.

Der Eingang des Hauses war aus imitiertem Marmor. Wir gingen nicht die Treppe nach oben, sondern mußten uns nach links wenden und einen langen Gang entlang gehen, der zu vier Hinterhäusern führte; Sonia wohnte im dritten Stock des vierten Hinterhauses. Ihre Wohnung lag an einem Laubengang, zu dem eine schmale Steintreppe führte; sie war die letzte auf der linken Seite. Ein wackliges Geländer begrenzte den Laubengang und vermittelte mir keineswegs ein Gefühl von Sicherheit angesichts der Tiefe, die sich beim Herunterblicken vor meinen Augen auftat. Sonias Wohnung bestand aus einem ungefähr 4 qm großen Wohnzimmer, das wir unmittelbar vom Laubengang aus betraten. Dahinter wurde eine Küche von ca. 2 qm sichtbar; von der Küche aus führte eine offenstehende Tür zur Toilette. Rechter Hand der Küche befand sich Sonias etwa 4 qm großes Schlafzimmer, in dem ein Nachttisch und ein Eisenbett standen, auf dem ein Teddybär saß. Von Sonias Zimmer ging eine Tür zu Meris Zimmer, die jedoch geschlossen war. Später, nachdem sie weggeführt worden war, sah ich ihr zerwühltes Bett und einen zertrümmerten Schrank. Im Wohnzimmer, in dem wir uns während dieser Nacht überwiegend aufhielten, stand ein kombinierter, weiß-rot gestrichener Wohnzimmerschrank. Den schönen, sagte Sonia, hätte die ehemalige Besitzerin mitgenommen. Auf dem obersten Regalbrett standen sechs bemalte

Freiheit"), baskische Untergrundorganisation, radikale Verfechterin baskischer Autonomieforderungen in Spanien, Organisatorin von Streiks und Demonstrationen, suchte besonders seit 1970 durch Sabotageakte und Attentate (u.a. 1973 auf Ministerpräsidenten Luis Carrero Blanco) ihre Forderungen durchzusetzen.

Kaffeetassen und ein Heiligenbild. Zwischen diesem Brett und dem unteren Teil des Schrankes befanden sich der Fernseher und das Telefon. In den Schubladen, in denen Sonia während der Nacht mehrere Male herumkramte, lagen einige wenige Tischdecken und Handtücher, die meisten waren leer. Auf einem großen Kühlschrank standen in einer Blumenvase zwei weiße und eine rote Nelke, die sie sich selbst zum Muttertag am vergangenen 1. Mai gekauft hatte. Sonia hatte neben die Blumenvase ein kleines Bild des Papstes und eine Schale mit Äpfeln gestellt, von denen jede von uns einen aß, während wir das zweite Mal auf die Ambulanz warteten. Auf dem kleinen Tisch mit zwei wackeligen Stühlen links neben der Tür zum Laubengang, lagen Essensreste. Im Verlauf der Nacht legte Sonia zunächst ein Handtuch und später eine großgeblümte Decke auf den Tisch, die sie aus der Schublade des Wohnzimmerschranks herausgesucht hatte.

Matilde versuchte, mit Meri durch die Tür zu sprechen; ich schwieg, weil ich einen wüsten Wutanfall befürchtete. Außerdem fühlte ich mich schuldig, daß es so weit gekommen war, so als ob es in meiner Macht gestanden hätte, Meris Einlieferung in die Psychiatrie zu verhindern. Offensichtlich hatte ich mich mit Sonias Schuld Meri gegenüber identifiziert. Meri antwortete Matilde nicht. Wir riefen telefonisch die Polizei, die uns bei der Einweisung helfen sollte. Während wir warteten, holte Sonia aus einer der vielen Plastiktüten, die hinter und auf dem Tisch herumlagen, ein orange-gelb-rotgestreiftes Kleid, das sie für Meri nähte. Als Maite den feinen Streifen bewunderte, brach Sonia in Tränen aus. Maite holte nun ihrerseits Bilder ihrer Söhne aus der Tasche. Es waren zwei nette Jungens mit großen ausdrucksvollen Augen. Ich blickte Maite an und stellte fest, daß sie grüne Augen hatte; eine Besonderheit in Spanien. Wir hörten die Polizisten die Treppe heraufkommen. Es waren drei nette, junge Männer, die uns klarmachten, daß sie ohne ärztliche Anordnung nichts tun könnten. Sie redeten durch die geschlossene Tür mit Meri, die sie anherrschte, was sie wollten, sie sollten verschwinden. Ich war beeindruckt von den netten Polizisten. Offensichtlich hatte ich aggressive, uneinfühlsame Menschen erwartet. Ich sagte bewundernd, daß sie sich gut verhielten; es sei wirklich richtig, daß niemand gegen seinen Willen abgeführt werden könne. Matilde und Maite lächelten nachsichtig. Maite erzählte, daß sie von einem Fall wisse, in dem ein Mann seine Frau einweisen ließ. Dies sei völlig problemlos gewesen.

Aber wir vier Frauen machten ganz und gar keinen Eindruck auf die Männer, so Maite, im Gegenteil, wir erschienen ihnen eher merkwürdig. Ich blickte eine nach der anderen an und fand uns ganz und gar nicht merkwürdig. Sonia trug einen Trenchcoat über einem schwarzweißen, kleingemusterten Kleid, das aus einer kurzen Jacke und einem Rock bestand. Ich erinnerte mich, daß Matilde bunt angezogen war. Sie trug einen blauen Rock, blaue Strümpfe mit Stiefeln darüber, ein grünes Tuch und eine grüne Tasche. Während des Abends und der Nacht zog sie ihren Mantel nicht aus. Ihr Gesicht wurde im Lauf des Abends immer müder und abgespannter. Maite war Ton in Ton gekleidet mit einem dunkelbraun-hellbraun karierten Rock, einer cremefarbenen Bluse, einer braunen Jacke und einer braunen Kappe. Sie war perfekt geschminkt; ihr Make-up verschwand allerdings im Laufe der Nacht. Als sie ihre Kappe abnahm, wurde ein schwerer Pferdeschwanz sichtbar. Ich trug schwarze Schuhe, schwarze Strümpfe, einen schwarzen Rock, eine weiße Bluse und eine Jacke mit einem großen Blumenmuster. Maite bewunderte die Jacke und machte mir Komplimente. Später stieß noch ein junger Mann zu uns, der Maite chauffierte und der die ganze Nacht über schläfrig wirkte.

Noch während die drei netten Polizisten warteten, rief Maite den Notarzt an, der später versuchen würde, gemeinsam mit den drei netten Polizisten Meri aus ihrem Zimmer zu locken. Zunächst mühte er sich, freundlich mit ihr zu sprechen. 'Sprich mit mir, was ist mit Dir los, ich bin gekommen, Dir zu helfen, Meri.' Als allerdings von der anderen Seite der Tür keine Antwort kam, wurde er schnell ungehalten. 'Ich habe noch mehr Patienten, halte mich nicht unnötig auf, Meri.' Dann wendete er sich an uns und fragte, was mit Meri los sei. Zunächst redeten wir alle durcheinander; ich konnte mir jedoch Gehör verschaffen und teilte ihm meine Version von Meris Erkrankung mit. Er war ein junger Arzt mit dunklem, ordentlich gekämmtem, leicht gewelltem Haar mit einem schicken weinroten Arztköfferchen, das er nicht öffnen mußte. Er schrieb einen Einweisungsschein und einen Schein für die Ambulanz und gab sie uns. Um jedoch die Ambulanz anfordern zu können, mußten wir zum nächsten Polizeirevier gehen, damit Sonia Anzeige gegen Meri wegen versuchter Körperverletzung erstatten konnte. Die netten Polizisten begleiteten uns dorthin. Die Fahrt hatte etwas Irreales; Madrid erschien mir fremd, wir hätten ebenso gut in einer anderen Stadt zur

Polizei fahren können. In einem großen Raum saßen vier Personen; man bedeutete auch uns zu warten. Sonia, die, während wir auf den netten Arzt und die freundlichen Polizisten warteten, viel geweint hatte, wirkte ruhig. Ab und an sagte sie nur: 'Mein armes Kind, mein armes Kind, sie fühlt sich doch so wohl in ihrer Wohnung.' Aus einer ihre Plastiktüten nestelte sie Meris Kennkarte. Sie sehe schlecht aus auf dem Paßbild, es sei aufgenommen worden, nachdem sie damals aus der Psychiatrie entlassen worden sei. Hoffentlich behandele man ihr Kind hier besser als dort und gebe ihr nicht so viele Tabletten, redete Sonia vor sich hin. Matilde und ich warteten, während Maite Sonia begleitete, um Anzeige zu erstatten. Matilde wollte mir in der Zwischenzeit eine Diagnostik mit Handauflegen beibringen. Sonia und Maite kamen zurück; zufrieden sagte Maite, es sei alles erledigt, die Ambulanz sei bereits bestellt. Sonia teilte uns voller Bewunderung mit, Maite habe im Handumdrehen alles erreicht. Man habe sie zuerst woanders hinschicken wollen, aber Maite habe telefonisch alles geregelt. Auf der Rückfahrt verfuhr ich mich wieder. Erleichtert, aber angestrengt zugleich, sagte Matilde, vielleicht sei die Ambulanz schon da. Nervös mußten wir beide über diesen Einfall lachen, denn wir wußten nur allzu gut, daß wir uns auf eine lange Wartezeit einstellen mußten, obwohl wir beide lieber jetzt als später nach Hause gegangen wären. Maite verließ uns, hinterließ aber eine Telefonnummer, wo sie zu erreichen war. Sonia und Matilde schlugen vor, etwas in der Bar an der Ecke zu essen, denn es war inzwischen 22.30 Uhr geworden. Wir waren um 18.30 Uhr in Sonias Wohnung angekommen, in der es nach verbranntem Öl roch, und deren Küchenfußboden mit Öl und Wasser bedeckt war. Während Matilde, Maite und ich warteten, hatte Sonia begonnen in ihrem schwarz-weiß gemusterten Kleid und in ihrem Trenchcoat die Küche zu putzen. Wir hatten ihr gesagt, daß sie das lassen solle, aber sie konnte nicht ruhig sitzen.

Jetzt lud sie Matilde und mich in 'ihre' Bar ein, wohin sie auch mit ihren Vettern zum Essen ging, weil sie in ihrer Wohnung keine Stühle für den Besuch hatte. Sie bediente uns hektisch, brachte vom Tresen Tortillas mit Brot, Kasseler mit Brot, Wein und Kaffee. Es kam Zufriedenheit auf, bisher war alles gut gelaufen. Wir hatten die jungen Guardia Civiles, die vor dem Tor der Casa Cuartel Wache hielten, gebeten, uns zu benachrichtigen, wenn die Ambulanz kam. Immerhin war gut eine Stunde vergangen, seit Maite sie bestellt hatte. Aber die

Guardias kamen nicht, und wir gingen wieder zurück in Sonias Wohnung. Zunächst blieben wir flüsternd auf dem Laubengang stehen. Meri hatte Licht angemacht und wir hörten, wie sie in der kleinen Küche herumhantierte. Nachdem sie wieder in ihr Zimmer gegangen war und wir hörten, daß sie die Türe geschlossen hatte, schlichen wir uns wie Verbrecher langsam an und gingen in die Wohnung. Während wir im Wohnzimmer saßen, drang die Oper im Fernseher der Nachbarin laut und deutlich zu uns ins Zimmer, so als säßen wir selbst direkt davor. Dieselbe Nachbarin hatte versucht Sonia zu trösten, bevor wir zum Polizeirevier fuhren. Jetzt packte Sonia Meris Sachen in eine Plastiktüte. Sie verstaute Unterwäsche, eine Zahnbürste und ein Handtuch. Das habe sie bei Aldi gekauft, so billig wie in Deutschland gebe es hier nichts zu kaufen, sagte sie, während sie packte. In eine andere Plastiktüte tat sie ihre Papiere, beide Tüten gab sie in eine dritte und begann, ihre Handtasche zu suchen, die sie auf ihrem Bett fand. Dann wühlte sie wahllos in den Plastiktüten herum, die auf dem Tisch lagen, und redete und redete. Ich saß auf einem der wackeligen Stühle und hörte nicht zu. Meri öffnete die Tür und schloß sie wieder. Da ich Sonias Anspannung und Nervosität nicht mehr aushielt, ging ich auf den Laubengang hinaus. Es hatte wieder angefangen zu regnen und es war sehr kalt. Das Licht auf dem Laubengang ging beständig aus. Matilde kam zu mir hinaus. Wir hörten, wie Sonia Meri durch die Türe fragte: 'Meine Süße, willst Du auf die Toilette gehen, meine Süße?' Meri antwortete ihr auf deutsch: 'Halt's Maul', worauf Sonia antwortete: 'Sag doch nicht immer Mau zu mir.' Matilde und ich gingen wieder zurück ins Zimmer zu Sonia. Sie begann wieder zu erzählen. Als sie Meri bei den Nonnen (sie meinte damit das Kinderheim) besuchte, durfte sie nie mit ihr an einem Tisch sitzen. Meri mußte mit den Kindern essen, weit weg von ihr; sie sei ein zärtliches Kind gewesen, fuhr Sonia fort. Wenn sie müde gewesen sei, habe Meri sie massiert, das habe sie sehr gut gemacht. Als Meri aus dem Heim weg mußte, habe sie sich an eine der Nonnen gedrückt und wollte sie nicht loslassen, so zärtlich sei sie gewesen. Zu Anfang hätten sie nicht miteinander sprechen können, weil Meri deutsch und sie spanisch sprach, und sich nur über Gesten verständigt. Die Zeit zog sich endlos hin. Sonia redete und redete und redete und putzte und putzte und kramte in den

Plastiktaschen. Zuletzt stand eine große Plastiktüte fertig gepackt da, sie enthielt Sonias Papiere und Meris Sachen fürs Krankenhaus.

Um 23.45 Uhr kamen drei weißgekleidete Männer, ein großer Dünner, ein kleiner Dünner und ein mittelgroßer Stämmiger. Wir händigten ihnen die Papiere aus, die man Sonia auf dem Polizeirevier gegeben hatte und fürchteten, daß irgendwo ein Stempel oder ein Formular fehle. Sonia hatte ihre Plastiktüten wieder ausgepackt, um die Papiere für die Ambulanz hervorzukramen. Die drei Männer fragten uns, ob Meri ein Messer habe. Ich verneinte dies, sagte ihnen aber, daß sie über 100 kg wöge. Als der kleine Dünne ein bedenkliches Gesicht aufsetzte, wußte ich, daß ich mit meiner Mitteilung einen Fehler begangen hatte. Während die Polizisten und der Arzt nett mit Meri durch die Tür gesprochen hatten, bedienten sich die drei eines unfreundlichen Tones. Der mittelgroße Stämmige sagte: 'Hier ist die Polizei, willst Du nicht mit ihr sprechen, Meri?' Meri ließ wütend ein Gemisch aus deutschen und spanischen Schimpfwörtern auf die drei herunterprasseln. Da kam dem Stämmigen die rettende Idee. Ohne richterliche Anordnung könnten sie Meri nicht mitnehmen, sagte er uns belehrend, und die anderen sekundierten ihm. Und wieder, wie vorher bei den Polizisten, die geglaubt hatten, uns darüber aufklären zu müssen, daß niemand gegen seinen Willen in die Psychiatrie eingewiesen werden dürfe, brachten uns die drei in die Schülerinnenrolle. Das wußten wir auch selbst, daß niemand gegen seinen Willen in die Psychiatrie eingeliefert werden durfte. Außerdem hätten wir keine Ambulanz gebraucht, wenn Meri einer Einweisung zugestimmt hätte. Wir schwiegen und dachten nach und wollten auf keinen Fall, daß die drei unverrichteter Dinge wieder weggingen. Deshalb versuchten wir ihnen klar zu machen, daß die Anwältin, die augenblicklich leider nicht anwesend sei, aber wiederkomme, alles arrangiert habe. Aber die drei, die Meri mit Erfolg verprellt hatte, blieben unnachgiebig. Wir sollten zur Plaza Castilla (die am anderen Ende der Stadt lag) fahren, die richterliche Anweisung beschaffen, dann könnten wir wieder anrufen. Inzwischen war es Mitternacht, wir hatten zwei Stunden auf die Ambulanz gewartet, jetzt sollten wir zur Plaza Castilla fahren, um die Genehmigung zu beschaffen. Dann müßten wir sicherlich wieder zwei Stunden warten. Als Maite kam, entschied sie, mit Sonia zum Gericht zu fahren. Die drei verabschiedeten sich erleichtert.

Maite, Matilde, Sonia und ich verließen die Wohnung. Da Sonia sehr nervös war, ließ sie die gepackte Plastiktüte mit ihren Papieren und Meris Sachen für die Klinik oben an der Treppe stehen. Ich nahm die Tüte an mich. Sonia weinte und sagte: 'Mein armes Kind, jetzt wird sie sich umbringen.' Matilde und ich hatten Sonia versprochen, in der Wohnung bei Meri zu bleiben. Zunächst aber gingen wir wieder in die Bar an der Ecke. Um mich aufzuwärmen, trank ich zwei Gläser Bier. Wir gingen zurück und schlichen uns wieder an wie schon einmal vorher. Meri hatte Licht angemacht, aber wir hörten keinen Laut. Ironisch verständigten wir uns darüber, daß die Fenster zu schmal seien für die dicke Meri; sie konnte sich also nicht hinuntergestürzt haben. Wir gingen in die Wohnung, und Matilde rief Meri durch die Tür. Es wurden unartikulierte Laute hörbar. Wir gingen hinunter auf die Straße und standen im Regen vor der Haustüre. Da das Parkhaus um 00.00 Uhr geschlossen worden war, hatte ich mein Auto mit Einverständnis der Guardias im Parkverbot vor dem Haus abgestellt. Matilde und ich setzten uns ins Auto. Erschöpft und nervös schütteten wir uns aus vor Lachen über Sonia mit ihren Tüten und über die dicke Meri. Wir sprachen darüber, daß wir verschieden reagiert hätten, als die drei von der Ambulanz kamen, um Meri aus dem Zimmer zu holen. Sonia war, als die drei mit Meri zu sprechen begannen, auf die andere Seite des Treppenaufgangs geflohen und hatte mich zu sich gerufen; von dort aus sah sie nicht, was passierte und konnte auch nicht gesehen werden. Matilde war bei den dreien von der Ambulanz vor Meris Tür stehen geblieben.

Um 1.45 Uhr kamen Maite und Sonia zurück. Es habe so lange gedauert, weil der Richter beim Abendessen gewesen sei. Schuldbewußt teilte uns Sonia mit, daß sie in eine Bar gegangen seien, um etwas zu essen und zu trinken. Matilde und ich hatten das gleiche getan. Maite bestellte zum zweiten Mal die Ambulanz, ging zu ihrem Auto und wartete dort. Matilde, Sonia und ich gingen wieder in die Wohnung. Wir saßen im Wohnzimmer. Matilde sah müde aus und Sonia wühlte in den Plastiktaschen. Und wieder redete sie und redete und redete. Sie wolle ihre Wohnung anstreichen lassen, vielleicht könne sie auch ein paar Bilder aufhängen. Wir aßen jede einen Apfel, dann ging ich hinaus auf den Laubengang. Später schlug ich vor, uns ins Auto zu setzen, die Heizung anzumachen und uns aufzuwärmen. Die Guardias standen plaudernd beim Auto. Ich fuhr die Straße hinauf und hinunter, um die Heizung in Gang zu bringen. Ich fror und war müde, auch Matilde war müde. Aber Sonia redete. Es war inzwischen 3.00 Uhr morgens und ich sagte, ich führe jetzt nach Hause, ich könne nicht mehr. Sonia massierte mir den Rücken, ich solle nicht gehen. Um 3.30 Uhr rief Maite von Sonias Wohnung noch einmal an, um zu fragen, wo die Ambulanz bliebe. Sonia, die sie begleitet hatte, kam zurück in mein Auto und freute sich, daß es so schön warm war. Wir redeten von den dreien der Ambulanz. Sonia meinte, sie hätten alle drei nach Alkohol gerochen, am meisten der kleine Dünne. Sie erzählte uns von ihren Erfahrungen in der Bundesrepublik und von den Auseinandersetzungen unter den Frauen, die im Supermarkt an der Kasse anstanden.

Plötzlich stand ein Polizist neben dem Auto und fragte, ob wir auf eine Ambulanz warteten. Ich hatte zunächst gedacht, er wolle mich zurechtweisen, weil ich um 4.00 Uhr morgens mit laufendem Motor auf der Straße stand. Wir sprangen in großer Eile aus dem Auto. Zwei Polizisten stiegen aus einem Streifenwagen; es waren aber nicht die netten vom frühen Abend. Hinter dem Polizeiwagen tauchte die Ambulanz auf. Amüsiert und schadenfroh sagte Matilde: 'Es sind wieder die drei von vorher.' Ich war zunächst auf der Straße geblieben, ging dann aber mit den dreien von der Ambulanz und den drei Polizisten hinauf zur Wohnung. Die sechs Männer machten besorgte Gesichter. Einer sagte, sich und den anderen Mut machend: 'Welch eine Nacht, na, mal sehen.' Matilde stand vor der Wohnungstür, Sonia lief wieder auf die andere Seite des Treppenaufgangs wie bereits am Abend, als die drei zum ersten Mal da waren. Sie weinte und rief mich zu sich, ich solle sie nicht allein lassen. Ich fragte sie, ob sie Meri nicht sehen wolle. Wir näherten uns vorsichtig voller Angst und Schuld der Wohnung und hörten, daß die Männer Meri riefen, sie gab jedoch keine Antwort. Etwas später drang Meris Stimme zu uns. Sie sagte: 'Jetzt reichts, laßt mich los.' Sonia und ich standen an der Treppe, als sie, an beiden Armen von zwei Männern festgehalten, an uns vorbei die Treppe hinuntergeführt wurde. Sie trug ihren karierten Faltenrock und die helle Bluse, ihre Gesicht war starr und wächsern. Als sie an Sonia und mir vorbeiging, schien es so, als wolle sie einen Augenblick innehalten, sie blickte uns beiden ins Gesicht und sagte: 'Ich erledige Dich.'

Sonia, Matilde und ich liefen in die Wohnung, Matilde nahm einen Bademantel, Sonia gab mir eine Windjacke für Meri. Als wir auf die Straße kamen, war Meri bereits in der Ambulanz; die Männer liefen ebenso ziellos um die Ambulanz herum, wie wir vorher in Sonias Wohnung. Als sie den Anorak sahen, meinten sie, Meri habe genug Kleidung, sie brauche nicht noch mehr. Die Polizisten fragten nach Meris Geburtsdatum und nach dem Namen ihres Vaters. Wieder entstand die gleiche peinliche Situation wie am frühen Abend, als die netten Polizisten nach Meris Vater gefragt hatten. Wir standen um das Auto herum, als Sonia an die hintere offene Tür trat und zu Meri sagte: 'Ich liebe Dich, Meri, ich will doch nur das Beste für Dich.' Matilde und ich versuchten, sie von der Türe wegzuziehen und sagten ihr, es sei besser, sie schweige, sonst bekomme Meri wieder einen Wutanfall. Matilde begleitete Sonia und Meri in der Ambulanz zur psychiatrischen Klinik. Es war inzwischen 4.30 Uhr. Ich verfuhr mich mehrere Male auf meinem Weg nach Hause, wo ich um 5.00 Uhr ankam."

4.4 Verrücktheit und soziale Ungerechtigkeit

Ich atmete auf, als sich die Wohnungstür hinter mir schloß. Zufrieden, tauchte in mir das Gefühl auf, mich weit entfernt von Armut und Verrücktheit, auf der besseren Seite des Lebens zu befinden. Eine nachträgliche Analyse meiner Aufzeichnungen macht deutlich, daß ich nicht zwischen Meris Verrücktheit und der bedrückenden Armut unterscheide, in der sie lebt. Der Text läßt offen, ob mich die verrückte Beziehungsstruktur zwischen Meri und Sonia, Meris Verrücktheit und Sonias Pseudonormalität oder die Trostlosigkeit der ärmlichen Wohnung schockiert, die kein Gefühl von Aufgehobensein oder Sich-Wohlfühlen aufkommen läßt, sondern zum Fortlaufen auffordert. Die Wohnung stellt nicht mehr dar als eine Behausung, in der Betten, Nachttische, ein Kühlschrank und eine Toilette für das Lebensnotwendigste sorgen. Meine Irrfahrt mit dem Auto auf dem Weg von Aluche zur Wohnung Sonias und das Gefühl, sich im Kreis zu drehen, hatten nicht eindeutig mit Ängsten vor Meris verrückter Zerstörungswut zu tun. Meine nervöse Anspannung hing vielmehr auch damit zusammen, daß ich mich vor der Konfrontation mit Sonias und Meris erdrückender Armut fürchtete. Die Analyse meiner Niederschrift legt eine doppelte Interpretation nahe. Mich irritiert sowohl die verrückte Nicht-Kommunikation zwischen den beiden als auch ihre Armut. Die Tatsache, daß Sonia u.a. ihre Besucher in die Bar an der Ecke einladen muß, weil sie in ihrer Wohnung keine Stühle hat und daß sie 25 Jahre in der Bundesrepublik geschuftet hatte, um den Rest ihres Lebens in einem dunklen Loch zu verbringen, ist ebenso schockierend wie die Kommunikationsstörung, die sich u.a. in Meris Schrei: „Halt's Maul" und Sonias Antwort: „Sag doch nicht immer Mau zu mir" äußert.

Mit zwei weißen und einer roten Nelke in einer Blumenvase auf dem Kühlschrank versucht Sonia etwas Schönes und Lebendiges, die Blumen, in die armselige, fast fensterlose Wohnung zu bringen. Damit kontrastiert Meris Zerstörungswut, mit der sie die Leblosigkeit der Wohnung noch herausstreicht. In ihren Wutanfällen demoliert sie die spärliche Einrichtung und verwandelt die Küche in einen Abfalleimer. Vergeblich kämpft Sonia gegen diese Leblosigkeit an, die Resultat der Zerstörungswut Meris und der Armut Sonias ist. Mit fahrigen, hastigen Bewegungen versucht sie Ordnung in die Küche zu bringen, den Boden zu putzen, die weggeworfenen Orangenschalen aufzuheben. Sonias Bedürfnis, Konventionen aufrechtzuerhalten, stachelt Meris Zerstörungswut an. Sonia hatte sich bekanntlich die Blumen in der Vase selbst zum Muttertag gekauft, da es üblich ist, an diesem Tag Geschenke zu erhalten. Aber auch ihr Festhalten an Konventionen ist bereits gebrochen; sie muß sich die Blumen selbst kaufen. Das unfertige, orange-gelb-rot gestreifte Kleid, das Sonia für Meri näht, und das sie während der Nacht aus ihren Plastiktüten hervorgekramt hatte, symbolisiert gleichermaßen die Vergeblichkeit, etwas Schönes zwischen sich und Meri herzustellen. Ihre Beziehung ist ähnlich unfertig und rudimentär geblieben wie das unfertige, schöne, gestreifte Kleid. Sonia scheint dies zu spüren, denn sie bricht in Tränen aus, als Maite das Kleid bewundert. Auch die ärmliche, von Meri demolierte und von Sonia mühsam halb wieder hergerichtete Wohnung, die eher einer Gefängniszelle als einem angenehmen Aufenthaltsort gleicht, symbolisiert Trostlosigkeit und Vergeblichkeit in der Beziehung und Eingesperrtsein in gemeinsam geteilter Verrücktheit.

In meiner Niederschrift erwähne ich immer wieder meine Angst vor Meri und meine Wahrung von Distanz, die offenbar eine Reaktion auf ihren Rückzug von der Kommunikation mit mir, auf ihre unberechenbare Wut und ihre Verrücktheit darstellen. Zugleich gibt der Text auch Hinweise, daß sich in Meri anscheinend schrankenloses Aufbegehren und Auflehnung gegen die Gewalt der bestehenden Verhältnisse manifestieren. Als ich das kasernenähnliche Gebäude der Guardia Civil in Sonias Straße sehe, fällt mir gewaltsame staatliche Machtausübung und die Hilflosigkeit und Ohnmacht des einzelnen dieser gegenüber ein. Meri lehnt sich mit ihrer Verrücktheit gegen bestehende Verhältnisse auf, die es zuließen, daß Sonia sie weggeben mußte, wodurch sie ungewollt den Weg für Meris Erkrankung gebahnt hatte. Mit ihrer Verrücktheit stellt Meri die bestehenden Verhältnisse in Frage, die ihr und Sonia keine persönliche Entfaltung zugestanden hatten. Ihre individuelle zerstörerische Verrücktheit ist demnach nicht von der verrückten Ungleichverteilung der Güter zu trennen, die zuläßt, daß Menschen in menschenunwürdigen Unterkünften hausen. Meri begehrt gegen die Ungerechtigkeit, die ihr und Sonia widerfahren ist, gewaltsam auf. Mit ihrer individuellen Verrücktheit und ihrer Zerstörungswut stellt sie selbstdestruktiv und hilflos die soziale Ungerechtigkeit in Frage, die sie letztlich krank gemacht hatte, und rebelliert mit stumpfen Waffen gegen Armut und Benachteiligung. Meris Auflehnung ist zweifach vergeblich. Sie zerstört sich selbst und ruft mit ihrer Verrücktheit die Vertreter der Verhältnisse auf den Plan, die sie bekämpft.

Vorübergehend werden Matilde, Maite und ich zu einem Teil derjenigen, die die bestehende Ordnung aufrechterhalten. Die Unnachgiebigkeit und die geradlinige Entschlossenheit, mit der wir unser Ziel verfolgen, Meri in die Psychiatrie einzuliefern, hängt mit unserem Eingebettetsein in die bestehenden Verhältnisse zusammen. Wir sind entschlossen, wenn nötig auch mit Gewalt, Meris Aufstand niederzuschlagen. Meri machte es uns nicht einfach; zunächst vermochten es zehn Menschen nicht, sie aus ihrem Versteck hervorzulocken. Erst die Dauerbelagerung während einer ganzen Nacht und die Anwendung von physischer Gewalt zwangen sie, sich zu ergeben. Allerdings sann sie bereits wieder auf Auflehnung. Als sie an Sonia und mir vorbeigeführt wurde, sagte sie: „Ich werde Dich fertigmachen." Aber offensichtlich ist unsere Zugehörigkeit zu denjenigen, die die bestehenden Verhältnisse verteidigen, nicht eindeutig. Die Ordnungshüter mißtrauen uns und fordern eine Bescheinigung nach der anderen, die offenbar unsere Eindeutigkeit dokumentieren soll. Maite spürt das

Mißtrauen der Polizisten und sagt, daß sie uns nicht ernst nähmen. Sie sind sich offenbar nicht sicher, ob wir ähnlich aufsässig sind wie Meri oder ob wir uns für die Aufrechterhaltung der bestehenden Ordnung einsetzen werden. Ein Detail in meinen Aufzeichnungen erfordert eine Erklärung. Scheinbar ohne ersichtlichen Grund schildere ich ausführlich, wie wir vier Frauen in dieser Nacht gekleidet waren. Maite hatte geäußert, wir machten keinen Eindruck auf die Polizisten. Nachträglich vermute ich, daß die akribische Beschreibung unseres Äußeren einen Versuch darstellt, mich von Meris Verrücktheit und von ihrer Auflehnung gegen bestehende Verhältnisse abzugrenzen. Derealisierungsgefühle und Orientierungslosigkeit deuten hingegen auch auf Nichtabgrenzung und eine partielle Identifizierung mit der Verrücktheit Meris. Gleichzeitig fühle ich mich nirgendwo zugehörig, weder zu Meris Verrücktheit noch zu den Vertretern der staatlichen Gewalt. Als ich auf die andere Seite des Treppenaufganges gehe, distanziere ich mich von den Ordnungshütern und wende mich Meris Verrücktheit zu; Sonia und mir ist es unerträglich, sie in der Gewalt der Sanitäter und Polizisten zu sehen. Die Beschreibung der Akteure, die sich in dieser Nacht bemühen, Meri aus ihrem Versteck zu locken, des Notarztes, der Sanitäter und der Polizisten verdeutlicht meine kritische Distanz. Eigentlich sollte ich eine der ihren sein und in ihrem Sinn handeln. Tatsächlich gebe ich mich auch als solche aus. Meri aber verfügt nicht über diese Möglichkeit, sich einerseits anzupassen, andererseits aber durchaus aufsässig und kritisch zu sein. Sie wird vielmehr von ihrer Wut, ihrem Haß und ihrem Aufbegehren überschwemmt, so daß sie keiner Reflexion und realitätsangepaßter Handlung mehr fähig ist. Hatte Meri den Weg der totalen Auflehnung gewählt, die sich allerdings destruktiv gegen sie selbst wandte, so war Sonia den der absoluten und bedingungslosen Unterwerfung gegangen. Beide scheitern. Weder Auflehnung noch Anpassung führen dazu, die sozialen Verhältnisse zu überlisten und ihnen für die Gestaltung eines menschenwürdigen, besseren Daseins etwas abzutrotzen. Die Einweisung Meris setzt einen Schlußstrich unter diesen Kampf für ein besseres Leben. Sie stellt für beide Frauen eine Niederlage dar. Einmal mehr wird Sonia schmerzlich vor Augen geführt, daß sie nicht in der Lage ist, für ihr Kind zu sorgen. Einmal mehr erlebt Meri, daß sie an ihrem Schicksal nichts ändern kann. Lehnt sie sich trotzdem dagegen auf, so wird sie bestraft. Sonia und Meri befinden sich in einer Sackgasse. Sie sind Anti-Heldinnen, denen die Gewalt der sozialen Verhältnisse und ihre psychischen Verstrickungen keinen Handlungsspielraum lassen. Selbst wenn sie agieren, wirken sie wie Marionetten, die sich nur dann bewegen, wenn sie an Fäden gezogen werden.

In Meris Haßausbrüchen und in ihrer Zerstörungswut manifestieren sich Forderungen eines archaischen Überichs. Ihr Ich ist funktionsuntüchtig; es wird von der Gewalt dieses Überichs beherrscht, dessen Anweisungen es bedingungslos bis zur Selbstdestruktion befolgt. Durch die frühe Trennung von ihrer Mutter ist es zu einer Fixierung an eine archaische, bedrohliche, frühe Mutterimago gekommen, deren Verinnerlichung ein gewaltsames, bedrohliches, rudimentäres Überich zur Folge hatte; auch die Erfahrungen mit den Nonnen im Kinderheim haben nicht zu einer Abschwächung der Gewalt dieses Überichs geführt. Die Verinnerlichung dieser Beziehung verband sich nicht mit den frühen Mutterrepräsentanzen, sie existierte vielmehr unverbunden neben ihnen. Die Angst vor Bestrafung durch diese unterschiedlichen internalisierten Mutterimagines und die Unmöglichkeit, kontinuierliche Erfahrungen libidinöser Art zu machen, die diese Ängste gemildert hätten, führten zur Ausbildung einer übergroßen Stärke des Überichs, das sich gleichzeitig durch hohe Flexibilität auszeichnete, die quasi jede Situation ausnutzte, archaische Überich-Inhalte durchzusetzen, ohne daß sie durch die Prüfung des Ichs realitätsangemessen hätten werden können. Der Mangel an kontinuierlichem, affektivem und körperlichem Austausch sowohl mit den Nonnen als auch mit Sonia und die frühe Trennung zu einem Zeitpunkt in Meris Entwicklung, als die Grenzen zwischen dem Selbst und dem Objekt noch fließend waren, bedingte die bereits erwähnte hohe Überich-Flexibilität. Spätere Erfahrungen mit der Mutter und den Nonnen haben aufgrund der Uneindeutigkeit der Liebesobjekte nicht zur Stabilisierung, sondern zur Verstärkung der Flexibilität geführt. Ich gehe davon aus, daß es im Verlauf der Entwicklung Meris auch zu nebeneinander existierenden widersprüchlichen Überich-Inhalten gekommen ist, die einerseits die Forderungen und die Ideale der Nonnen, andererseits aber auch Verbote und Ideale der frühen Mutter enthalten, von der Meri getrennt war und der Mutter, mit der sie später zusammenlebte.

Die Stimme Jim Morrisons, des Popsängers, stellt m.E. ein primitives Überich dar, das scheinbar von außen Meri beschimpft. Die pathogen wirksame Fixierungsstelle in der Überich-Entwicklung liegt demnach in einem frühen Entwicklungsstadium, in dem noch nicht zwischen außen und innen, Selbst und Objekt unterschieden wird. Ich glaube, daß der Inhalt der Halluzinationen Meris Aufschluß über ihre widersprüchlichen Überich-Inhalte geben kann. Meri hatte mir im Gespräch geängstigt und aufgeregt erzählt, sie höre die Stimme von Jim Morrison, der sie und die Mutter belästige und von ihnen Geld für die Hure verlange. Es scheint so, als ob sich in seiner Stimme das „Nonnen-Überich" Meris und ihr „Mutter-Überich" verdichteten. Einerseits symbolisiert seine Stimme die der Nonnen, mit der sie Meris Mutter als Hure verurteilen, andererseits die der Mutter, die sich von Meris „Nonnen-Überich" belästigt fühlt. Die Gebote, Normen und Ideale Sonias unterscheiden sich von denen der Nonnen; sie verurteilt sich nicht, weil sie ein uneheliches Kind zur Welt gebracht hat. Da Meris Überich-Inhalte Niederschläge der Gebote, Verbote und Ideale der Nonnen und der Mutter darstellen, verurteilen sie Sonia, sind aber zugleich auch mit ihren Haltungen und Einstellungen einverstanden. Das Ich kann den widersprüchlichen Überich-Forderungen nicht nachkommen. Es wird aufgefordert, Sonia als Hure zu verurteilen, sie aber auch gegen falsche Anschuldigungen des „Nonnen-Überichs" zu verteidigen. Angesichts der bizarren Anweisungen des inkohärenten Überichs reagiert das Ich, um nicht völlig zu kapitulieren, mit Halluzinationen. Damit begehrt es zugleich gegen die Grausamkeit des doppelgesichtigen Überichs auf, versucht es zu überlisten, indem es so tut, als käme es seinen Anweisungen nach. In diesem ungleichen Kampf braucht sich das Ich völlig auf, wenn an die Stelle der Halluzinationen psychische Versteinerung oder wildes, unkontrolliertes und unkontrollierbares Ausagieren von Aggressionen treten.

5. *Ana*

Ana hatte Matilde gefragt, ob sie mit mir sprechen könne; sie litt unter starken Kopfschmerzen, für die die Ärzte keine organische Ursache feststellen konnten. Ich sah sie ein halbes Jahr lang zu mehreren Gesprächen bei ihr zu Hause. Ähnlich wie Eva, Sonia und Meri wurde Ana nicht mit den Problemen fertig, die bei ihrer Rückkehr aufgetreten waren. Äußerlich war alles sehr gut gelaufen; sie hatte bereits Arbeit bei einer Versicherungsgesellschaft in Aussicht, für die sie auf Kommissionsbasis Versicherungspolicen verkaufen sollte. Ihre 17jährige Tochter besuchte die deutsche Schule in Madrid und stand kurz vor dem Abitur. Ca. drei Monate vor ihrer Rückkehr hatte sie sich mit ihrem Mann über eine Kleinigkeit zerstritten. Sie waren übereingekommen, sich zu trennen, ohne jedoch zunächst an Scheidung zu denken.

Ana war 46 Jahre alt, sie hatte 25 Jahre in der Bundesrepublik gelebt und war vor einem halben Jahr nach Spanien zurückgekehrt. Vor mir saß eine kleine, geschickt und unauffällig geschminkte Frau, die lebhaft sprach und in ihre Erzählung beständig deutsche Worte mischte. Sie bemühte sich, mir eine Fassade von Wohlanständigkeit und Konfliktlosigkeit zu präsentieren. Erst im Verlauf der Gespräche konnte sie mir allmählich von ihren Sorgen und Ängsten berichten. Offensichtlich wiederholte sie mit diesem Auftakt ihren ersten Kontakt mit den Menschen in der Bundesrepublik. Um angenommen und akzeptiert zu werden, hatte sie sich unauffällig gemacht und demonstriert, daß sie bereit war, die fremde Sprache zu erlernen. Als ich dies ansprach, antwortete sie mir, daß ihr nicht bewußt sei, sich so verhalten zu haben. Sie habe von allem Anfang an gute Kontakte mit ihren deutschen Nachbarn gehabt, und ihre Freunde seien überwiegend Deutsche gewesen. Ich sagte ihr daraufhin sinngemäß, dies sei doch sicherlich sehr anstrengend gewesen; ob es nicht sehr viel einfacher gewesen wäre, mit den eigenen Landsleuten freundschaftliche Kontakte zu unterhalten und sich langsam an das Neue und Unbekannte heranzutasten. Sie erwiderte, daß dies stimme, sie habe sich aber auf diese Weise sehr schnell sicherer gefühlt als viele ihrer Landsleute, die ausschließlich untereinander Freundschaften geschlossen hätten. In ihrer schnellen Kontaktaufnahme mit den Deutschen kam einerseits eine manische Komponente, andererseits aber auch ein Stück Neugier und Lernbegierigkeit zum Ausdruck. Ana war schließlich als sehr junge Frau nach Deutschland gegangen und hatte in Spanien mit der Gestaltung ihres beruflichen und hausfraulichen Alltags keinerlei Erfahrungen gemacht, da sie bis zu ihrer Heirat bei ihren Eltern gelebt hatte.

Ana wurde in Madrid als einziges Kind eines Möbelspediteurs und einer Hausfrau geboren. Nach ihrem Realschulabschluß, den sie an einer privaten Schule ablegte, begann sie eine Ausbildung zur Fremdsprachensekretärin mit den Fremdsprachen Englisch und Französisch. Noch während der Ausbildung heiratete sie und ging, ohne das Abschlußexamen abgelegt zu haben, mit ihrem Mann in die Bundesrepublik. Auch ihr Mann hatte seine Ausbildung nicht abgeschlossen. Er habe Schwimmlehrer werden wollen, da seine Eltern aber über wenig Geld verfügten, konnten sie ihn finanziell nicht unterstützen, so daß er seine Ausbildung nicht abgeschlossen habe. Ana bezeichnete ihre Emigration als Abenteuer; sie hätten gehört, daß in Mitteleuropa, insbesondere aber in der Bundesrepublik, leicht und schnell Geld zu verdienen wäre, so daß sie sich eine Wohnung und ein Auto hätten kaufen können. Dies wäre im Spanien der frühen 60er Jahre ausgeschlossen gewesen. Ana emigrierte mit ihrem Mann im Jahr 1962. Trotz der guten Verdienstmöglichkeiten dachte sie, im Gegensatz zu ihm, seit der Geburt ihrer Tochter im Jahr 1972 an die Rückkehr.

Sie arbeitete zunächst als Kontoristin und Archivarin, später in der Datenverarbeitung. Ab 1978 gab sie ihre Arbeit auf und unterrichtete unentgeltlich Jugendliche bei einem spanischen Elternverein[23] in deutschem Maschinenschreiben. Vorher hatte sie versucht, eine Ausbildung zur Krankenschwester zu machen, die sie jedoch nicht beendete, weil sie an einer Hepatitis erkrankte. Ihr Mann, der, nach Anas Worten, manuell sehr geschickt war, arbeitete zunächst in einer Fabrik als ungelernter Feinmechaniker. Im Verlauf der Jahre sei er beständig aufgestiegen; als Ana die Bundesrepublik verließ, arbeitete er als Vorarbeiter. Trotz seiner beruflichen Erfolge sei er immer depressiv gewesen. Insbesondere nach jedem Urlaub in Spanien habe er große Schwierigkeiten gehabt, sich in der Bundesrepublik wieder einzugewöhnen. Er habe manchmal wochenlang weder mit ihr noch mit ihrer Tochter ein Wort gewechselt und sei völlig in sich gekehrt gewesen. Aufgrund seiner depressiven Verstimmungen hätten sie – so Ana – auch nach und nach ihre deutschen Freunde verloren. Tatsächlich aber suchte Ana, je länger sie sich in der Bundesrepublik aufhielt,

23 Es gab Elternvereine in verschiedenen bundesrepublikanischen Städten, die schulische, administrative und pädagogische Belange der Kinder ihrer Mitglieder wahrnahmen.

mehr und mehr Kontakt mit den eigenen Landsleuten. Der Unterricht beim spanischen Elternverein war Ausdruck dieser Hinwendung zum Spanischen.

Trotz der Insichgekehrtheit ihres Mannes war – nach Anas Worten – ihre Ehe zunächst konfliktlos und harmonisch. Sie gingen viel aus und reisten viel; die Sommerferien verbrachten sie in Spanien, und im Winter gingen sie zum Skilaufen nach Österreich. Der Streit, der zum Zerwürfnis zwischen ihr und ihrem Mann geführt hatte und den sie zum Anlaß nahm, mit ihrer Tochter die Bundesrepublik zu verlassen, war über die Ausrichtung ihrer Silbernen Hochzeit ausgebrochen. Sie hatte ihm vorgeworfen, daß seine Eltern nicht bereit seien, sich finanziell an der Feier zu beteiligen, und bezeichnete sie als Geizkragen. Ihr Mann habe voll und ganz auf seiten seiner Eltern gestanden und ihr gegenüber deren Partei ergriffen. Daraufhin habe sie ihre Koffer gepackt und sei nach Madrid gereist. Seit dem Zerwürfnis, das zur Zeit unserer Gespräche etwa ein dreiviertel Jahr zurücklag, hatte sie keinerlei Kontakt mehr mit ihrem Mann. Auf mehrere Interventionen meinerseits konnte Ana auch von Konflikten sprechen, die diesem scheinbar harmlosen Anlaß vorausgegangen waren. Sie hingen damit zusammen – so Ana –, daß die depressiven Stimmungen ihres Mannes mit autoritärem und aggressivem Verhalten ihr gegenüber abgewechselt hätten. Ihre Mutter habe ihre Heirat nicht gebilligt; sie habe sich einen bessersituierten Partner für sie vorgestellt. Ana schilderte die Beziehung zu ihrer Mutter als sehr eng; die Mutter habe ihren eigenen Mann veranlaßt, mit ihr in die Bundesrepublik zu emigrieren, um in Anas Nähe zu sein. Die Eltern hätten zwölf Jahre lang in ihrer unmittelbaren Nachbarschaft in K. gelebt. Ihrem Vater sei die Umstellung sehr schwer gefallen, weil er in Madrid ein freier Mann gewesen sei, während er in der Bundesrepublik am Fließband arbeitete. Ein Jahr nach der Rückkehr ihrer Eltern nach Spanien sei er gestorben. Ihre Mutter habe später wieder geheiratet; im Augenblick trage sie sich mit dem Gedanken, eine Wohnung in ihrer – Anas – Nähe in Madrid zu kaufen.

Ungefähr ein Jahr nach der Geburt ihrer Tochter bekam Ana Zwischenblutungen, die zunächst hormonell behandelt wurden. Da im Verlauf der Jahre jedoch keine Besserung eintrat, entfernte man ihr ungefähr ein Jahr vor ihrer Rückkehr nach Spanien den Uterus. Seit der Operation litt sie unter starken Kopfschmerzen. Sie hätte gerne ein zweites Kind gehabt; dies sei jedoch aufgrund ihrer Erkrankung nicht möglich gewesen. Wir konnten miteinander erarbeiten, daß es damals, ohne daß es ihr bewußt gewesen sei, zwei Versuche gegeben habe, sich selbst zu heilen. Wir verstanden, daß sowohl ihre Ausbildung zur Krankenschwester, als auch der Unterricht beim spanischen Elternverein diese Bedeutung hatte. Ana empfand ihren Unterricht im Schreibmaschinenschreiben als äußerst befriedigend. Sie sei für ihre Schüler Lehrerin, Beraterin, Mutter und Freundin zugleich gewesen. Neben dem Unterricht half sie den Jugendlichen auch beim Abfassen von Bewerbungsschreiben. Sie habe das Gefühl gehabt, mit dieser Arbeit eine Lücke in sich selbst auszufüllen, sagte sie.

Zu Beginn ihres Aufenthalts in der Bundesrepublik suchten Ana und ihr Mann, wie bereits erwähnt, freundschaftlichen Kontakt mit Deutschen. Wir hatten verstanden, daß dies ihre Anpassung an die fremde Umgebung, an fremde Bräuche und an die fremde Sprache erleichtern sollte. Von einer Nachbarin lernte Ana, wo sie billig einkaufen konnte und an welchen Tagen in welchen Zeitungen interessante Annoncen waren. Nach ihren Worten fühlte sie sich nicht als Ausländerin, weil sie deutsche Freunde hatte. Ein Vorfall am Arbeitsplatz ließ Ana zum ersten Mal am Sinn ihrer Anpassungsversuche zweifeln. Während der Rezession in den Jahren 1973/1974 hätten Kolleginnen versucht, sie als Ausländerin fertigzumachen. Es habe damals eine Menge Entlassungen gegeben; die Kolleginnen hätten ihr zu verstehen gegeben, daß sie es merkwürdig fänden, daß die Firmenleitung sie als Ausländerin nicht entlassen habe. Als sie sich eine neue Geschirrspülmaschine gekauft und darüber am Arbeitsplatz gesprochen habe, hätten die Kolleginnen hämisch gesagt: „Hoffentlich kannst Du die auch bezahlen." Damals habe sie begonnen, Deutschland zu hassen.

Daß Ana ihre Arbeit mit Deutschsein verband, erscheint einleuchtend. Hatte sie doch nie in Spanien, sondern nur an deutschen Arbeitsplätzen gearbeitet. Ihre Erfahrungen als Arbeiterin, Angestellte und als Hausfrau hatte sie ausschließlich in der Bundesrepublik gemacht. Im weiteren Verlauf unserer Gespräche erarbeiteten wir, daß es vorwiegend nicht die Erlebnisse am Arbeitsplatz waren, die sie veranlaßt hatten, ihr „Deutschsein" in Frage zu stellen. Sie erinnerte, daß in ihr nach der Geburt Antonias, ihrer Tochter, zum ersten Mal Zweifel an ihrer vermeintlichen Zugehörigkeit zu den Deutschen aufgekommen sei. Damals hatte sie daran gedacht, nach Spanien zurückzukehren, damit – so Ana – ihre Tochter nicht „ohne Familie" aufwachse. Ich machte sie darauf aufmerksam, daß dies eine merkwürdige Formulierung sei, da doch zu dieser Zeit auch ihre Eltern in der Bundesrepublik lebten und ihre Tochter demnach Eltern und Großeltern, d.h. eine Familie, gehabt habe. Im weiteren Gesprächsverlauf wurde deutlich, daß für Ana Spanien und Familie identisch waren. Ohne Familie aufzuwachsen, bedeutete so viel wie nicht zu Hause, nicht in Spanien, vielmehr in der Fremde zu sein. In diesem Kontext verstanden wir Anas Unterricht als Suche nach Familie, nach Spanien, nach etwas ursprünglich Bekanntem und Vertrautem, das ihr in der ersten Phase ihrer übereilten Anpassung an die fremde Umgebung beinahe verlorengegangen wäre. Nun wurde deutlich, daß die Lücke, die der Unterricht in ihr ausfüllte, das Spanische war, das zuallererst mit Kindheitserinnerungen, mit Erinnerungen an Kinder- und Jugendfreundinnen, vor allem aber mit der Sprache zu tun hatte. Im weiteren Verlauf unserer Gespräche erarbeiteten wir, daß das Spanische mit primitiven Sinneseindrücken, wie beispielsweise mit dem Klang spanischer Musik, dem Geruch des Essens und mit Körperkontakt zusammenhing. Die Bedeutung des Körperkontakts war zuerst über die Lust am Tanzen in unseren gemeinsamen Gesprächen aufgetaucht. Ana maß dem Tanzen zu spanischer Musik, insbesondere dem Flamencotanzen, eine ganz besondere Bedeutung bei. Beim Tanzen von Flamenco oder Sevillanas[24] fühlte sie sich gänzlich bei sich selbst, fühlte sich heil und ganz. Wenn sie in Deutschland beispielsweise einen Pasodoble gehört habe, sei ihr eine Gänsehaut über den ganzen Körper gelaufen. Die Nachrichten aus ihrem Land, auch die gänzlich nebensächlichen, habe sie immer mit großer Anteilnahme aufgenommen. Wichtig sei nicht die Nachricht an sich gewesen, sondern vielmehr die Tatsache, daß sie aus Spanien kam. Wir konnten miteinander erarbeiten, daß der Pasodoble, der Ana eine Gänsehaut über den Körper laufen ließ, mit dem Klang der Stimme der Mutter zu tun hatte. Der Unterricht der Jugendlichen bedeutete demnach für Ana, am rudimentären Spanien in sich selbst wiederanzuknüpfen, um darüber die damit verbundenen Phantasien und Wünsche nicht abgekapselt von äußerer Realität aufzubewahren und sie auf diese Weise

24 Folkloristische andalusische Tänze.

versteinern zu lassen, sondern sie an äußerer Realität zu messen und neue, erwachsene Erfahrungen mit Spanien im allerweitesten Sinn zu machen.

In Anas Erzählung gab es keine Anhaltspunkte dafür, daß eine ähnliche innere Auseinandersetzung mit dem sie umgebenden deutschen Leben stattgefunden hätte. Weder die deutschen Freunde noch die Kollegen am Arbeitsplatz hatten ihr diese Möglichkeit gegeben. Ich habe bereits eingangs von Anas Neugierde und ihrem Bedürfnis zu lernen gesprochen. Es gab aber offensichtlich, trotz ihrer Bereitschaft, von der neuen Umgebung keine Angebote, an denen sie sich hätte abarbeiten können, so daß es zu einer Erlebnis- und Erfahrungserweiterung gekommen wäre, Ana blieb vielmehr immer wieder auf das Spanien in sich verwiesen. In diesem Kontext wird verständlich, warum sie die Depression ihres Mannes für den Verlust der Freunde verantwortlich machte. Angesichts der Schwierigkeit bzw. Unmöglichkeit, wirkliche Freundschaften zu schließen, war es offensichtlich einfacher, die vermeintliche Schuld auf sich selbst zu nehmen bzw. sie ihrem Mann zuzuschieben. Da es nicht zu einem Austausch mit der deutschen Umgebung gekommen war, ging ich davon aus, daß trotz aller Beteuerungen Anas, sich als Deutsche zu fühlen, tatsächlich nie ein innerer und äußerer Anpassungsprozeß stattgefunden hat. Das Deutsche ist Anas Erleben äußerlich geblieben, trotz der vielen Jahre, die sie in der Bundesrepublik lebte.

Die Geburt Antonias markierte eine erste Wende in ihren Bemühungen um Anpassung an die deutsche Gesellschaft. Regressive Prozesse, die mit Schwangerschaft und Geburt verknüpft waren, hatten die abgekapselt vom Rest des psychischen Erlebens existierenden primitiven Phantasien und Wünsche, von denen weiter oben die Rede war, wieder mobilisiert. Im Interview formulierte Ana diese Wende sinngemäß so, daß sie damals angefangen habe nachzudenken und daß dies mit schmerzlichen Einsichten einhergegangen sei. In diese Zeit fielen ihre ersten Zwischenblutungen, die zur Entfernung ihres Uterus führten. Ihre Erkrankung habe verhindert, daß sie ein zweites Kind bekommen konnte, obwohl sie es sich sehr gewünscht habe. Zunächst habe sie ihren Mann für ihre Krankheit verantwortlich gemacht, weil er sie wegen seiner depressiven Verstimmungen als Frau nicht mehr begehrt habe. Gleichzeitig erinnerte sie, daß sie mit ihren Rückkehrplänen bei ihrem Mann auf wenig Verständnis gestoßen war.

Anas Zwischenblutungen setzten der Wiederbelebung von Wünschen und Phantasien, die um den Klang der Stimme der Mutter zentriert waren, zunächst ein Ende. Offensichtlich waren ihre Einsamkeit und Isoliertheit innerhalb der deutschen Gesellschaft so groß, daß das Bedürfnis zurückzugehen überstark wurde; gleichzeitig fürchtete sie, damit ihre Ehe zu gefährden. Wollte doch ihr Mann auf keinen Fall nach Spanien zurückkehren. Ana war durch ihre Krankheit so sehr mit sich, insbesondere mit ihrem Körper beschäftigt, daß sie nicht mehr darüber nachdenken konnte, was sie sich wünschte. Als ich ihr meine Überlegungen mitteilte, meinte sie, ob es möglich sei, daß es einen Zusammenhang zwischen dem Körper und der Seele gäbe. Sie sei immer davon ausgegangen, daß das eine nichts mit dem anderen zu tun habe. Sie erinnerte, daß sie oft zu ihrem Mann gesagt habe, allein schon ihrer Krankheit wegen müsse sie nach Spanien zurückkehren. Sie sei davon ausgegangen, daß sie sich als Kranke dort besser aufgehoben fühle als in der Bundesrepublik. Ihre Krankheit hatte offensichtlich wie zuvor die Geburt ihrer Tochter erneut regressive Prozesse ausgelöst. Sie sehnte sich danach, in Spanien gepflegt zu werden und von vertrauten Gerüchen und Lauten umgeben zu sein. Allerdings hatte ihre Erkrankung auch einen Stellenwert in der Beziehung zu ihrem Mann. Sie glaubte offenbar, ihn nur als Kranke, nicht aber als Gesunde verlassen zu können. Tatsächlich ging sie später auch erst weg, nachdem ihr der Uterus entfernt worden war; als Anlaß benutzte sie eine harmlose Auseinandersetzung mit ihrem Mann. Die Kopfschmerzen, die nach der Unterleibsoperation aufgetreten waren, deuteten allerdings darauf hin, daß der Konflikt zwischen Weggehen und Bleiben wollen weiter fortbestand. Zugleich kam über die Kopfschmerzen auch die Unmöglichkeit zum Ausdruck, problemlos frühe Erfahrungen in ihrem jetzigen Leben wieder aufleben zu lassen.

Schmerzlich erfuhr sie bei ihrer Rückkehr, daß ihre Sehnsüchte nicht realisierbar waren, daß das Wachhalten der Wünsche, die mit dem Geruch der Mutter und dem Klang ihrer Stimme verbunden waren, ihr zwar geholfen hatten, in der Bundesrepublik sich selbst zu fühlen, weil sie ihr die innere Stärke verliehen, mit den Enttäuschungen bezüglich der deutschen Freunde und der Diskriminierungen am Arbeitsplatz umzugehen; nach der Rückkehr verlor ihr primitives inneres Spanien jedoch jeglichen Sinn. Hatte es doch nichts mit der aktuellen spanischen Realität zu tun, mit der sie nun konfrontiert war. Ana resignierte allerdings nicht völlig. Nach ihrer Rückkehr hatte sie sich nicht nur aktiv um eine Arbeit bemüht, sie trug sich auch mit dem Gedanken, einen Akupunkturkurs zu machen. Sie stimmte mit mir darin überein, daß sie damit an die nicht zu Ende gebrachte Ausbildung zur Krankenschwester anknüpfen wollte. Die Gespräche mit Ana geben erste Hinweise darauf, woher sie die psychische Kraft bezog, um nicht resignierend wie Eva mit der Rückkehr umzugehen. Ich konnte mich im Verlauf der Gespräche von Anas Fähigkeit überzeugen, sich partiell sexuell auf Frauen zu beziehen.

Anas Nachbarin in der Bundesrepublik hatte ihr nicht nur gezeigt, wo sie billig einkaufen konnte und wie sie die Zeitung zu lesen hatte, sie nahm sie und ihren Mann auch mit zum Fasching. Da der Karneval in Spanien während der Franco-Diktatur verboten war, lernte Ana etwas Unbekanntes kennen. Am meisten beeindruckte sie der Brauch, daß Frauen am Donnerstag vor Fasching allein ausgingen. Mit vergnüglicher Abscheu wiederholte sie mehrere Male, daß dieser Tag Schmutziger Donnerstag heiße, ob ich das wisse. Entrüstet wiederholte sie viermal, daß sie keine Lust dazu hatte, an diesen Donnerstagen allein ohne ihren Mann auszugehen. Indirekt verstand ich ihr Insistieren auf der Existenz des Schmutzigen Donnerstag, der sie scheinbar nicht interessierte, auch als Frage an mich, ob ich am Donnerstag vor Fasching allein ausgegangen sei. Als ich ihr meine Überlegungen mitteilte, antwortete sie sehr schnell und wortreich, daß mich der Fasching sicherlich nicht interessiert habe; dies sei überwiegend nur etwas für die einfachen Leute, die Arbeiter. Ich hingegen gehöre kulturell zu den Akademikern und zu den gebildeten Leuten. Es stimmte zwar, daß ich einer anderen sozialen Schicht angehörte als Ana, aber ich hatte den Eindruck, daß sie unseren sozialen Unterschied als Abwehr benutzte, so als wolle sie mir sagen: „Nur die einfachen Leute sind auf sexuelle Abenteuer aus, Du stehst über solch primitiven Wünschen und Verhaltensweisen. Wenn dies nicht so ist, muß ich Angst vor Dir haben, denn Du kannst mich dann ähnlich provozieren wie die Frauen, die am Faschingsdonnerstag allein ausgehen." Als ich ihr meine Überlegungen mitteilte, trat eine lange Pause ein, dann fuhr sie fort, daß bekannt sei, daß an Fasching viele Ehen kaputtgingen und daß eine Reihe außerehelicher Kinder gezeugt werde. Es trat wieder eine Pause ein, dann berichtete sie mir, innerlich aufgewühlt, daß sie beim Karneval sogar Männer als Hexen verkleidet gesehen habe. Das sei doch dasselbe, wie wenn sie sich als Mann verkleide und mich umarme; ob ich nicht meine, daß das abnorm sei? Dieses negativ formulierte sexuelle Angebot aufgreifend, sagte ich ihr, daß sie selbst offensichtlich nicht übel Lust gehabt habe, sich am Fasching als Mann zu verkleiden, um Frauen zu umarmen. An meine Intervention anknüpfend berichtete sie mir, daß sie bei einem ihrer ersten Karnevalsbesuche ein Clown umarmt habe, von dem sich später herausstellte, daß er eine Frau war. Entspannt lachend spann sie dann den Faden weiter, indem sie ihren Mann als verbietende Instanz einführte. Er, als Südländer, habe, wenn auch unter Schwierigkeiten, den Faschingsbrauch in der Bundesrepublik akzeptiert, daß die Männer den Frauen einen Klaps auf den Po gäben; nicht aber, daß eine Frau eine andere, die möglicherweise als Mann verkleidet sei, umarme. Als sie beide zum ersten Mal zum Karneval gegangen seien, habe ihr Mann sie halb im Scherz, halb im Ernst gefragt, wieviele Männer ihr auf den Po geklopft hätten. Sie habe sich bei dieser Frage recht unbehaglich gefühlt, weil sie von vielen Männern umarmt worden sei und sie schließlich ja nicht gewußt habe, ob die Männer nicht Frauen gewesen seien. Antonia, Anas Tochter unterbrach uns an dieser Stelle; sie wollte von ihrer Mutter wissen, welches Kleid sie aus dem Schrank nehmen solle, um es am nächsten Morgen anzuziehen. Da die Zeit schon reichlich fortgeschritten war, beendeten wir unser letztes Gespräch. Vorher fragte mich Ana noch, ob eine Freundin, die insgesamt 23 Jahre in Dänemark und in Italien gelebt und viele Probleme mit ihren Männerbeziehungen habe, mit mir sprechen könne. Wir verabredeten, daß die Freundin sich mit mir in Verbindung setzen werde.

Die Gespräche mit Ana geben Hinweise auf ihre Anstrengungen, sich an eine gleichgültig bis abweisend erlebte Umwelt anzupassen. Der drängende Wunsch nach Spanien zurückzukehren, der nach der Geburt ihrer Tochter zum ersten Mal auftauchte, und ihre Beteuerung, sie fühle sich als Deutsche, weil sie viele deutsche Freunde habe, sind Ausdruck eines mißlungenen Anpassungsprozesses. Sowohl die unbewußt motivierte Ablehnung von Identifizierung als auch die Überidentifizierung sprechen für eine fehlgelaufene Integration in das deutsche Leben. Der Versuch, wegzulaufen und die Überanpassung an die deutsche Umgebung verdanken sich der Wiederbelebung der frühen großartigen Mutter-Tochter-Interaktion, die für die Bildung des weiblichen Überichs, seine Stärke, seine Struktur und seine Inhalte (vgl. Bernstein, 1983) verantwortlich ist. Aufgrund meiner Ergebnisse gehe ich davon aus, daß die als versagend, frustrierend und abweisend erlebte Umwelt notwendige Voraussetzung dafür ist, daß es zur Wiederbelebung dieser frühen Struktur kommt, die regressiv psychisches Überleben garantieren soll, indem sie innere Stabilität vorgibt, allerdings um den Preis einer erheblichen Ich-Schwächung. Die Sehnsucht nach dem Klang der Stimme der Mutter und ihrem Geruch, die Ana wachhält, und ihr Wunsch, diese frühe Mutter in Spanien wiederzufinden, verdanken sich zuallererst dem Mangel an Möglichkeiten, sich mit dem deutschen Leben auseinanderzusetzen, der Frustration und der Ablehnung, die sie in der Bundesrepublik erfährt.

Regressive Wünsche und Phantasien, die durch Schwangerschaft und Geburt mobilisiert werden und die um das Einssein mit der Mutter zentriert sind, werden vom Überich in seinem Sinn verwendet, das von nun an dem Ich vorgaukelt, daß die ideale, glückversprechende Mutter, mit der sich Ana eins fühlen möchte, nur in Spanien zu finden sei. Anas Ich wird von seinem Überich beherrscht; ich-gerechtes Abwägen und ich-gerechte Überlegungen sind ausgeschlossen. So belastet sie beispielsweise konflikthaft ihre Ehe mit dem Versuch, ihre Rückkehrwünsche um jeden Preis durchzusetzen. Erst ihre gynäkologische Erkrankung besänftigt das Überich und ermöglicht dem Ich, wenigstens vorübergehend die Verschmelzungswünsche mit der frühen großartigen Mutter, die unter der Herrschaft des Überichs stehen, zu kontrollieren. Aber die Gespräche enthüllen auch die andere Seite der Erkrankung. Ähnlich wie bei der Geburt von Anas Tochter werden durch die Krankheit erneut regressive Wünsche mobilisiert, die mit dem Wunsch, vorsorgt und umhegt zu werden, zu tun haben und die ebenfalls vom Überich in seinen Dienst genommen werden. So möchte Ana beispielsweise nach Spanien zurückkehren, weil sie die Phantasie hat, als Kranke dort von der alles gebenden und alles gewährenden, der allzeit versorgenden Mutter gepflegt zu werden. Aber sie bleibt zunächst in der Bundesrepublik. Nach ihrer Aussage ist ihr Wunsch zurückzukehren, zum ersten Mal zehn Jahre nach ihrer Emigration aufgetreten; aber erst nach weiteren 15 Jahren ging sie nach Spanien zurück. Anas Überich-Stärke, seine Flexibilität und seine Inhalte, die aus der wiederbelebten Mutter-Tochter-Interaktion gespeist werden, fordern unnachgiebig auszuhalten, nicht wegzugehen, sich nicht von Rückkehrphantasien überfluten zu lassen. Andererseits drängt das Überich das Ich zurückzukehren. Es kommt zu einer paradoxen inner-psychischen Konstellation: das gleiche archaische Überich, das das Ich unter Druck setzt, seine Wünsche zurückzukehren, aufzugeben, fordert andererseits die Rückkehr. Das Ich ist diesen widersprüchlichen Forderungen des Überichs, das einerseits unerbittlich befiehlt zu bleiben und andererseits ebenso unnachgiebig gebietet wegzugehen, hilflos ausgeliefert; seine Realitätskontrolle wird erheblich herabgesetzt.

Die Aktivität Anas, nach ihrer Rückkehr trotz ihrer physischen und psychischen Beschwerden Arbeit zu suchen und sich fortzubilden, führe ich darauf zurück, daß die unbewußte Motivation für ihre Rückkehr neben der Suche nach der idealen Mutter, mit der sie verschmelzen möchte, auch darin besteht, in Spanien die Mutter als Geliebte zu finden. In den Gesprächen mit mir manifestieren sich verdeckt und offen ihre lesbischen Wünsche. Im deutschen Karneval, in dem – so Ana – alles erlaubt sei, in dem traditionelle Verbindungen nichts gälten – man wisse ja, daß im Fasching viele Ehen kaputtgingen, sagt sie in einem der Gespräche mit mir – kann sie sich, wenn auch unter Ängsten und mit viel Abwehr, ihre lesbischen Phantasien eingestehen. In der Übertragungsbeziehung tauchen Wünsche auf, sich mir sexuell zu nähern – wenngleich zunächst in negativer Form. „Meinst Du nicht, daß es abnorm wäre, wenn ich Dich umarmte?", fragt sie geängstigt. Tatsächlich wünscht sie sich, mich zu umarmen, ohne daß ich ihr sage, daß dies abnorm sei. Mit ihren deutschen Freundinnen konnte sie sich ihrer lesbischen Phantasien nicht bewußt werden; Ängste vor ihren lesbischen Wünschen wurden dadurch verstärkt.

Ana geht demnach nicht nur nach Spanien zurück, weil sie dort die ideale versorgende Mutter zu finden glaubt, sondern auch – und vielleicht sogar zu allererst –, weil sie phantasiert, dort die Mutter als Geliebte lebendig werden zu lassen, die sie mit ihren Sevillanas und ihren Flamencotänzen verführen kann. Die Suche nach der Geliebten in Spanien würde auch erklären, warum sie nach langem Zögern eine Auseinandersetzung mit ihrem Mann über ein nebensächliches Problem als Vorwand benutzt, um die Bundesrepublik zu verlassen. Sie macht auch verständlich, warum seit ihrer Rückkehr jegliche Kommunikation zwischen Ana und ihrem Mann eingestellt ist. Ähnlich wie die frühe Mutter-Tochter-Beziehung jedoch nicht wieder herstellbar ist, wird Ana auch ihre Wünsche nach einer sexuellen Beziehung mit einer Frau nicht verwirklichen; beides wird als Sehnsucht und als Phantasie weiter in ihr fortbestehen. Da sich aufgrund der mangelnden Auseinandersetzung mit der deutschen Umgebung, die nur in flüchtigen Kontakten im Karneval und nicht in intensivem Austausch bestand, an Anas archaischen Überich-Inhalten, die u.a. lauten: „Eine Frau heiratet einen Mann und zeugt Kinder mit ihm", nichts geändert hat, es vielmehr sogar zu einer Festigung und Bekräftigung dieser Inhalte gekommen ist, wird ihr Überich ihren lesbischen Wünschen gegenüber feindlich eingestellt sein und eine Bereicherung ihrer Erlebnismöglichkeiten verhindern.

Aber Ana wird nach ihrer Rückkehr nicht nur keine Frauenbeziehung eingehen, auch ihre Initiativen zu arbeiten und sich fortzubilden, werden Versuche bleiben. Sie ist zwar nicht depressiv wie Eva und dadurch innerlich völlig bewegungsunfähig. Ich gehe aber trotzdem davon aus, daß ihr Ich in den Auseinandersetzungen mit seinem Überich während der vielen Jahre in der Bundesrepublik so sehr geschwächt wurde, daß es bei den von ihm geplanten Unternehmungen nur bei Versuchen bleiben wird. Die Beratungsgespräche mit Ana legen die Vermutung nahe, daß es aufgrund des mangelnden Austausches mit der deutschen Umgebung, mit Freunden, Freundinnen und Arbeitskolleginnen nicht zu einer Bereicherung ihres Erlebens gekommen ist, von dessen Reichhaltigkeit ich mich in den Gesprächen mit ihr überzeugen konnte, sondern zu einem psychischen Stillstand.

6. *Merche*

Merche hatte von meiner Untersuchung über weibliche Verarbeitungsformen von Migration gehört und Matilde gefragt, ob sie mit mir sprechen könne. Seit ihrer Rückkehr vor ca. neun Jahren war sie nach ihren Worten wegen ihrer „depressiven Attacken" in ambulanter psychiatrischer Behandlung. Wir verabredeten uns zu mehreren Gesprächen, in denen wir über ihre Situation und ihre Gefühle bei der Rückkehr sprechen wollten, um ansatzweise den Gründen für ihre

Depression auf die Spur zu kommen. Wir trafen uns in ihrer Wohnung in einem Arbeiterviertel im Süden Madrids.

Merche war 41 Jahre alt. Sie stammte aus der Provinz von Avila und war als Siebenjährige mit ihren Eltern nach Madrid gekommen. Hier lernte sie, als sie dreizehn Jahre alt war, ihren späteren Mann kennen, der zwei Jahre älter war als sie. Bevor er mit seinen Eltern in die Bundesrepublik emigrierte, verlobten sie sich. Später kam ihr Verlobter nach Spanien zurück, um seinen Militärdienst abzuleisten. Danach heirateten sie – Merche war 21 Jahre alt – und gingen gemeinsam in die Bundesrepublik. Zwischen ihrem 15. und ihrem 21. Lebensjahr arbeitete sie als Näherin in einer Herrenoberbekleidungsfabrik. Sie bezeichnete diese Zeit als die glücklichste in ihrem Leben. Sie erinnerte die Gespräche mit den Arbeitskolleginnen, und daß sie häufig nach der Arbeit oder auch abends gemeinsam etwas unternommen hätten. Sie habe das Gefühl, sie seien eine einzige große Familie gewesen. Ihr Sohn, der zur Zeit unserer Gespräche kurz vor dem Realschulabschluß stand, wurde in der Bundesrepublik geboren. Zufrieden berichtete sie mir, daß ihm bereits über die Einflußnahme eines Familienangehörigen eine Stelle als Drucker in einer Druckerei zugesichert worden sei. Sie freue sich, daß er eine Arbeit in Aussicht habe, wenngleich er ihr zu Hause sehr fehlen werde. Er habe häufig nachmittags, wenn er von der Schule nach Hause gekommen sei, für sie noch Einkäufe erledigt.

Sie und ihr Mann waren in die Bundesrepublik emigriert, weil sie so schnell wie möglich viel Geld verdienen wollten, um sich eine Wohnung in Madrid kaufen zu können. Als Merche wegen einer Meniskusverletzung zu einer Operation geraten worden war, entschied sich die Familie von heute auf morgen nach Spanien zurückzukehren. Sie seien übereilt aufgebrochen, weil sie sich nicht in der Bundesrepublik habe operieren lassen wollen. Seit ihrer Rückkehr arbeitete sie wegen ihres labilen Gesundheitszustands nicht mehr. Merche war eine kleine, dunkelhaarige Frau mit einem verhärmten Gesicht, dem jedoch die vergangene Schönheit noch anzusehen war. Wir trafen uns zu den Gesprächen in Merches Küche; während fast aller Sitzungen saß ihre vier Jahre alte Tochter, Natalia, still auf einem Stuhl ganz in unserer Nähe. Die Kleine redete nur, wenn ihre Mutter sie ansprach. Zu Beginn unseres ersten Gesprächs wendete Merche den kulturellen Unterschied zwischen ihr und mir aggressiv gegen mich. So fragte sie mich beispielsweise scheinbar besorgt um die Verständigung zwischen uns: „Hast Du schon einmal von Avila gehört?", oder: „Weißt Du, was eine bodega (Weinkeller) ist?" Ich verstand nicht sofort, daß sie offenbar die Rollen umkehrte. So, wie sie sich als spanische Arbeitsemigrantin in der Bundesrepublik Fragen danach hatte gefallen lassen müssen, ob sie dies oder jenes kenne oder verstehe, so kehrte sie jetzt den Spieß um und versuchte mit ihren Fragen der Deutschen die Unkenntnis der Sprache und der Geographie Spaniens nachzuweisen. Als ich Merche mit aller Vorsicht meine Überlegungen mitteilte, begann sie zu klagen, ohne weiter auf meine Intervention einzugehen. Sie habe sehr unter der Schwerstarbeit gelitten, die sie in der Bundesrepublik habe leisten müssen. Die 20 bis 30 kg schweren Metallkisten, die sie tagaus, tagein habe heben müssen, hätten ihre Meniskusverletzung am linken Bein verursacht. Aber auch ihr rechtes Bein und ihr Rücken seien völlig kaputt, fügte sie leidend hinzu. Sie unterstrich ihre Erzählung mit lebhaftem, sich beständig wandelndem Gesichtsausdruck. Als sie von ihrer Verletzung sprach, verzerrte sich ihr Gesicht, so daß ich sie förmlich vor mir sah, wie sie die Kisten hob und abstellte. Die Anklage brach schier aus ihr heraus; sie redete und redete und versuchte zu verhindern, daß ich zu Wort kam. In einer Pause sagte ich ihr, daß sie bisher keiner Deutschen habe sagen können, wie sehr sie unter der Arbeitssituation in der Bundesrepublik gelitten habe und daß sie eigentlich auch wütend auf die Deutschen sei, die zugelassen hätten, daß sie so schwer habe arbeiten müssen. Dies entnähme ich dem, was und wie sie es mir sage. Sie schwieg einen Augenblick lang, blickte mir forschend ins Gesicht, um dann mit ihren Klagen fortzufahren. Ich sagte ihr: „Du willst mir offenbar sagen, daß mein Land Deine Gesundheit ruiniert hat." Nach einem langen Schweigen begann sie von ihrer Tätigkeit als Näherin in Madrid vor ihrer Emigration zu sprechen, und daß sie sich mit ihren Kolleginnen sehr gut verstanden habe. Ihr Gesicht entspannte sich und sie fügte hinzu: „Es war eine paradiesische Zeit." Mir fiel auf, daß sie unmittelbar nach der Erzählung über die schlechte Behandlung am Arbeitsplatz in der Bundesrepublik über die paradiesische Zeit an ihrem Arbeitsplatz in Spanien sprach. Dies wurde auf meine Intervention hin möglich, mit der ich ihr signalisiert hatte, daß ich bereit sei, ihr zuzuhören und daß ich ihre Klagen ernstnähme. Ich sagte ihr sinngemäß, daß es offensichtlich sehr wichtig gewesen sei in Situationen, in denen sie sich ausgenutzt und nicht verstanden gefühlt habe, über angenehme, schöne Erinnerungen zu verfügen.

Gleichermaßen so als ob sie meiner Anwesenheit sicher sei, nahm sie, in sich selbst versunken, den Faden ihrer Erzählung wieder auf, sichtlich ruhiger als zu Beginn unserer Gespräche. Ihre Verletzung sei zwar der Auslöser für ihre Rückkehr gewesen, zugleich seien sie aber auch zurückgegangen, weil sie ihren Sohn in Spanien in die Schule hätten schicken wollen. Zur gleichen Zeit sei auch ihrem Mann zu einer Nasennebenhöhlenoperation geraten worden, der er sich aber in Deutschland nicht unterziehen wollte. Kurz vor ihrer Abreise nach Spanien sei sie schwanger geworden, habe aber später das Kind kurz nach ihrer Ankunft in Madrid verloren. Sie habe zwei Jahre gebraucht, um sich von der Meniskusoperation und der Fehlgeburt zu erholen. Unmittelbar nach der Rückkehr sei sie depressiv geworden und habe sich in psychiatrische Behandlung begeben müssen. Sie hielt in ihrer Erzählung inne, und es schien so, als ob sie aus ihren Erinnerungen auftauchend mich wieder wahrnähme. Sie fragte mich direkt, ob ich glaube, daß ihr Unglück damit zu tun habe, daß sie Hals über Kopf nach Spanien zurückgekehrt seien. Jedesmal wenn sie ihren Psychiater frage, woher ihre Depression komme, sage er, daß er das nicht wisse; statt dessen verschreibe er ihr immer wieder andere Medikamente. Ich sagte ihr, daß sie offenbar bis heute nicht verstehe, warum sie Deutschland von heute auf morgen verlassen habe. Weil sie die Gründe nicht kenne, mache sie sich Vorwürfe und grübele offenbar noch immer darüber nach, ob ihre Entscheidung richtig gewesen sei. Sie nickte daraufhin heftig zustimmend mit dem Kopf. Es stimme, was ich sage. Vor allem, wenn sie bedenke, mit welchen finanziellen Problemen sie nach der Rückkehr konfrontiert gewesen seien. Es sei eine schreckliche Zeit gewesen. Ihr Mann sei Möbelschreiner; in der Bundesrepublik habe er schnell Arbeit gefunden und gut verdient. Nach der Rückkehr sei er jedoch lange arbeitslos gewesen. Er habe immer wieder an eine erneute Emigration gedacht. Da es ihr aber gesundheitlich schlecht gegangen sei, schied diese Möglichkeit aus. Gott sei Dank hätten sie die Wohnung hier gehabt, die sie von ihrem ersparten Geld kauften; sonst hätten sie auf der Straße gestanden. Mit der finanziellen Hilfe eines Schwagers habe ihr Mann dann zunächst ein kleines Lokal angemietet und einen Weinkeller eingerichtet; damit sei jedoch kein Geld zu verdienen gewesen. Später sei ihr Mann das Wagnis eingegangen, wieder mit der finanziellen Unterstützung eines Familienangehörigen, eine kleine Möbelschreinerei zu eröffnen. Zunächst sei es nicht leicht gewesen, Kunden zu bekommen; heute aber lebten sie einigermaßen von dem Geld, das ihr Mann verdiene. „Und nun fragst Du mich, wie es möglich war, daß Ihr diese Probleme nicht vorher erkannt und Eure Rückkehr besser vorbereitet habt", gab ich ihr zu bedenken. Auf meine Intervention hin wurde sie plötzlich ganz ruhig, ihr Gesicht entspannte sich. Ob ich meinte, wir könnten herausfinden, was vor ihrer Rückkehr passiert sei und warum sie depressiv wurde und keine Lust mehr am Leben habe; sie habe sich doch so sehr gewünscht wieder in Madrid zu sein. Am schlimmsten sei es in den ersten 3-4 Jahren gewesen, jetzt ginge es ihr schon etwas besser. Aber ihre Freude am Leben vor der Emigration habe sie nicht wiedergefunden. Erneut begann sie von ihrer Zeit als Näherin in der Herrenoberbekleidungsfabrik zu sprechen. Wie gut sie sich mit den Kolleginnen verstanden habe, wieviel Spaß sie miteinander hatten. Aber das sei nun alles vorbei, fügte sie resigniert hinzu und blickte mich erwartungsvoll an. „Und Du meinst, ich wisse schon des Rätsels Lösung und brauche es Dir nur mitzuteilen und alles könne wieder so werden wie damals mit den Arbeitskolleginnen", gab ich ihr zu bedenken. Sie wisse, daß dies nicht möglich sei, obgleich sie es sich sehr wünsche. Sie hielt in ihrer Erzählung inne und fragte mich, ob ich Durst hätte, ob sie mir etwas zu trinken anbieten könne. Ich nahm ihr Angebot an. Sie fragte auch Natalia, ob sie etwas trinken wolle. Während sie die Getränke aus dem Kühlschrank holte, fragte sie mich, aus welcher Stadt in der Bundesrepublik ich komme und wie lange ich schon in Spanien sei. Als ich ihr darauf antwortete, meinte sie bedauernd, daß sie Frankfurt leider nicht kenne. Aber mir sei es sicherlich auch nicht leicht gefallen, von Deutschland wegzugehen; sicherlich sei meine Familie in der Bundesrepublik geblieben und ich sei hier allein. Ich gab ihr zu bedenken, daß sie glaube, es sei mir so ergangen wie ihr, jetzt wünsche sie sich, mit mir Erfahrungen auszutauschen, so wie früher mit einer ihrer Näherin-Arbeitskollegin. Daraufhin strahlte sie und fragte mich, ob es mir recht sei, wenn sie mir noch mehr von ihren Erfahrungen in der Bundesrepublik erzähle.

Von nun an änderte sich die Gesprächsatmosphäre völlig. Die Klagen und Anklagen waren einem ruhigen Klima gewichen. Ich hatte mich von der Deutschen, die schuld war an ihrem schlechtem Gesundheitszustand, in die Arbeitskollegin von einst verwandelt, der sie von ihren Erfahrungen während der Jahre ihrer Emigration berichtete. Jetzt erinnerte sie eine andere, positive Seite der Bundesrepublik, womit sie insbesondere finanzielle Sicherheit und soziale Absicherung meinte. Das deutsche Gesundheitswesen und die ärztliche Versorgung seien beeindruckend gewesen; insbesondere die freie Arztwahl empfand sie als äußerst positiv. In Spanien gebe es das nicht. In der Bundesrepublik hätten sie zu denselben Ärzten gehen können wie die Reichen. Einmal mehr betonte sie, daß sie einzig und allein wegen des Geldverdienens nach Deutschland gegangen seien. Sie hätten kaum deutsch gesprochen und verstanden und auch weder die Zeit noch die Motivation gehabt, eine Schule zu besuchen, um die deutsche Sprache zu erlernen. Die Aufeinanderfolge der Mitteilungen Merches, daß sie zuerst vom guten deutschen Gesundheitswesen und gleich anschließend davon sprach, sie seien nur zum Geldverdienen in die Bundesrepublik gegangen und hätten keine Zeit und keine Motivation gehabt, die deutsche Sprache zu erlernen, legte die Annahme nahe, daß sie davon ausging, nur diejenigen, die die deutsche Sprache beherrschten, hätten auch das Recht, die deutsche ärztliche Versorgung in Anspruch zu nehmen. Als ich Merche meine Überlegungen mitteilte, antwortete sie mir, daß sie das häufig zu hören bekommen habe, insbesondere am Arbeitsplatz. Ich gab ihr zu bedenken, daß sie und ihr Mann dann möglicherweise nach Spanien gegangen seien, weil sie glaubten, sie könnten die deutsche Krankenversicherung nicht in Anspruch nehmen, so wie sie dies in Deutschland von mehreren Seiten gehört habe. Darauf gab sie mir zur Antwort, daß sie das so noch nicht gesehen habe. Sie fuhr fort, daß es besonders schlimm für sie gewesen sei, allein, ohne Familie in der Bundesrepublik zu leben. Sie habe sich einsam und isoliert gefühlt. Der Kontakt mit Deutschen habe sich auf den Arbeitsplatz, auf flüchtige Begegnungen beim Einkaufen oder beim Ämterbesuch beschränkt. Ich sagte ihr sinngemäß, daß die Beziehungen von früher, beispielsweise die mit den Näherinnen-Kolleginnen vielleicht nachträglich so wichtig für sie geworden seien, weil sie sich in der Bundesrepublik einsam und isoliert gefühlt habe, ohne Familie und ohne befriedigende Freundschaftsbeziehungen. Im weiteren Verlauf unserer Gespräche verstanden wir, daß Familie gleichermaßen ein Synonym für Spanien war. Die Angst, ohne den Schutz der Familie ins Krankenhaus gehen zu müssen, bedeutete in der Fremde, nicht in Spanien, krank zu werden. Mit Familie meinte Merche zuallererst eine gemeinsame Sprache, Nähe, Wärme, Aufgehobensein und Zugehörigkeit. Diese Gefühle verband sie mit der Gruppe ihrer spanischen Arbeitskolleginnen. In einem Klima von wechselseitigem Angenommensein hatten sie sich über alltägliche Dinge ausgetauscht; tatsächlich war es egal, worüber sie sprachen, wichtig war nur zusammenzusein. Da ich keine Information über Merches Kindheit hatte, ging ich davon aus, daß es sich bei ihrer Erinnerung an die paradiesische Zeit mit den Näherinnen-Kolleginnen um eine Deckerinnerung handelte. Ich wies Merche darauf hin, daß sie offenbar gehofft habe, sich nach ihrer Rückkehr in Spanien ebenso aufgehoben und zugehörig zu fühlen, wie sie es aus der Zeit mit den Näherinnen-Kolleginnen erinnere. „Vielleicht haben diese Gefühle auch überhand genommen, weil Du krank warst und Dich danach gesehnt hast, daß jemand, der Deine Sprache spricht, Dich gesund pflegen werde", schloß ich meine Überlegungen. Darauf antwortete sie, daß nach der Rückkehr alles noch schlimmer gewesen sei als vorher in der Bundesrepublik. Ihre Familie habe in einer äußerst prekären finanziellen Situation gelebt, und sie sei krank geworden. Damals seien in ihr Gefühle aufgekommen, nirgendwo hinzugehören, weder in die Bundesrepublik noch nach Spanien.

In den sich anschließenden Stunden erarbeiteten wir, daß dieses Gefühl vor allem damit zusammenhing, daß ihre Phantasien, die sich um den Kreis ihrer ehemaligen Arbeitskolleginnen rankten, der gleichermaßen zum Symbol für Familie und für Spanien geworden war, nichts mit der spanischen Realität zu tun hatten, mit der Merche bei ihrer Rückkehr konfrontiert war. Daß sich diese unbewußte Spanienphantasie gleichermaßen ursprünglich, so wie sie in ihrer Kindheit und Jugend geworden war, losgelöst von späteren Erfahrungen und Erlebnissen erhalten konnte, hing damit zusammen, daß Merche und ihre Familie weitgehend abgekapselt von der deutschen Umgebung mit spanischen Landsleuten und ohne deutsche Freunde gelebt hatten. Die schlechten Erfahrungen insbesondere am deutschen Arbeitsplatz gaben den Phantasien, die sich um ein ideales Spanien rankten, immer neue Nahrung. Je enttäuschter Merche von dem Leben in der Bundesrepublik war, um so mehr versuchte sie, ihre Einsamkeit und

Isoliertheit ungeschehen zu machen, indem sie ihr inneres Spanienbild mehr und mehr ausschmückte. So lebte sie zwar in der Bundesrepublik, innerlich aber in einem von ihr erschaffenen Spanienparadies. Die Absicht, in der Bundesrepublik Geld zu verdienen und so schnell wie möglich wieder zurückzukehren, verhinderte zusätzlich, daß sich Merche innerlich in ihrer konkreten aktuellen Situation einrichtete. Sie lebte kaum in der Gegenwart, sondern vielmehr hin auf eine durch Phantasien über ihre Vergangenheitserfahrungen und -erlebnisse eingefärbte Zukunft. Daß es durch die Aufrechterhaltung ihrer Spanienphantasien zu einer äußerst selektiven Wahrnehmung der Gegenwart kam, verstärkte bereits in der Bundesrepublik Merches Tendenz, später depressiv zu erkranken. Ihre Gefühle von Isolation führten zur Wiederbelebung archaischer Wünsche und Phantasien, die Merche mit der Gruppe der Näherinnen verband und zur Herausbildung eines undifferenzierten unbewußten Deutschlandbildes, das aus zwei Extremen bestand, die getrennt voneinander existierten. Die Bundesrepublik hatte Merches physischen Kräfte ausgebeutet; zugleich bewunderte sie aber ihre Krankenversicherung, ihr ärztliches Versorgungssystem und ihre finanzielle Stabilität. Die regressive Bindung an ein paradiesisch phantasiertes Spanien machte auch verständlich, warum sie zwar einerseits die ärztliche Versorgung in der Bundesrepublik lobte, aber andererseits nach Spanien zurückging, wo es keine freie Arztwahl gab und gibt, und warum sie die finanzielle Sicherheit, die sie mit der Bundesrepublik verband, mit der finanziellen Unsicherheit in Spanien eintauschte. Wir verstanden, daß Merche, als sie krank war, selbstverständlich diese Überlegungen nicht anstellte. Die durch die Krankheit verstärkten Wünsche, in Spanien versorgt, beschützt und gepflegt zu werden, ließen kein nüchternes, sachliches Abwägen ihrer Situation zu. Aus wiederholten Äußerungen Merches, die sich sinngemäß darum zentrierten, daß sie nicht mehr die Lebensfreude eines jungen Mädchens von 21 Jahren habe, schloß ich, daß mit den Wünschen, die sich mit der Rückkehr verbanden, auch Größenphantasien eine Rolle spielten, nach dem Motto: Mein Land wird mich nicht nur gesund pflegen, sondern mir auch die jugendliche Frische einer Zwanzigjährigen wiedergeben.

Merche war nach Spanien zurückgegangen in der Vorstellung, sich dort emotional auszukennen. Angezogen von scheinbar bekannten Gerüchen und Lauten, gab sie ihr Leben in der Bundesrepublik auf in der Hoffnung, daß Spanien für sie ein besseres und schöneres bereit hielt. Schmerzlich mußte sie jedoch erkennen, daß die spanische Realität nichts mit ihrem inneren Spanienbild zu tun hatte und daß sie zu ihr weder kognitiv noch affektiv einen Zugang fand: Merche war durch die Emigration, in der sie keine neuen Erfahrungen gemacht hatte, das emotional junge, dem Leben offen und zutraulich zugewandte Mädchen geblieben, das nun auf seine Wünsche und Hoffnungen keine Antwort fand. Die Rückkehr wurde für sie zu einem schweren Schock, den sie psychisch nicht verkraftete; sie wurde depressiv. Schmerzlich fühlte sie sich damit konfrontiert, daß ihre innere affektive Welt nicht mit der äußeren Realität übereinstimmte. Die Gefühle und Erinnerungen an das Spanien ihrer Kinder- und Jugendzeit, die sie über die Jahre lebendig gehalten hatte, die ihr während der Emigration innere Sicherheit gegeben hatten, wenn auch um den Preis einer Distanzierung von der deutschen Umgebung, schienen sinnlos geworden zu sein. Die sie umgebende äußere spanische Realität bestätigte ihre Gefühle nicht; sie blieben entweder ohne Resonanz oder, was schlimmer war, sie erschienen Merche nun als falsche Gefühle. Als ich ihr meine Überlegungen mitteilte, antwortete sie mir, daß die ersten Jahre schrecklich gewesen seien, daß sie auch noch zusätzlich unmittelbar nach der Rückkehr eine Fehlgeburt hatte und daß eigentlich erst eine erneute Schwangerschaft ihr geholfen habe, über diesen Verlust hinwegzukommen. Ich sähe ja, was daraus geworden sei, sagte sie und blickte liebevoll zu Natalia, die still auf ihrem Küchenstuhl saß. „Du hast offenbar damals Deine Schwangerschaft, ähnlich wie Deine Gefühle und Hoffnungen als falsch empfunden. Vielleicht hast Du auch deshalb das Kind verloren, um Dich von etwas Falschem, das scheinbar nicht zu Dir gehörte, zu befreien", sagte ich ihr. Daraufhin blickte sie lange stumm vor sich hin und wiederholte ein über das andere Mal, daß es eine schlimme Zeit gewesen sei. Sie habe sich hier nicht einleben können, und Spanien sei ihr über lange Zeit fremd geblieben. Seitdem empfinde sie keine Freude mehr am Leben. Wenn sie daran denke, wie lebenslustig sie vor ihrer Emigration gewesen sei. „Und jetzt das", fügte sie hinzu. Ich sagte ihr sinngemäß, daß zu den Enttäuschungen, von denen wir bereits gesprochen hätten, noch eine andere hinzugekommen sei. Offensichtlich habe sie erwartet, der unmittelbare Kontakt mit ihrem Land nach der Rückkehr könne sie vielleicht wieder so jung und lebenslustig machen wie früher. Das Gegenteil sei aber eingetreten, ihre Krankheit und die finanziellen Sorgen hätten ihre Lebenslust noch mehr untergraben. Sie antwortete mir daraufhin, sie sei froh, Natalia zu haben, in ihr sehe sie ihre vergangene Lebensfreude und ihre vergangene Kinderzeit wieder.

Die Depression Merches hatte den Charakter eines Symptoms, das den völligen Identitätsverlust und die Orientierungslosigkeit unter Kontrolle halten sollte. Tatsächlich linderte sie die schmerzliche Berührung mit der Außenwelt; Merche hatte sich mehr und mehr in ihre Erinnerungen und Bilder aus der Vergangenheit zurückgezogen und den Kontakt mit der als enttäuschend erlebten Umwelt gelockert. Während ihrer Emigration hatte sie ähnlich reagiert; nur war es damals im Unterschied zu heute nicht zu einer Konfusion zwischen ihrer inneren Welt und der äußeren gekommen; davor hatte sie die Distanz zwischen der deutschen Außenwelt und ihrer spanischen Innenwelt bewahrt. Nach ihrer Rückkehr jedoch wußte sie nicht, ob sie sich auf ihre Emotionalität und Sensibilität oder auf die Reaktionen, die von der äußeren Realität kamen, verlassen sollte.

Zum Abschluß unserer Gespräche fragte mich Merche, ob ich der Meinung sei, daß es ihr jetzt besser gehe als unmittelbar nach ihrer Rückkehr. Ich antwortete ihr, daß sie mir bereits in einem früheren Gespräch erzählt habe, daß es ihr erst nach 3-4 Jahren besser gegangen sei. Daß sie in dieser Zeit wieder schwanger wurde und ihr Kind auch austragen konnte, sei ein Zeichen dafür, daß sie sich besser gefühlt habe. Offensichtlich habe sie sich mehr im Einklang mit der äußeren Realität empfunden und nicht mehr an ihren eigenen Gefühlen zweifeln müssen. Sie habe ihre Schwangerschaft akzeptiert und sie als etwas Zusichgehöriges empfunden. Sie stimmte mir zu, fügte aber hinzu, daß sie sich immer noch nicht so fühle wie vor ihrer Emigration. „Du hast also die Vorstellung, daß Dein Land Dir Deine Lebensfreude und Deine Gesundheit hätte zurückgeben müssen, nicht aufgegeben", sagte ich ihr. Sie lächelte wehmütig und bedankte sich bei mir, daß ich ihr zugehört habe und versicherte mir, daß der Austausch mit mir wichtig für sie gewesen sei.

Die Gespräche mit Merche verdeutlichen, daß sie die Angebote der Analytikerin, die ihr zunächst als Fremde begegnet, aufnimmt und konstruktiv damit umgeht, indem sie Einsichten in ihre Gefühle und ihr Handeln daraus ziehen kann. Dies bedeutet, daß sie durchaus über Möglichkeiten verfügt, sich auf Fremdes und Unbekanntes einzulassen. Die deutsche Umgebung ist jedoch gleichgültig bis entwertend mit Merches Bereitschaft umgegangen, so daß sie auf ihr archaisches Überich zurückverwiesen wurde. Ein bedeutender Inhalt ihres Überichs besteht aus einem Idealbild Spaniens, das in den Gesprächen über eine Erinnerung an paradiesische Zeiten mit den Arbeitskolleginnen-Näherinnen auftaucht. Ich gehe davon aus, daß die Arbeitskolleginnen stellvertretend für die Mutter stehen, so daß die Spanienphantasie Merches auf einem phantasierten Paradies mit der Mutter aufruht. Da sie in der Bundesrepublik keinen persönlichen emotionalen Austausch zum Beispiel mit Nachbarinnen oder Arbeitskolleginnen hatte, blieben die Inhalte ihres Überichs unangetastet, ja mehr noch, jede Enttäuschung durch ihre Umgebung belebte die archaische Spanienphantasie erneut, so daß Spanien immer verlockender, idealer und glückversprechender wurde. Ihr aufgeblähtes Überich schränkt einerseits die Realitätsprüfung des Ichs ein, andererseits verhindert die regressive Wiederbelebung der frühen Mutter-Tochter-Interaktion jedoch, daß Merche in der Bundesrepublik psychisch krank wird.

In der nachträglichen Analyse der Gespräche fällt ein Ungleichgewicht zwischen einem schwachen Ich und einem starken, triebbestimmten Überich auf, das sich vor allem in der Kurzschlußhandlung, überhastet nach Spanien zurückzugehen, manifestiert. Vom Standpunkt der ichgerechten Einschätzung hätte Merche abwarten und abwägen müssen. Äußert sie doch in den Gesprächen mit mir die Auffassung, daß die Bundesrepublik über ein ausgezeichnetes ärztliches Versorgungssystem und über finanzielle Sicherheit verfügt. Was wäre naheliegender gewesen, als sich in der Bundesrepublik operieren zu lassen und vor der Rückkehr die finanzielle Situation in Spanien abzuwägen? Das Überich verspricht aber, das verlorene Paradies wiederzufinden und drängt das Ich zur Rückkehr; es gaukelt ihm darüber hinaus vor, daß es in Spanien Jugend, Lebensfreude und Optimismus wiederfinden wird. Bei Merche fällt wie bei Meri die Flexibilität des Überichs auf, die im Dienst der Durchsetzung von archaischen Überich-Inhalten steht. Sie manifestiert sich insbesondere in dem übereilten Entschluß, die Bundesrepublik zu verlassen, um sich mit der Familie, d.h. den Näherinnen, wiederzuvereinigen. Als sich dieser Wunsch nach der Rückkehr nicht realisieren läßt, beginnt das Überich, ebenso unnachgiebig und irrational wie es zuvor die Rückkehr verlangt hatte, das Ich zu beschimpfen und ihm vorzuwerfen, daß es besser gewesen wäre, seinen Forderungen widerstanden zu haben. Das Ich, das angesichts der widersprüchlichen Forderungen des Überichs seine Realitätseinschätzung und seine Handlungsmöglichkeiten zunehmend verliert, kapituliert nach der Rückkehr endgültig vor seinem Überich. Merche erkrankt an einer Depression.

7. *Teresa*

Ich habe die Gespräche mit Teresa in meine Untersuchung aufgenommen, obwohl sie keine Arbeitsemigrantin ist. Sie wußte von Ana von meinem Vorhaben, die psychosozialen Probleme der Rückkehrerinnen zu erforschen und bat mich um einen Termin. Insbesondere die nachträgliche Analyse der Gespräche machte deutlich, daß die Migrationsrealität für Teresas psychische Gesundheit sehr viel weniger Bedeutung hatte als für die anderen Frauen. Im Zentrum ihrer Migrationsmotivation steht ein unbewußter Konflikt, der bei den anderen Gesprächspartnerinnen nicht auszumachen war. Teresa war ins Ausland gegangen, um dort straffrei den zärtlichen Vater zu suchen, mit dem sie, so ihre Phantasie, bis zu ihrem zehnten Lebensjahr eine exklusive Beziehung verbunden hatte, von der der Rest der Familie, insbesondere die Mutter, ausgeschlossen war. Während die anderen Gesprächspartnerinnen mit einer psychisch krankmachenden Migrationsrealität konfrontiert waren, stand bei Teresa die psychische Verstrickung im Vordergrund; die Migrationsrealität diente ihr dazu, unbewußte ödipale Konflikte auszuleben und/oder zu lösen.

Ich traf Teresa zu mehreren Gesprächen in Anas Wohnung, mit der sie sich nach ihrer Rückkehr vor ungefähr zwei Monaten angefreundet hatte. Es wurde sehr schnell deutlich, warum sie Kontakt mit mir gesucht hatte; zwei gescheiterte Liebesbeziehungen hatten sie verunsichert, sie fürchtete, sich wieder zu verlieben und erneut ihr Liebesobjekt zu verlieren. Außerdem irritierte es sie, daß sie trotz ihres kurzen Aufenthalts in Spanien erneut an eine Emigration dachte und nicht wußte, warum.

Teresa war 43 Jahre alt und hatte 23 Jahre im Ausland gelebt, dreizehn Jahre in Dänemark und zehn Jahre in Italien. Sie war eine große, schlanke, dunkelhaarige und dunkeläugige Frau mit einem schönen Gesicht, in dem sich die Gefühle lebhaft widerspiegelten. Sie sprach mit großem Interesse und engagiert mit mir. Sie stammte aus einer Provinzhauptstadt des Baskenlandes, wo ihr Vater leitender Angestellter gewesen war. Teresa hatte eine private Nonnenschule besucht, die sie mit dem Realschulabschluß verließ. Sie habe die Nonnen abgelehnt und sei deshalb oft bestraft worden. Insbesondere habe sie – Teresa – ihnen die Strenge vorgeworfen, mit der sie dafür sorgten, daß die beiden sozialen Klassen von Schülern, die es an vielen Privatschulen der damaligen Zeit gegeben hatte, keinen Kontakt aufnahmen. Es sei zwischen den sogenannten „Unentgeltlichen" und den „Zahlenden" unterschieden worden. Die „Unentgeltlichen" kamen aus sozial schwachen Schichten und mußten deshalb kein Schulgeld zahlen. Sie hätten schlechtere Lehrer gehabt und sich mit einer Toilette zufrieden geben müssen, während die „Zahlenden" über sieben verfügten. Es sei den zahlenden Schülern streng untersagt gewesen, sich in den Pausen mit den nicht zahlenden zu unterhalten. Teresa empfand die Zweiteilung als Ungerechtigkeit, traute sich jedoch nicht, mit einer Mitschülerin darüber zu sprechen. Sie erinnerte, daß sie sich mit ihrer Opposition einsam und allein gefühlt hatte. Teresa meinte, sie sei während ihrer Kindheit und Jugend gläubig gewesen. Die Nonnen mit ihrem asozialen Verhalten hätten es ihr aber unmöglich gemacht, die religiöse Erziehung zu akzeptieren. Da sie so schnell wie möglich von ihnen weg wollte, habe sie die Schule mit mittlerer Reife verlassen; heute bedauere sie, daß sie kein Abitur gemacht habe. Im Anschluß an die Schule machte sie eine dreijährige Ausbildung zur Fremdsprachensekretärin mit den Fremdsprachen Englisch und Französisch. Als sie später für kurze Zeit in einem Eisenhüttenwerk als Sekretärin arbeitete, habe sie sich erneut mit sozialer Ungerechtigkeit konfrontiert gefühlt. Im Vergleich mit den Männern, die unter gesundheitsschädigenden Bedingungen an den Hochöfen arbeiteten und mit einem Hungerlohn abgespeist worden seien, hätten die Ingenieure und die Direktoren unverhältnismäßig hohe Gehälter kassiert. Die soziale Ungerechtigkeit und die Benachteiligung der Arbeiter, mit denen sie versucht habe, über ihre Situation zu sprechen, beschäftigten sie mehr als ihre Sekretärinnenarbeit. Auch hier fühlte sie sich wie früher in der Schule einsam und hatte die Vorstellung, mit niemandem über ihre Wahrnehmungen und die Einschätzung der Lage sprechen zu können. Mit gesenkter Stimme fügte sie hinzu, daß sie sich sicherlich einer oppositionellen, klandestinen Organisation angeschlossen habe, wenn sie damals, 1964, in Spanien geblieben wäre.

Die Ungerechtigkeit im Verhältnis der Geschlechter in ihrer Familie habe sie besonders wütend gemacht. Sie glaubte sich zu erinnern, daß ihr Vater von ihrem zehnten Lebensjahr an häufig schlecht gelaunt gewesen sei, die Mutter allein zu Hause sitzen ließ und allein ausging; vielleicht habe er eine Freundin gehabt. Er sei gekommen und gegangen, wie es ihm gerade gepaßt habe. Wenn er zu Hause war, redete er entweder nicht oder aber bekam einen seiner Wutanfälle. Ihre Mutter habe seine Launen mit immer gleichbleibender Freundlichkeit ertragen und sein Fernbleiben damit entschuldigt, daß er sicherlich arbeiten müsse. Sie habe Nacht für Nacht auf ihn gewartet, bis er nach Hause gekommen sei. Obwohl die Eltern ein schlechtes Verhältnis hatten, „machte" der Vater der Mutter ein Kind nach dem anderen. Sie war sowohl wütend auf den Vater, der sich alles herausgenommen habe, als auch auf die Mutter, die sich alles gefallen ließ. „Aber", so fügte sie hinzu, um sich ein wenig von der Wut zu distanzieren, die, während sie mit mir sprach, deutlich spürbar war, „diese Rollenverteilung zwischen Mann und Frau war in der damaligen Zeit üblich". Während die Mutter still vor sich hin duldete, habe der Vater agiert. Auch die letzte Schwangerschaft der Mutter – sie sei 42 Jahre alt gewesen, als ihr jüngstes Kind geboren wurde – habe sie als von Gott gewollt hingenommen, ohne darüber nachzudenken, ob es sinnvoll gewesen sei, noch einmal schwanger zu werden. Teresa vertrat die Auffassung, daß es sich bei der letzten Schwangerschaft der Mutter um einen „Unfall" gehandelt habe. Auch schon damals, als ihr Bruder geboren wurde, empfand sie das so, habe aber wieder einmal mit niemandem über ihre Phantasien sprechen können. In ihrer Familie sei gesagt worden, sie habe sich umbringen wollen. Sie bezeichnete dies jedoch als perfide Unterstellung; sie habe sich vielmehr darüber geärgert, daß die Mutter trotz der angespannten Beziehung zum Vater, wieder schwanger geworden sei und das Kind auch noch ausgetragen habe. Erst nach dem Tod ihres Vaters vor ungefähr zehn Jahren begann sie, die Rollenverteilung zwischen den Eltern, so wie sie sie in ihrer Jugend wahrgenommen hatte, in Frage zu stellen, in der die Mutter immer die Heilige und der Vater das

Ungeheuer gewesen sei. Zu Lebzeiten des Vaters habe sie immer auf der Seite der Mutter gestanden und ihren Vater für sein Verhalten seiner Familie gegenüber verachtet und gehaßt. Nach seinem Tod sei ihr aber klar geworden, daß ihre Mutter unnachgiebig, engstirnig, intolerant und eigensinnig gewesen sei. So habe sie ihr – Teresa – z.B. Vorwürfe wegen ihres „Lebenswandels" gemacht, daß sie sich vom Vater ihrer Tochter scheiden ließ und jahrelang mit einem Mann zusammenlebte, ohne zu heiraten. Heute erscheine ihr das Verhalten der Mutter während ihrer Kindheit und Jugend als scheinheilig. Obwohl es offensichtlich war, daß ihr Vater und ihre Mutter sich nicht verstanden, habe die Mutter versucht, eine Fassade heiler Familienwelt aufrechtzuerhalten. Tatsächlich habe sie damit ihre Kinder hinters Licht geführt. Ihre jüngste Schwester sei wie die Mutter, indem sie der Welt eine intakte Familie vorführe – so Teresa. Tatsächlich betrüge ihr Mann sie. Als die Schwester sie vor vielen Jahren in Dänemark besuchte, habe sie versucht, sich an ihren – Teresas – Mann „heranzumachen". Sie selbst verfüge nicht über diese Möglichkeit, sich scheinheilig zu verhalten, deshalb glaube ihre Mutter wohl auch, sie kritisieren zu können.

Als Kind fühlte sie sich einsam. Sie war die älteste von insgesamt sechs Geschwistern, mit denen sie nach ihrer Schilderung immer nur ein loser Kontakt verband. Sie phantasierte sich als Einzelkind, das abwechselnd bei den Eltern und den Großeltern lebte. Obwohl später noch fünf Geschwister geboren wurden, hielt Teresa, die Realität verleugnend, an der Phantasie vom Einzelkind fest. Als sie fünf Jahre alt war, wurde ein Bruder, ein Jahr später eine Schwester, im Zeitraum von weiteren drei Jahren zwei Schwestern und, als sie achtzehn Jahre alt war, ein Bruder geboren. Der jüngste Bruder habe nicht geheiratet, er lebe bei der Mutter. Während der Schwangerschaften ihrer Mutter begann sich Teresa eine Phantasiewelt aufzubauen, in der sie eine einsame, aber erfolgreiche Tänzerin war. Mit der Schwere und der Unbeweglichkeit der schwangeren Mutter kontrastierte ihre phantasierte Leichtigkeit und Beweglichkeit. Gegen Ende eines unserer Gespräche erinnerte Teresa, als sie wieder auf die Tänzerinnenphantasie zu sprechen gekommen war, einen Vater, den sie nicht ablehnte. Er habe – so Teresa – ihre Phantasiewelt mit ihr geteilt. Er las ihr Märchen von Samaniego, Andersen und den Gebrüdern Grimm vor und erzählte ihr von Musik und Theater. Sie glaubte sich zu erinnern, viele, lange Nachmittage miteinander verbracht zu haben. Plötzlich aber, als sie zehn Jahre alt gewesen sei, habe sich das Verhalten des Vaters auf für sie unverständliche Weise geändert. Sie glaubte, den Vater, mit dem sie die Nachmittage geteilt hatte, für immer verloren zu haben. Mit siebzehn Jahren, als die Mutter zum letzten Mal schwanger war, lernte Teresa in den Ferien einen Dänen kennen, den sie drei Jahre später heiratete und dem sie nach Kopenhagen folgte. Bewußt verband sie mit Dänemark Freiheit, Demokratie und sozialen Fortschritt. Unbewußt suchte sie in ihrem späteren Mann den Vater der langen Nachmittage, der scheinbar nur ihr allein gehörte und der wie der Däne für ihre Familie ein Fremder war. Von der Beziehung zu ihrem Mann war sie schnell enttäuscht, hatte sie ihn zunächst mit ihren Wünschen und Phantasien ausgestattet, so konnte sie im Verlauf der Jahre vor seinen Eigenheiten nicht die Augen verschließen. Nachträglich meinte sie, er sei kalt, einfühlungslos und nur auf seinen eigenen Vorteil bedacht gewesen. An den Wochenenden habe er sich betrunken und sei unansprechbar gewesen. Teresa vertrat die Auffassung, er habe sie schlecht behandelt, weil sie in Dänemark keine Familie hatte. Wir verstanden, daß Familie ein Synonym für Spanien darstellte. Obgleich sie bewußt Spanien und ihre Familie ablehnte, so symbolisierten sie doch offenbar unbewußt Horte der Sicherheit und des Dazugehörens. Nach einigen Jahren zog Teresa – ihre Tochter war gerade drei Jahre alt – aus der ehelichen Wohnung aus, lebte bei Freunden und fand schließlich eine Anstellung bei der spanischen Botschaft in Kopenhagen. Da ihr Mann sich nicht habe allein versorgen wollen, habe er sie später gefragt, ob er bei ihr wohnen könne. Sie habe zugestimmt. Nach drei Jahren trennte sie sich jedoch endgültig von ihm. Die Zeit danach schilderte sie als äußerst kreativen, anregenden Abschnitt in ihrem Leben. Sie hatte einen großen Freundeskreis, neben ihrer Beschäftigung an der spanischen Botschaft dolmetschte sie bei der spanischen Handelskammer. Ihre Tochter lebte bei ihr, besuchte aber regelmäßig ihren Vater. Erst als dieser mit einer anderen Frau zusammenzog, brach Teresa die Beziehung zu ihm gänzlich ab, die sie trotz der räumlichen Trennung aufrechterhalten hatte.

In dieser Zeit lernte sie einen lateinamerikanischen Geschäftsmann kennen und verliebte sich – so ihre Worte – Hals über Kopf in ihn. Überstürzt gab sie ihre Wohnung und ihre Arbeit in Kopenhagen auf und folgte ihm gemeinsam mit ihrer Tochter nach Rom, wohin er seine Geschäfte verlegt hatte. Offensichtlich war der endgültige Bruch mit ihrem ersten Mann ausschlaggebend dafür, daß sie sich erneut „verliebte". Bisher hatte sie offenbar immer noch die Phantasie aufrechterhalten, ihr Mann habe Züge ihres Vaters, dies um so mehr, als sie nicht mehr mit ihm den Alltag teilte. Mit der endgültigen Trennung von ihm inszenierte Teresa den Verlust des Vaters, als sie zehn Jahre alt war. Ihr übereiltes, unreflektiertes Handeln speiste sich aus der unbewußten Motivation, in dem neuen Lebensgefährten ihren über alles geliebten Vater wiedergefunden zu haben, an dem sie festhalten wollte. Dafür war sie bereit, alles, was sie sich geschaffen hatte, von heute auf morgen aufzugeben. Bewußt war sie von ihrem neuen Partner enttäuscht, weil er sein Versprechen, sie nach ihrer Scheidung zu heiraten, nicht gehalten hatte. Unbewußt mag ihre Enttäuschung darin begründet gewesen sein, daß auch der neue Lebensgefährte wenig mit dem geliebten Vater zu tun hatte. Ähnlich wie sie ihren ersten Mann entwertete, als sie feststellen mußte, daß sie sich getäuscht hatte, so tat sie dies auch mit ihrem neuen Partner. Sie hätten sich schlecht verstanden, sie habe sich sehr abhängig von ihm gefühlt, weil sie von seinem Geld habe leben müssen, da es sehr schwer gewesen sei, in Italien Arbeit zu finden. Auf Nachfragen meinerseits, warum sie sich mit ihrem Lebensgefährten nicht verstanden habe, konnte mir Teresa keine Antwort geben. Sie lebte acht Jahre mit ihm zusammen. Ich konnte nicht herausfinden, wer sich von wem trennte; ich vermutete aber, daß Teresa die Initiative ergriffen hatte, da einmal mehr ihre unbewußten Sehnsüchte nicht in Erfüllung gegangen waren. Nach der Trennung blieb sie noch zwei Jahre in Rom; sie wollte sich beweisen, daß sie trotz aller Schwierigkeiten doch in der Lage war, sich ihr Leben selbst aufzubauen wie zuvor in Kopenhagen. Zuletzt arbeitete sie als Skript-Girl in Cinecittà.

Als ich Teresa kennenlernte, war sie auf Arbeitssuche und hatte bereits Kontakte mit einer Firma aufgenommen, die eine Reihe von Auslandsvertretungen unterhielt. Als sie mir dies mitteilte, senkte sie ihre Stimme so, als dürfe sie nicht laut sagen, daß sie eigentlich in Spanien nur auf Zwischenstation sei, bevor sie erneut weggehen werde. Als ich ihr sagte, sie müsse offenbar gleich zu Beginn, wenn auch unter Ängsten, klarstellen, daß sie wieder weggehen wolle und daß sie sich trotz meiner Interpretationen nicht von ihrem Vorhaben abbringen lassen werde, mußte sie lachen; es stimme, antwortete sie mir. Trotzdem wolle sie mit mir herausfinden, warum alles so gekommen sei und warum sie glaube, wieder weggehen zu müssen. Mit dem Auftakt unseres Gesprächs inszenierte Teresa ein doppeltes Beziehungsangebot. Einerseits sagte sie indirekt, sie fürchte Kritik wegen ihres Wunsches, Spanien wieder zu verlassen, andererseits aber teilte sie mir ihre Sehnsüchte gleichsam flüsternd mit, so als ob sie mich zur Komplizin ihrer Pläne machen wolle. Als ich ihr meine Beobachtungen und Wahrnehmungen mitteilte, erschrak sie; sie blickte mich irritiert und ertappt zugleich an. Warum ich meine, sie wolle mich zu ihrer Komplizin machen, fragte sie. Ich antwortete ihr, daß sie mir flüsternd ihre Pläne mitteilen müsse. Ja, das leuchte ihr ein, was sie aber nicht verstehe, warum ich glaube, daß sie sich von mir kritisiert fühle. Schließlich sei ich ja auch von zu Hause, von Deutschland, weggegangen und erwarte dafür keine Kritik, gab sie mir zur Antwort. Sie schwieg eine Weile und sagte dann, daß sie sich von ihrer Mutter verurteilt gefühlt habe; sie habe ihr ihr Interesse an den Männern vorgeworfen. Ihre Mutter habe mit großer Vehemenz ihren „Lebenswandel" kritisiert und ihr Vorhaltungen gemacht, daß sie sich von dem Mann scheiden ließ, mit dem sie ein Kind hatte, und daß sie jahrelang unverheiratet mit einem anderen Mann zusammenlebte. Ich machte sie darauf aufmerksam, daß die Mutter sie offenbar nicht für ihr Weggehen kritisiert habe, sondern für ihr Interesse an den Männern. Ob für sie, Teresa, das Weggehen aus Spanien und das Interesse an den Männern eins seien? Sie blickte mich lange an und ging scheinbar nicht auf meine Intervention ein. Wie der weitere Gesprächsverlauf jedoch deutlich machte, mußte sie sich zunächst ihrer Verbundenheit mit der Mutter versichern, um sich dann relativ angstfrei ihrem „Interesse an den Männern" zuzuwenden. Sie betonte, wie nahe sie sich der Mutter im Unglück gefühlt habe. Sie meinte, sie sei mit den Männern ebenso unglücklich gewesen wie die Mutter mit dem Vater; sie habe ebenso gelitten wie die Mutter. Während ihrer Jugend habe sie immer auf ihrer Seite gestanden, weil sie mitbekommen habe, daß der Vater sie schlecht behandelte. So habe er ihr ein Kind nach dem anderen „angehängt", sei aber zugleich seiner Wege gegangen. Sie haßte ihren Vater für sein schlechtes Benehmen der Mutter und seiner Familie gegenüber. „Wenn Du Dich mit den Männern ähnlich unglücklich gefühlt hast wie die Mutter, dann mußtest Du nicht mehr ihre Kritik wegen Deines Interesses an den Männern fürchten", gab ich zu bedenken. Es schien so, als hätte ich ihr mit meiner Deutung die Möglichkeit eröffnet, sich von der gefürchteten Kritik der Mutter zu distanzieren, denn nun begann sie auf sie zu schimpfen. Tatsächlich habe sie nach dem Tod ihres Vaters angefangen, die Rollenverteilung zwischen den Eltern zu hinterfragen; es sei nicht so gewesen, wie sie immer geglaubt habe, daß die Mutter die Heilige und der Vater das Monster war. „Und Du meinst, daß Du Deiner Mutter und dem Rest der Familie verbergen mußtest, daß der Vater längst vor seinem Tod für Dich kein Monster war, weil Du sonst die Kritik Deiner Mutter gefürchtet hättest", sagte ich ihr. So, als ob sie vor sich selbst und vor mir die liebevollen Gefühle zum Vater nicht eingestehen dürfe, und so, als ob sie glaube, die Liebe zum Vater habe etwas Dirnenhaftes, begann sie nun ihrerseits die Mutter indirekt als Dirne zu bezeichnen. Bei ihr sei alles Fassade gewesen, sie habe ihren Kindern scheinheilig und verlogen eine heile Familienwelt vorgespielt, tatsächlich aber sei sie der Sexualität überhaupt nicht abgeneigt gewesen, denn sie habe schließlich ein Kind nach dem anderen bekommen. „Du meinst, daß Du Dich nicht nur im Unglück der Mutter nahe gefühlt hast, sondern auch mit Deinen sexuellen Wünschen den Männern gegenüber", sagte ich. Diese Deutung ermöglichte Teresa, über die Beziehung zu ihrem Vater zu sprechen; zunächst lächelte sie jedoch vor sich hin und schwieg. Sie habe ihren Vater zwar während ihrer Jugend über lange Jahre abgelehnt, aber jetzt erinnere sie auch, daß sie eine innige Beziehung mit ihm verbunden habe. Sie verbrachte lange Nachmittage mit ihm; er habe ihr Märchen vorgelesen und vom Theater und von Musik gesprochen. Am besten hätte ihr das Märchen „Die roten Schuhe" von Andersen gefallen. Später habe sie gemeinsam mit ihm den Film gesehen, der nach dem Märchen gedreht worden sei, und die Phantasie entwickelt, Tänzerin werden zu wollen. Tatsächlich sei das in der damaligen Zeit gewagt gewesen, denn in ihrer Kindheit galten Tänzerinnen und Schauspielerinnen als Dirnen. Der Vater habe aber diese moralische Verurteilung im Gegensatz zur Mutter nicht geteilt, fügte sie mit leiser Stimme hinzu; er vermittelte ihr vielmehr das Gefühl, sich für ihre Begeisterung für die roten Schuhe nicht schuldig fühlen zu müssen wie das Mädchen im Märchen. „Du hattest offenbar das Gefühl, Dein Vater sei Dein Komplize, dem Du flüsternd wie mir zu Beginn unserer

Gespräche Deine geheimsten Wünsche mitteilen konntest." Sie schüttelte begeistert den Kopf, so als erinnere sie sich voller Lust an die Nachmittage. Jetzt phantasierte sie den Vater als Bewunderer ihrer Weiblichkeit; er war in ihrem Gefühl nicht der strafende Vater wie der Henker im Märchen, der dem Mädchen mit den roten Schuhen auf seinen Wunsch hin die Füße abhackte. Sie glaubte, diesen Vater verloren zu haben, als sie zehn Jahre als war; bis heute verstehe sie nicht, warum aus dem freundlich zugewandten ein abweisender, unfreundlicher Vater geworden sei. Ich sagte ihr, daß sie sich zwar vom Vater nicht verurteilt gefühlt habe, daß sie sich vielleicht aber selbst für ihre Phantasien kritisierte, in denen sie den Vater für sich allein beanspruchte, sich eine exklusive Beziehung mit ihm wünschte, aus der die gesamte Familie, insbesondere aber die Mutter, ausgeschlossen gewesen sei. So habe sie vielleicht selbst aus dem zärtlich zugewandten den abweisenden Vater gemacht.

Darauf reagierte sie zunächst mit Unverständnis; wieso sollte sie den zärtlichen in den unfreundlichen Vater verwandelt haben, es sei ihr doch so viel an seiner Liebe gelegen gewesen, fragte sie mich. Ich sagte ihr, sie habe doch vorher davon gesprochen, daß sie sich von der Mutter für ihr Interesse an den Männern verurteilt fühlte, sie habe ihr vorgeworfen, es gefalle ihr, die Männer zu verführen. Vielleicht habe sie damals, als sie zehn Jahre alt war, auch die Verurteilung durch die Mutter gefürchtet, weil sie die Nachmittage allein mit dem Vater verbrachte. Da sie aber auf die Zuwendung der Mutter angewiesen gewesen sei und sie sicher auch liebte, habe sie lieber aus dem zärtlichen Vater den bösen gemacht, um nicht in Konflikt mit der Mutter zu geraten. Daraufhin meinte sie, dies sei also der Grund, warum sie während ihrer Jugend immer auf der Seite ihrer Mutter gestanden habe. Dies änderte sich allerdings nach dem Tod des Vaters, als ihr klar wurde, wie scheinheilig die Mutter während ihrer Kindheit und Jugend gewesen sei. „Nach seinem Tod konntest Du Dir Deine Gefühle für ihn eingestehen, jetzt gehörte er ja niemandem mehr, weder Dir noch der Mutter." Daraufhin blickte sie lange schweigend vor sich hin. Sie bedauere, daß sie sich in ihrer Jugend von ihm abwandte, denn sie habe ihn sehr geliebt. Ich sagte ihr: „Du hast damals zwar bewußt Deinen Vater verurteilt, aber zur gleichen Zeit fingst Du an, ihn in Dänemark zu suchen, weit weg von der Mutter."

Zunächst versuchte sie, meine Intervention abzuwehren, indem sie wieder von Dänemark, von seiner Demokratie und seiner Freiheit zu schwärmen begann. Als ich schwieg, wurde sie nachdenklich und blickte ebenfalls lange schweigend vor sich hin. Ich sagte ihr, schließlich sei sie von Dänemark nach Italien gegangen, weil sie einen Mann kennenlernte, in den sie sich Hals über Kopf verliebte. Man könne sicherlich nicht davon ausgehen, daß Italien ebenso wie Dänemark Demokratie und Freiheit für sie symbolisiert habe. „Du meinst also auch, der war...?", fragte sie vage, ohne ihren Satz zu beenden. Ihre Handlungsweise sei ihr schon unverständlich gewesen. In Dänemark baute sie sich eigenständig ein Leben auf; wie habe sie dies nur so leichtsinnig aufs Spiel setzen können? „Es sei denn, daß auch Dein Lebensgefährte für Dich Züge Deines Vaters hatte und daß Du einmal mehr wie damals, als Du nach Dänemark gegangen bist, glaubtest, in dem fremden Mann Deinen Vater wiedergefunden zu haben. Du konntest ihn lieben, ohne die Verurteilung durch Deine Mutter fürchten zu müssen, Du hattest sie ja vermeintlich in Spanien zurückgelassen", antwortete ich ihr. Das sei aber ein Ding, ob ich glaube, daß die Beziehung zu ihrem Vater eine solche Bedeutung für sie gehabt habe, daß sie ihn in halb Europa suchte?, wandte sie ein. Sie sei immer der Meinung gewesen, sich mit ihrem Weggang von ihrer Familie und von Spanien emanzipiert zu haben. Und jetzt müsse sie feststellen, daß sie Spanien, d.h. ihren Vater, in Kopenhagen und in Rom gesucht habe. Sie schwieg lange und sagte dann nachdenklich, es gebe tatsächlich etwas in ihr, das sie immer wieder ins Ausland treibe, z.B. auch jetzt wieder. „So, als ob Du im Ausland ungestraft die Nachmittage mit dem Vater verbringen könntest; an denen Du Dich offensichtlich auch als seine Tänzerin und seine Dirne phantasiert hast, ohne die Strafe Deiner Mutter fürchten zu müssen. Schließlich hast Du Dich ja an ihre Stelle setzen wollen." Daraufhin sagte sie, sie habe sich eigentlich selbst gestraft, denn in beiden Beziehungen sei sie nicht glücklich geworden. Verzweifelt fügte sie hinzu: „Dann hat also alles keinen Zweck, ich kann Spanien nie loswerden." Ich gab ihr zu bedenken, daß man auch sagen könne, sie sei in ihrer inneren Welt gefangen, in der sie sich als die Geliebte des Vaters und die Rivalin der Mutter phantasiere. Dann seien aber doch alle ihre Anstrengungen, sich in Dänemark und in Italien ein Leben aufzubauen, umsonst gewesen, antwortete sie. Ich hätte ja recht, es sei doch auffällig, daß sie immer wieder alles aufgegeben habe. Über sich selbst ironisch lächelnd, fügte sie hinzu: „Und jetzt soll alles wieder von vorne anfangen. Ich gehe weg und komme wieder. So kann das aber doch nicht immer weitergehen." Ohne mich explizit zu fragen, wollte sie wissen, was sie nun machen solle. Ich gab ihr zu bedenken, daß ich Gefahr liefe, die Rolle der Mutter zu übernehmen, die ihr verbiete, weiter nach dem Vater zu suchen, wenn ich sie auffordere, hier zu bleiben. Wenn ich ihr hingegen zu verstehen gäbe, sie solle wieder weggehen, könne sie phantasieren, ich rege sie dazu an, weiter nach dem Vater zu suchen. Sie stimmte mir zu und meinte, sie wolle erst einmal hier in Spanien Arbeit suchen. Vielleicht sei es auch für ihre Tochter besser, hierzubleiben und nicht ewig auf Wanderschaft zu sein. Zum Abschluß unserer Gespräche bedankte sie sich bei mir; ich hätte sie mit einer Welt bekanntgemacht, von der sie bisher nichts gewußt habe. Daß ihre Emigration die Bedeutung habe, den Vater zu suchen, hätte sie sich nicht vorstellen können. Noch einmal betonte sie, daß sie immer der Meinung gewesen sei, mit ihrem Weggang eine freie Entscheidung getroffen zu haben. Jetzt aber verstünde sie, daß sie tatsächlich aus innerer Unfreiheit handelte.

Auch Teresas Überich hat durch ihre Migration keine Veränderung erfahren, es ist auch nicht zu einer dauerhaften Bereicherung ihres Ich-Erlebens gekommen. Allerdings hing dies nicht damit zusammen, daß sie sich von ihrer Umwelt sowohl in Dänemark als auch in Italien abgelehnt gefühlt hätte, schließlich war sie weder Ehefrau eines Arbeitsemigranten noch selbst Arbeiterin, sondern mit ihrer Fixierung an einen unbewußten Konflikt, ins Ausland getrieben, den ödipalen Vater zu suchen und wiederfinden zu müssen. Alle neuen Erfahrungen erlebte sie im Raster dieser Konflikthaftigkeit, die Gegenwart trug für sie immer Züge der Vergangenheit. Daß sie problemlos Dänemark mit Italien austauschen konnte, obgleich sie die Wichtigkeit von Freiheit, Demokratie und sozialem Fortschritt immer wieder betonte, zeigt, daß diese Werte ihrem Überich äußerlich geblieben sind; ihr Handeln bestimmt sich vielmehr über den Versuch der Realisierung des Wunsches, den geliebten Vater wiederzufinden. Auch in ihrem Einsatz für die Rechte der „Unentgeltlichen", in der Schule und später für die Arbeiter im Eisenhüttenwerk, kommt nicht etwa eine verinnerlichte Überich-Norm zum Ausdruck, als vielmehr die Identifizierung Teresas mit den „Unentgeltlichen" und den Arbeitern, den Unterlegenen und Zukurzgekommenen, so wie sie sich in der Beziehung zum Vater hinter die Mutter zurückgesetzt gefühlt hatte. Daß Teresas Überich-Stärke jedoch gegen die Verwirklichung einer Beziehung mit dem Vater Einspruch erhebt, manifestiert sich in den immer wieder scheiternden Männerbeziehungen. Auf die wiederholten Versuche, das Inzesttabu zu verletzen, reagiert das Überich mit Bestrafung. Aufgrund ihrer geringen Überich-Flexibilität kann sich Teresa langfristig nicht an unbefriedigende Situationen anpassen; sie geht, getrieben von der Suche nach dem Vater, von Spanien nach Dänemark und von dort nach Italien. Ihr Ich steht völlig unter der Herrschaft ihrer ödipalen Wünsche, die Befriedigung verlangen. Die Fixierung an die Erfüllung ödipaler Wünsche führt zu Einschränkungen der Ich-Funktionen; die Suche nach der Vereinigung mit dem geliebten Vater ist höher besetzt als das Festhalten an einmal erreichten Ich-Zielen, wie beispielsweise am Aufbau eines eigenen Lebens in Dänemark.

Während die Arbeitsremigrantinnen an einem Konflikt zwischen Ich und Überich leiden, steht bei Teresa der Es-Überich-Konflikt im Zentrum ihrer Neurose. Auch ihre Realitätsprüfung ist infolge des Konflikts zwischen den Überich-Geboten und Verboten und den Es-Wünschen eingeschränkt. Da es sich aber nicht ursprünglich um einen Ich-Überich-Konflikt handelt, ist die Einschränkung der Realitätsprüfung gleichermaßen sekundär und im Augenblick der Konfliktlösung rückgängig zu machen, so wie dies aus den psychoanalytischen Behandlungen neurotischer Patienten bekannt ist. Die Analyse der Gespräche mit Teresa macht deutlich, wie sich der innerpsychische Konflikt äußerer Realität im Dienst von Bestrafung und Wunscherfüllung bedient. Der Versuch der Konfliktverarbeitung der Arbeitsremigrantinnen, der sich insbesondere in der Wiederbelebung eines archaischen Überichs manifestiert, hat u.a. auch aufgrund der anhaltenden Regressionen fast charakterbildende Funktion; die Bearbeitung dieser Regressionen ist so gut wie ausgeschlossen. Anders als bei Eva, Ana und Merche sind bei Teresa eine Reihe frühkindlicher Traumen nachweisbar, auf deren Bedeutung für die Migrationsverarbeitung die psychoanalytische Migrationstheorie verweist. Die Arbeitsremigrantinnen sind durch ihre Migrationserfahrungen und -erlebnisse, die Regressionen förderten, krank geworden; Teresa war bereits vor ihrer Auswanderung psychisch krank, ja ihre Neurose hat den Ausschlag für ihre Migration gegeben. Angesichts der letzten Schwangerschaft der Mutter konnte sie nicht mehr an der Phantasie festhalten, die Auserwählte des Vaters zu sein. Sie begann, ihn außerhalb Spaniens zu suchen, weil sie ihren Wunsch nach Vereinigung mit ihm nicht aufgeben wollte und konnte. Teresas Ich hat durch die Migration nicht wirklich Schaden genommen wie das der Arbeitsremigrantinnen. Es war ein neurotisch beschädigtes Ich vor und nach der Migration. Ich habe bereits darauf verwiesen, daß seine Einschränkungen mit der Lösung des neurotischen Konflikts aufgehoben werden können. Die Ich-Veränderungen der Remigrantinnen jedoch, Resultat tiefgehender und langanhaltender regressiver Prozesse, ausgelöst durch die bewußt und unbewußt motivierte Absicht, Anpassung an eine als gleichgültig und feindselig erlebte Umwelt zu erzwingen, sind irreversibel. In einem fast chronisch zu nennenden Konflikt zwischen dem Ich und dem Überich kommt es, darauf habe ich bereits weiter oben verwiesen, zu depressiven Charakterbildungen, die keine Veränderung mehr zulassen.

8. *Die Gruppe*

8.1 Vorbemerkung

Die Gruppe kam mit der Unterstützung von Matilde zustande; sie war mir insbesondere bei der Kontaktaufnahme mit den Frauen behilflich. Ich ging von der Annahme aus, daß die Reflexion des Migrationserlebnisses den Frauen bei ihrer Wiederanpassung an die ehemals vertraute, jetzt aber fremd gewordene Umgebung helfen könne. Während meiner Tätigkeit bei APOYAR war mir aufgefallen, daß viele Frauen ein negatives Spanienbild hatten und die Immigrationsländer idealisierten, von denen sie voller Bewunderung und Verehrung sprachen, während sie Spanien mit Entwertung und Verachtung begegneten.

Ich traf mich mit der Gruppe, die meist aus 10-14 Frauen bestand, wöchentlich während knapp eines Jahres. Zu einigen Sitzungen brachten die Frauen ihre arbeitslosen Männer mit. Die Mehrzahl der Gruppenteilnehmerinnen hatte in Frankreich gearbeitet, vier Frauen in der Bundesrepublik, zwei in der Schweiz und eine in Holland. Sie waren überwiegend mit ihren Männern emigriert oder ihnen nach kurzer Zeit gefolgt. Eine Teilnehmerin war mit 18 Jahren aus Eigeninitiative in die Bundesrepublik ausgewandert. Die Mehrzahl der Frauen hat keine Schule besucht. Sie stammten überwiegend aus ländlichen Gegenden, emigrierten zuerst nach Madrid und später von dort ins Ausland, wo sie 20-25 Jahre gearbeitet hatten. Die Fluktuation in der Gruppe war sehr groß; manchmal waren nur vier bis fünf Frauen anwesend, zur nächsten Sitzung erschienen zehn bis zwölf. Es kam auch vor, daß Kinder zu den Gruppensitzungen kamen, die vorher auf dem Flur vor dem Gruppenraum gespielt hatten. Obwohl ich in der ersten Stunde erklärt hatte, worum es ging, daß wir über die Rückkehrerlebnisse sprechen wollten, passierte es doch immer wieder, daß auch Frauen zur Gruppe kamen, die Hilfe beim Ausfüllen von Formularen suchten. Dies hing u.a. damit zusammen, daß Matilde mit einer Mitarbeiterin von APOYAR auf einer Seite des durch eine bewegliche Wand aufgeteilten Raumes Beratungen über Renten-, Arbeitslosenanträge u.ä.m. durchführte. Die Gruppe wurde für die Frauen zu einem Ort der Begegnung und des Austausches von Erlebnissen und Eindrücken; nur allmählich konnten sie sich auch damit anfreunden, Konflikte zu bearbeiten. Die Gruppenteilnehmerinnen fühlten sich deshalb auch nicht im geringsten gestört, wenn neue Frauen hinzukamen, die dann wieder wegblieben, weil ihre Antragsformulare ausgefüllt und die Beratung bei Matilde abgeschlossen war. Trotz der Fluktuation hatte sich ein fester Kern von fünf Frauen gebildet, die auch an den Alphabetisierungskursen teilnahmen. Wir trafen uns im Centro Cívico Julián Besteiro in Zarza Quemada. Ich stellte mich als Psychologin und Forscherin, als Mitarbeiterin bei APOYAR vor, die seit einigen Jahren in Madrid lebte. Sinngemäß habe ich den Frauen gesagt, daß ich gemeinsam mit ihnen herausfinden wolle, welche Erfahrungen sie bei der Rückkehr nach Spanien gemacht hatten, ob sie glaubten, in ein vertrautes oder in ein fremdes Land gekommen zu sein, und ob sie sich in Spanien aufgenommen oder abgelehnt fühlten. Dies schloß selbstverständlich mit ein, auch über die Emigrationserlebnisse zu sprechen. Waren sie doch neben vielen anderen Faktoren ausschlaggebend dafür, wie die Frauen die Remigration erlebten und verarbeiteten.

Zur ersten Stunde waren vierzehn Frauen und ein Mann erschienen. Während der Sitzung ging es lebhaft zu. Nachdem wir uns vorgestellt hatten, redeten fast alle durcheinander und fielen sich gegenseitig ins Wort; die Schüchternen kamen nicht zum Zug. Ich überlegte, ob ich dafür sorgen sollte, daß jede Frau sprechen konnte, hielt mich aber zurück. Später verstand ich, daß sich die Gruppenteilnehmerinnen im allgemeinen Stimmengewirr zu verstecken suchten; ihr Widerstand, sich mit dem Rückkehrerlebnis zu konfrontieren, war deutlich spürbar. Die Frauen formulierten dies so: „Es war eine schlimme Zeit, die wir nach unserer Rückkehr durchlebt haben, wir wollen nicht daran erinnert werden, denn jetzt geht es uns schon besser." Sie meinten damit, daß weder ihre Männer noch sie selbst Arbeit gefunden hatten, und daß sie häufig von ihren Ersparnissen leben mußten. Während der ersten Zeit in Madrid zweifelten viele daran, ob ihr Entschluß zurückzukehren, richtig gewesen sei. Als sich Loli, eine Rückkehrerin aus der Bundesrepublik, die seit drei Jahren in Aluche lebte, im allgemeinen Tumult das Wort verschaffte und mit Nachdruck der Gruppe ihre Deutschlandbegeisterung vermittelte, vermutete ich, daß es sich dabei um eine Abwehrbewegung gegen eine Konfrontation mit den Enttäuschungen in bezug auf Spanien handelte. Lolis Mitteilungen ließen jedoch zunächst eine andere Interpretation zu. Engagiert betonte sie, daß ihr Aufenthalt in München für ihre Kinder besonders positiv gewesen sei; die deutsche Kultur habe sie stark geprägt. Sie fuhr fort, daß ihre Familie leider ihrer Krankheit wegen nach Spanien zurückkehren mußte; sie fühle sich jedoch hier nicht wohl. Daß sich unter fünfzehn Teilnehmern und Teilnehmerinnen, von denen die Mehrzahl in Frankreich gearbeitet hatte, Loli, die aus München kam, das Wort verschaffte und ihre Zugehörigkeit zu Deutschland sowie ihre Abgrenzung von Spanien unterstrich, verstand ich als Angebot der Gruppe an mich nach dem Motto: „Wir kennen und schätzen Dein Land, dessen Kultur uns und unseren Kindern viel gegeben hat. Wir möchten lieber zu Dir und Deinen Landsleuten gehören als zu unseren eigenen." Als ich der Gruppe diese Überlegungen mitteilte, begann Loli von der Ordnung, der Sauberkeit, der Pünktlichkeit und der strengen Kindererziehung in der Bundesrepublik zu sprechen. Sie betonte, daß sie diese Eigenschaften sehr schätze. So fand sie es z.B. positiv, daß die Kinder in München abends früh zu Bett gehen mußten und nicht wie in Spanien bis spät in die Nacht auf den Straßen und den Parks spielen durften. Ich verstand, daß Loli mit Kultur unmittelbar Erlebtes, konkrete Lebensformen meinte. Die Aufklärung, daß sie unter Kultur den Ablauf des Alltagslebens verstand, ermöglichte mir, ihren Diskurs zu verstehen, dessen abstrakte Verallgemeinerungen mich zunächst irritiert hatten. In der Folgezeit untersuchte ich die Aussagen der Frauen: „Die deutsche, die französische Kultur hat uns viel gegeben" immer auf ihren konkreten lebensunmittelbaren Gehalt.

Auch die körperliche Schwerstarbeit, die Loli in der Bundesrepublik verrichtet hatte, beeinträchtigte ihre Begeisterung nicht. Sie vertrat die Auffassung, daß sie, die Emigranten, ungebildete Menschen seien – sie bezeichnete sie und sich als Esel – und deshalb auch keine bessere Arbeit verdient hätten. Sie fand es richtig, daß sie Tätigkeiten verrichteten, die die Deutschen nicht übernehmen wollten. Sie habe über längere Zeit in einem Betrieb an einem Bohrer gearbeitet, davon habe sie Blutblasen an den Händen bekommen. Drei Kolleginnen, die aus Galizien kamen, hätten diese Art von Arbeit leichter verrichten können, da sie in ihrem Dorf bei der Kartoffelernte halfen. Sie hätten ihr den Rat gegeben, abends zu Hause die Hände in Salz und Essig zu halten, damit ihr eine Hornhaut wachse. Die Selbstbezichtigung, sie und die anderen Emigranten hätten keine bessere Arbeit verdient, verstand ich als Ausdruck der Identifizierung mit der Meinung, die die Deutschen, nach Lolis Auffassung, von spanischen und anderen Arbeitsemigranten hatten; indem sie sich mit den Vorurteilen identifizierte, nahm sie Verurteilungen durch die als abweisend erlebte Umwelt vorweg. Auf den Einwand einer vor fünf Jahren aus Frankreich zurückgekehrten Emigrantin, daß Spanien nicht so schlecht sei, wie sie das Lolis Worten entnehme, bestätigte eine andere Rückwanderin aus der Bundesrepublik noch einmal Lolis Auffassung, die Bundesrepublik sei zivilisiert, Spanien hingegen unzivilisiert. Meine Interpretation, daß Loli das äußere, was die Deutschen vermeintlich dächten, wurde von der Gruppe nicht akzeptiert. Vielmehr vertiefte sich in den nächsten Sitzungen weiter die Ablehnung Spaniens.

In einer dieser Stunden erzählte Loli wie nebenbei, daß sie in der Bundesrepublik krank geworden sei, so daß ihr eine Niere entfernt werden mußte. Eine andere Frau teilte mir nach dieser Stunde mit, daß Loli auch nach ihrer Rückkehr nach Spanien schwer erkrankt sei; sie hatte einen Herzinfarkt, und ihr Leben habe an einem seidenen Faden gehangen. Das Wissen um Lolis Erkrankungen, von denen sie in der Gruppe nur nach langem Zögern eine erwähnt hatte, machte es mir möglich, ihr Vorpreschen mit der Begeisterung für Deutschland in der ersten Stunde auch als Abwehr gegen das Erleben von Hilflosigkeit und Ohnmacht zu interpretieren. In ihrer Selbstverachtung und in der Herabsetzung der eigenen Landsleute manifestierte sich ihre Depression, die ihren Ausdruck in schweren körperlichen Erkrankungen fand. Den durch Lolis Beitrag eröffneten Interpretationszusammenhang zwischen Depression und Hilflosigkeit einerseits und der Idealisierung Deutschlands andererseits behielt ich im Auge, ohne ihn an dieser Stelle weiter zu vertiefen.

Ich versuchte im Gruppenverlauf zunächst dem nahe zu kommen, was die Frauen unter Spanien verstanden, und kontrastierte das Spanien ihrer Emigration, das der Franco-Diktatur, mit dem heutigen demokratischen Spanien. Ich stieß damit zunächst auf Unverständnis, bald aber wurde deutlich, daß ich den Frauen die Möglichkeit eröffnet hatte, das zu formulieren, was ihnen Spanien bedeutete. Für alle Gruppenteilnehmerinnen war das Spanien von damals durch die katastrophale ökonomische Lage gekennzeichnet, die sich inzwischen zwar gebessert hatte, aber im Vergleich mit Deutschland, der Schweiz und Frankreich immer noch viel schlechter war. Die Männer zweier Frauen waren nach der Rückkehr mit 50 und 52 Jahren arbeitslos. Ich erinnerte, daß Loli mit Kultur konkrete Lebensformen des Alltags gemeint hatte und vermutete, daß das gleiche auch für das Spanien-Verständnis der Frauen galt. Die Franco-Diktatur war für die Frauen durch ihre persönliche schlechte ökonomische Lage, durch Armut, Elend und einen Mangel an Bildungsmöglichkeiten gekennzeichnet. Wenn sie von Spanien sprachen, so meinten sie immer ihre persönlichen Lebens- und Erlebnisformen, ihre eigenen Erfahrungen. Im Diskurs der Frauen war jedoch diese konkrete Ebene nicht mehr unmittelbar auszumachen; sie versteckte sich vielmehr hinter globalen Äußerungen und Behauptungen. Spanien bot zwar heute, wie bereits erwähnt, mehr finanzielle Verdienstmöglichkeiten als zu der Zeit, in der die Frauen emigrierten; da sie jedoch nach der Rückkehr keine Arbeit gefunden hatten, blieb die veränderte soziale, ökonomische und politische Situation für sie bedeutungslos. Der Umstand, daß alle in der Gruppe anwesenden Frauen nach ihrer Rückkehr arbeitslos wurden, war für sie Grund genug, Spanien mit Ablehnung zu begegnen. Selbstbewußt betonten sie, daß sie keinesfalls bereit seien, als Putz- oder Haushaltshilfen zu arbeiten; sie ließen sich nicht ausnutzen. An ihren Arbeitsstellen im Ausland hatten sie erfahren, wie wichtig es war, arbeitsrechtlich abgesichert zu sein, über geregelte Bezahlung, Freizeit und bezahlten Urlaub zu verfügen. In den folgenden Sitzungen führte ich globale Aussagen wie Spanien sei unzivilisiert, tauge nichts im Verhältnis zur Bundesrepublik oder Frankreich immer auf ihren konkreten Gehalt zurück, um zu verstehen, was die Frauen damit zum Ausdruck bringen wollten. Tatsächlich hatten sie und ihre Familien vor der Emigration kaum das Nötigste besessen, während sie in den mitteleuropäischen Ländern Geld verdienten. Daß es den Frauen und ihren Familien leicht gefallen war zu emigrieren, daß sie aber viele schlaflose Nächte verbracht hatten, um die Entscheidung zur Remigration zu fällen – dies betonten alle Frauen –, war unmittelbar nachvollziehbar. Erwartete sie doch bei der Rückkehr soziale und ökonomische Unsicherheit. Enttäuscht wandten sie sich von Spanien ab. Fast alle hatten im Ausland gearbeitet und mit ihrer Arbeit aktiv zum Lebensunterhalt ihrer Familien beigetragen. Sie hatten den Rahmen verlassen, der durch die Familie gesetzt war, und außerhalb, in der Öffentlichkeit des Arbeitslebens, Verantwortung übernommen. Der spanische Staat verweigerte ihnen nach ihrer Rückkehr jedoch indirekt dieses Stück Selbstentfaltung, indem er sie zur Arbeitslosigkeit verdammte, sie an den heimischen Herd zurückschickte und sie zu Zwangshausfrauen machte. Dies geschah zu dem Zeitpunkt, als sie ihre Kinder großgezogen hatten und im Haus weniger gebraucht wurden als vorher.

In den folgenden Sitzungen brachten einige der Frauen ihre Sehnsucht zum Ausdruck, an die Orte zurückzukehren, an denen sie gearbeitet, ihre ersten Ehejahre verbracht, ihre Kinder bekommen und aufgezogen hatten. Juani, eine neu hinzugekommene Rückkehrerin aus Holland sagte lächelnd und ein wenig ironisch: „Schließlich habe ich in Holland meine Flitterwochen verbracht." Ich interpretierte die Sehnsucht der Gruppenteilnehmerinnen nicht als Idealisierung des Verlorenen, sondern als Versuch, an einem wichtigen Abschnitt ihres Lebens festzuhalten. Zunächst formulierten sie den Wunsch nach Kontaktaufnahme mit der Vergangenheit als Bedürfnis ihrer Kinder.

Auf meinen Einwand, daß es doch um ihre eigenen Sehnsüchte gehe, wurden sie lebhafter. Die Frankreich-Rückkehrerinnen berichteten, daß sie alle französischen Filme im Fernsehen ansähen. Angelita erwähnte, daß sie zu ihren Kindern sage: „Sieh mal, hier haben wir gewohnt.“ Lolis Idealisierung des deutschen Lebens kontrastierte mit der differenzierten Sichtweise dieser Frauen, die weder Spanien ablehnten, noch das Verlorene idealisierten, die vielmehr ihrer Sehnsucht nach dem Verlassenen, das sie offenbar als Teil von sich selbst erlebt hatten, Ausdruck verliehen.

In der nächsten Sitzung setzte sich eine Gegenbewegung in der Gruppe gegen diese differenzierte Sichtweise durch, die von Angeles eingeleitet wurde. Sie hatte 26 Jahre in Mitteleuropa gelebt, drei davon in der deutschsprachigen Schweiz und 23 Jahre in der Bundesrepublik, die sie ebenso glühend pries wie zuvor Loli. Ich hatte nach der Gruppensitzung notiert: „Der Mann von Angeles wollte zurück, sie aber nicht. Sie hat zwei Schwiegersöhne in der Bundesrepublik und preist leidenschaftlich das deutsche Leben, das sie scharf von dem in der deutschsprachigen Schweiz unterscheidet. Ihr Mann habe in der Schweiz gearbeitet, da sie dort keine Arbeit fand, ging die Familie in die Bundesrepublik, wo sie sich immer gut aufgehoben gefühlt habe. Die wenigen Worte, die sie auf deutsch sagte, beispielsweise die der Unterwäsche – Firma Schießer, wo sie gearbeitet hatte, sprach sie fast unverständlich aus. Ich spürte, wie innerlich Wut in mir hochstieg über die Lobpreisung des deutschen Lebens, dessen Sprache Angeles nicht einmal beherrschte. Sie fuhr fort, daß die Schweizer die Schrecklichsten gewesen seien. Alle stimmten ihr zu, die Schweizer seien wirklich schlimm, hochnäsig und von oben herab. Chelo, die als Kassiererin im Lausanner Bahnhofsrestaurant gearbeitet hatte, bemerkte, daß man ihr häufig gesagt habe: 'Was machst Du hier, Du Ausländerin?' Carmen, die nach Luzern emigriert war, stimmte ihr zu. 'Die Schweizer seien hochmütig und diskriminierten die Ausländer.' In der Deutschlandbegeisterung von Angeles kam einmal mehr die ins Abstrakte, in die Verallgemeinerung aufgelöste Alltagserfahrung zum Ausdruck. Auf diese Mechanismen habe ich bereits bei der Entschlüsselung von Lolis Kulturverständnis und der Spanienauffassung der Gruppenteilnehmerinnen verwiesen. Ich konnte in der Gruppensitzung, in der Angeles in sehr allgemeiner Form von ihren konkreten persönlichen Erfahrungen in der Bundesrepublik gesprochen hatte, nur deshalb wütend werden, weil ich zunächst nicht verstanden hatte, daß es ihr um die Mitteilung von unmittelbaren Erlebnissen in ihrem konkreten Lebensalltag ging. Erst über die Distanzierung von meinem Ärger konnte ich Näheres über ihr Leben in der Bundesrepublik in Erfahrung bringen. Auf die Verunsicherung durch die Formulierung eines Deutschlandbildes, das verschieden von meinem war, reagierte ich zunächst aggressiv und mit Entwertung. Angeles hatte, bevor sie in die Schweiz emigriert war, mit ihrem Mann in Madrid bei der Schwiegermutter gelebt, der sie für ein Zimmer eine kleine Miete zahlten, da sie kein Geld für eine eigene Wohnung hatten. Zwischen ihrem Mann und ihrem Schwager ist es zu beständigen Streitereien und manchmal sogar zu Handgreiflichkeiten gekommen. Als sie heiratete, war sie 17 und ihr Mann 20 Jahre alt. Ihre beiden Töchter wurden in der Zeit geboren, in der sie bei der Schwiegermutter lebte, die sich in alles eingemischt und immer herumgeschrien habe. Ihr Mann habe ihr bei der Erziehung der Kinder nicht geholfen; er sei vielmehr häufig mit seinen Freunden ausgegangen und habe viel getrunken. Mit der Emigration befreite sich Angeles nicht nur von den beengten Wohnverhältnissen und dem Einfluß der Schwiegermutter, sie begann nach einiger Zeit selbst zu arbeiten und Geld zu verdienen. Ihre persönliche schlechte Erfahrung in der Schweiz, wo sie keine Arbeit gefunden hatte, ließ alle Schweizer zu schlechten Menschen werden. Ihre Ablehnung der eigenen Landsleute wurde von der Gruppe vehement unterstützt. Daß sie schlecht von den Spaniern sprach, hing einerseits mit ihren Erfahrungen vor der Emigration zusammen, andererseits aber auch mit der Situation, mit der sie bei ihrer Rückkehr konfrontiert gewesen war. Sie hatte immer davon geträumt, in Spanien ein Kleidergeschäft zu eröffnen. Die teuren Mietpreise in Madrid und die geringen Ersparnisse, die sie aus der Emigration mit nach Spanien gebracht hatte, erlaubten ihr jedoch nicht an die Verwirklichung ihrer Pläne zu denken."

8.3 Die Identifizierung mit dem Fremden und die Selbstentwertung

Anhand der Analyse der Übertragungsbeziehung lassen sich erste Aufschlüsse erarbeiten, warum Angeles von guten Deutschen und bösen Schweizern sprach. Die strenge Auftrennung zwischen den deutschsprachigen Schweizern und den Deutschen legt nahe, daß Angeles' Beziehung zu den Deutschen nicht nur harmonisch war, wie sie vorgab; um die Anpassung an die „guten Deutschen" zu leisten, projizierte sie die bösen Anteile auf die Schweizer. In der Gruppe übernahm sie die Funktion, die vorher Loli inne hatte, nämlich mir stellvertretend für die Teilnehmerinnen zu signalisieren, daß die Deutschen (die Analytikerin) gute Menschen seien und daß sie lieber zu ihnen als zu den eigenen Landsleuten gehören möchte. Mich hatte ihre Formulierung, ihre beiden Schwiegersöhne lebten in der Bundesrepublik, ohne ihre Töchter zu erwähnen, stutzig gemacht. Kam darin doch auch ähnlich wie in Lolis Lobpreisung der deutschen Kultur die Idealisierung des Deutschen und die Entwertung des Eigenen (der Töchter) zum Ausdruck. Ich ging davon aus, daß ich in der Gegenübertragung Angeles' Wut auf die Deutschen gespürt hatte, die sie hinter ihrer Überschwenglichkeit nur notdürftig verbarg. In der nächsten Stunde übernahm es eine andere Frau, die Kritik an Deutschland zu formulieren, die sich in Angeles' Erzählung in verstellter Form als Vorwurf den Schweizern gegenüber manifestiert hatte. Dari war in dieser Stunde neu hinzugekommen. Sie erzählte, daß ihr Mann in der Bundesrepublik gestorben sei, daß sie sich sehr allein gefühlt habe und daß von den Deutschen keine Hilfe gekommen sei. Sie habe nach dem Tod ihres Mannes noch drei Jahre in der Bundesrepublik aushalten müssen, um ihren Rentenanspruch nicht zu verlieren. Sie sei froh gewesen, als sie in ihr „Vaterland" zurückkehren konnte. Dari, die rechts von mir saß, griff, während sie redete, nach meinem Arm und meiner Hand, so als wolle sie meine Zustimmung erzwingen. Angeles, die links von mir saß, berührte mich ebenfalls am Arm und der Hand und widersprach Dari heftig. Fast beschwörend wiederholte sie ein über das andere Mal, daß ihr Deutschland gut gefallen habe.

Die Selbstentwertung und die Herabsetzung der Landsleute, ihre Verteufelung über Projektion und Schuldzuweisung bestimmten den weiteren Gruppenverlauf. Zunächst wurde deutlich, daß es den Frauen bewußt nicht um die Entwertung der eigenen Person ging; sie unterschieden vielmehr mit Hilfe des Abwehrmechanismus, der Spaltung zwischen sich und dem Rest „der Spanier", denen ihre Entwertung galt. So machte Angeles die abweisende und feindselige Haltung „der Spanier" bei ihrer Rückkehr dafür verantwortlich, daß sie sich ihren Traum von der Eröffnung eines Geschäfts nicht erfüllen konnte. Loli erzählte engagiert, daß in ihrer Nachbarschaft in München häufig eingebrochen worden sei und daß sie und ihre Familie überzeugt gewesen seien, daß es sich bei den Einbrechern um die eigenen Landsleute gehandelt habe. Ich spürte, wie die Gruppe Druck auf mich ausübte, ich möge doch ihre Einschätzung „der Spanier" teilen, ähnlich wie vorher Dari und Angeles versucht hatten, mich jeweils auf ihre Seite zu ziehen. Als Mari-Carmen, die in Frankreich gearbeitet hatte, noch begann auf die spanische Schlamperei zu schimpfen, ohne auszuführen, was sie damit konkret meinte, überfiel mich Leere und Lähmung; ich hatte das Gefühl, als läge eine Zentnerlast auf mir. Meine Reaktion ließ auf eine Identifizierung mit den von den Gruppenteilnehmerinnen abgewehrten Gefühlen von Lähmung und Hoffnungslosigkeit schließen. Ihre Überanpassung an Normen und Werte der Immigrationsländer hatte nach der Rückkehr keinen Wert mehr, ja mehr noch, sie erschwerte es ihnen, sich in Spanien zurechtzufinden. Das Schimpfen auf die eigenen Landsleute stellte offenbar einen Ausweg aus dem Gefühl der Hoffnungslosigkeit dar. Im weiteren Verlauf teilten mir die Frauen mit, daß sie keine Möglichkeit gesehen hätten, sich gegen ungerechte Behandlung zur Wehr zu setzen. Eingestreut in und unverbunden mit dem Schimpfen auf die Landsleute berichteten die Frauen, daß sie in beständiger Angst vor Ausweisung gelebt hätten, wenn sie gewisse Bestimmungen nicht beachtet und/oder ihnen nicht nachgekommen seien. So erzählte Carmen, die in Luzern gearbeitet hatte, daß aus ihr unbekannten Gründen die Krankenkasse die Kosten für die Geburt ihres Kindes in einer Luzerner Klinik nicht übernehmen wollte. Obwohl ihre Familie kein Geld hatte, drohten die Behörden mit Ausweisung, wenn sie der Zahlung nicht nachkäme. Eine Äußerung von Angeles erhellte die Gründe für die Wut der Frauen auf „die Spanier". Sie meinte damit diejenigen, die nicht ausgewandert waren, die es sich vielmehr in ihrem Land bequem machten und auf Kosten der Emigranten, die sich abrackerten und schufteten, ein Leben im Überfluß führten. Die Frauen fühlten sich von „den Spaniern" ausgenutzt und ausgebeutet und reagierten mit Wut und Entwertung. Hatten sie doch die physische und psychische Anstrengung auf sich genommen und waren ausgewandert, um ihre finanzielle Situation zu verbessern, während es sich „die Spanier" ihrer Meinung nach zu Hause gut sein ließen. Sie profitierten nach Auffassung der Frauen von ihrer schweren Arbeit, die sie im Ausland leisteten, ohne auch nur einen Finger zu rühren. Die Vorstellung, sich physisch und psychisch ruiniert zu haben, machte sie wütend auf die zu Hause gebliebenen Faulenzer und Nichtstuer. Es schien so, als ob sie über die Äußerung von Angeles die Berechtigung erhielten, ihrer Wut auf die Landsleute freien Lauf zu lassen. Im Schutz des Vorwandes, daß sich „die Spanier" auf ihre Kosten ein gutes Leben gemacht hätten, hieben sie mit Wut und Empörung auf sie ein, so als seien Schleusen geöffnet worden. Meine Interpretation, daß es offensichtlich ungefährlicher sei, auf die eigenen Landsleute einzuschlagen, als sich gegen die feindselige und abweisende Behandlung in den Immigrationsländern zu wehren, wurde von der scheinbar berechtigten Wut auf „die Spanier" hinweggefegt. Chelo hatte im Lausanner Bahnhofsrestaurant Erster Klasse gearbeitet; während sie in den vorangegangenen Stunden auf die Schweizer geschimpft hatte, verschaffte sie sich nun das Wort und vertrat die Auffassung, viel von den Schweizern gelernt zu haben. Eine Schweizerin habe ihr einmal gesagt: „Ihr Spanier seid doch wirklich unmöglich. Ihr habt kein Geld, aber Ihr kauft Euch neue Sachen. Ihr richtet Hochzeiten mit Geld aus, das Ihr gar nicht habt." Chelo stimmte mit dieser Einschätzung überein, traf es doch auf ihre eigene Vorurteilsstruktur den Landsleuten gegenüber, denen sie auf ihre Kosten vermeintlich ein Leben in Überfluß ermöglicht hatte. Die Gruppenteilnehmerinnen gaben ihr recht; sie waren sich einig darin, daß „die Spanier" verschwendungssüchtig seien, keine Vorsorge träfen, immer nur für die Gegenwart, den Augenblick lebten. Wenn eine Frau einen neuen Kühlschrank bei einer anderen sähe, müsse sie auch einen haben, egal ob sie ihn bezahlen könne oder nicht. Dasselbe gelte für die Videogeräte; „die Spanier" seien ganz wild darauf, das neueste Modell zu besitzen. Sie, die Frauen, seien darin anders; sie lebten nicht von der Hand in den Mund. An dieser Wendung hin zum offenen Schimpfen auf die Landsleute wurde ein weiterer Abwehrmechanismus deutlich, der reibungslose und unauffällige Anpassung ermöglichen sollte: die Ausgrenzung der von der neuen Umwelt vermeintlich nicht anerkannten Eigenschaften, Haltungen und Verhalten und ihre Projektion auf „die Spanier".

Die Identifizierung mit den Werten und Normen der neuen Umgebung ermöglichte es, Angriffen und Verurteilungen zuvorzukommen. Auf meinen Versuch, den Frauen ansatzweise diese Überlegungen mitzuteilen, brach ein Sturm des Protestes los. Sie hätten sich doch mehr den Deutschen oder den Franzosen zugehörig gefühlt. Im allgemeinen Tumult verschaffte sich Chelo erneut das Wort und berichtete entrüstet, daß sich „die Spanier" wirklich unmöglich verhalten hätten. Sie erinnerte, daß spanische Arbeitskollegen, die im Restaurant Zweiter Klasse arbeiteten – Chelo war bekanntlich in der Ersten Klasse angestellt – mit ihrem Mittagessen, den gebratenen Koteletts, durch das Restaurant Erster Klasse spaziert seien. Ihre Wut war in der Gruppensitzung deutlich spürbar, als sie den Frauen mitteilte, daß sie sich darüber selbstverständlich beim Chef beschwert habe. Chelo unterschied streng zwischen Spaniern Erster Klasse, zu denen sie die Gruppe und sich selbst zählte, und Spaniern Zweiter Klasse, womit sie diejenigen meinte, die in Spanien geblieben waren, die sich auf ihre Kosten vollfraßen und ihre orale Gier noch nicht einmal verbargen.

Dieses schamlose Zur-Schaustellen der Kollegen, die sich zusätzlich nicht an die vorgegebene Ordnung hielten, nämlich die Räume der Ersten Klasse nicht zu betreten, wurde von der Gruppe einhellig mit großer Vehemenz verurteilt. Carmen, die in Luzern gearbeitet hatte, begann auf ihre spanischen Mitemigrantinnen zu schimpfen. In Frankreich, in der Schweiz und in der Bundesrepublik mußten nicht selten zwei Familien eine Wohnung miteinander teilen. Carmen beschwerte sich, daß ihre spanischen Mitbewohnerinnen regelmäßig nach der Benutzung des Herdes die Platten schmutzig gelassen hätten. Auch die Toiletten seien nie geputzt worden. Chelo berichtete, daß ihr eine Spanierin aus Neid, weil sie, Chelo, und nicht die andere einen Schlüssel zur gemeinsamen Wohnung hatte, den Kittel aufgeschlitzt habe. Alle Gruppenteilnehmerinnen stimmten darin überein, daß Streit und Prügeleien zwischen Frauen, die eine Küche miteinander teilten, unvermeidlich seien. In den spanischen Mitemigrantinnen waren unschwer „die Spanier" wiederzuerkennen, die schlampig in den Tag hinein lebten, ohne sich an eine vorgegebene Ordnung zu halten. Daß tatsächlich Chelos Mitbewohnerin diejenige symbolisierte, die in Spanien geblieben war und den Schlüssel zur Wohnung, d.h. zum Wohlstand behalten hatte, erweckte Chelos Neid, den sie projektiv versucht hatte, bei der anderen unterzubringen. Daß die Gruppe sich von den gebratenen Koteletts, die schamlos zur Schau gestellt worden waren, den schmutzigen Herdplatten in der Küche zuwandte, verstand ich als Abwehrbewegung gegen orale Lust. Die Gruppenteilnehmerinnen sprachen nicht vom Genießen der Mahlzeiten, die in der Küche hergestellt wurden, sondern vom Schmutz, den das Kochen und das Essen hinterließ. Sie triumphierten über die prassenden Spanier Zweiter Klasse, indem sie sich selbst masochistische Größe im Verzicht verliehen. Die Identifizierung mit der neuen Umwelt, den Franzosen und den Deutschen wurde von den masochistischen Größenphantasien in ihren Dienst genommen und diente nun nicht nur der Abwehr von Angst vor Aggressionen aus der Außenwelt, sondern auch der Aufrechterhaltung von phantasierter Größe.

Maite, eine junge Frau, die in der Bundesrepublik gearbeitet hatte, versuchte das verzerrte Bild, das Chelo und Carmen von den Landsleuten im Ausland entworfen hatten, zu korrigieren. Es sei nicht wahr, daß die Frauen sich nur geprügelt und gestritten hätten. Es habe auch eine ganz besondere Form des Zusammenhalts gegeben; man habe sich untereinander geholfen und sich unterstützt. Sie seien eine große Familie gewesen. Die Gruppe ließ jedoch Maite kaum aussprechen und fuhr fort, auf „die Spanier" zu schimpfen; sie seien aggressive Autofahrer, die spanischen Frauen seien neidisch, angriffslustig, hinterhältig, verlogen und absolut nicht vertrauenswürdig. Ich hatte den Eindruck, daß sie sich in ihren Vorurteilen gegenseitig anstachelten und förmlich in ihnen schwelgten. Mit der Verteidigung bzw. der Korrektur der Urteile der Frauen über ihre Landsleute war Maite offenbar selbst zu einer derjenigen geworden, die sich auf Kosten der Frauen in Spanien ein bequemes, angenehmes Leben verschafft hatte. Die Gruppe wehrte meinen Versuch, diese Rollenverteilung aufzuklären, zunächst ab; in mir tauchten erneut Gefühle von Lähmung und Vergeblichkeit auf. Ich vermutete, daß sich die Gruppenteilnehmerinnen nach ihrer Rückkehr ähnlich gefühlt haben mögen, als ihre phantasierte Überlegenheit „den Spaniern" gegenüber ins Wanken geraten war; hatten sie doch vor der schwierigen Aufgabe gestanden, ihren Frieden mit den beneideten und verachteten Spaniern Zweiter Klasse zu schließen. Mari-Carmen erzählte, daß sich ihr Mann nach der Rückkehr allein, verloren und verlassen gefühlt habe, mehrere Frauen berichteten von Gefühlen der Leere und Einsamkeit nach der Rückkehr.

Aber die Einsicht in die eigene Situation, die mit Trauer und Schmerz verbunden war, hielt nicht lange an. Es schien so, als hätten die Frauen noch längst nicht alle Verletzungen, Beschämungen und Erniedrigungen wiederbelebt und benannt, die sie in den Immigrationsländern erlebt hatten. Der Haß auf das eigene Land, von dem sie sich ausgenutzt fühlten, das ihre Arbeitskraft ausgebeutet und ihnen bei der Rückkehr nicht einmal finanzielle Unterstützung geboten hatte, blieb bestehen. In verstellter Form sprachen die Frauen in der Folgezeit weiter davon, wenn sie insbesondere die Portugiesen und die Türken zu Projektionsobjekten ihres Hasses und ihrer Gefühle von Erniedrigung machten. Mari-Carmen und Angelita, die in Frankreich gearbeitet hatten, machten sich in dieser Phase zu Wortführerinnen der Gruppe. Entrüstet sagte Mari-Carmen, daß die Portugiesen schmutzig seien; sie hätten die Gewohnheit gehabt, keinen Mülleimer zu benutzen und ihre abgegessenen Hühnerknochen und die Olivenkerne aus dem Fenster in den Garten zu werfen. Dori und Angeles beschuldigten die Türken in der Bundesrepublik nicht nur der mangelnden Hygiene – sie hätten sich nicht mit Klopapier, sondern mit den Fingern gesäubert –, sondern auch der Dummheit. Nur sie hätten von der finanziellen Abfindung, die das Gesetz zur Rückkehrerförderung[25] vorsah, Gebrauch gemacht. Sie – die Frauen – hätten die Politik der Immigrationsländer durchschaut, die, um sie loszuwerden, eine lächerliche Summe Geldes zahlten.

Der Projektion war eine Identifizierung mit den Urteilen über Portugiesen und Türken in Frankreich bzw. in der Bundesrepublik vorausgegangen. Während die französische Bevölkerung insbesondere die Portugiesen unter den Emigranten ablehnte, standen die Türken für die deutsche Bevölkerung an der untersten Stelle in der Hierarchie der ausländischen Arbeitnehmer, an deren oberster Stelle die Spanier rangierten. Über die Analyse einer merkwürdigen Äußerung von Mari-Carmen, die mit ihrer Familie in Frankreich gelebt hatte, versuchte ich mit den Frauen einen ersten Zugang zum Verständnis ihrer Vorurteile den Portugiesen gegenüber zu erarbeiten. Dieser Klärungsversuch schien zunächst zum Scheitern verurteilt zu sein, denn die Frankreich-Rückkehrerinnen beharrten darauf, Mari-Carmen unter-

---

25 Gesetz zur Förderung der Rückkehrbereitschaft von Ausländern vom 28.11. 1983. Vgl. Kap. I., S. 14.

stützend, daß die Portugiesen wirklich die Hühnerknochen und die Olivenkerne aus dem Fenster geworfen hätten. Als sie in ihre Wohnung eingezogen seien, hätten die Nachbarn – so Mari-Carmen – gesagt: „Ach Du lieber Gott, schon wieder Ausländer." Sie versuchte, diese verletzende Äußerung ungeschehen zu machen, indem sie phantasierte, daß die Franzosen mit Ausländern immer nur die Portugiesen meinten. Da sie keine Portugiesin war, so imaginierte Mari-Carmen, war sie auch keine Ausländerin. Im Verlauf der sich anschließenden Gruppensitzungen erarbeitete ich mit den Frauen, daß Mari-Carmen stellvertretend für die anderen Gruppenteilnehmerinnen versucht hatte, die Angst zu bewältigen, die Franzosen könnten von ihr und ihrer Familie sagen, sie benutze keinen Mülleimer und werfe die Abfälle aus dem Fenster; sie habe deshalb versucht, diese negativen Eigenschaften bei den Portugiesen unterzubringen. Daraufhin berichteten die Frauen, daß es insbesondere in der Schweiz, aber auch in anderen Ländern, häufig zu Wohnungsinspektionen durch die Polizei gekommen sei, die feststellen sollte, ob sich die Räume in hygienisch einwandfreiem Zustand befanden. Carmen, die in Luzern gearbeitet hatte, berichtete, daß sie in beständiger Angst gelebt hätten, abgeschoben zu werden, wenn die Polizei ihre Wohnung als unbewohnbar deklariert hätte. Obwohl die Frauen in den folgenden Sitzungen von den ärmlichen Wohnverhältnissen sprachen, in denen sie und ihre Familien gelebt hatten; daß sie nicht selten in abbruchreifen Häusern untergebracht waren, und die Unbewohnbarkeit der Wohnungen nicht ihrer mangelnden Hygiene, sondern dem schlechten Zustand, in dem sich die Häuser befanden, zuzuschreiben war, so kam jedoch keine Entrüstung oder Ärger auf. Ich erinnerte die Frauen daran, daß Loli sich zu Beginn der Gruppensitzungen damit einverstanden erklärte, daß die Emigranten niedrige und schwere Arbeit verrichten mußten. Jetzt käme kein Protest darüber auf, daß ihnen schlechte Wohnungen zugewiesen worden seien und sie darüber hinaus noch für den schlechten Zustand der Wohnungen verantwortlich gemacht worden seien. Ich gab zu bedenken, ob die Schweizer, die Deutschen oder die Franzosen so über sie gesprochen haben könnten, wie sie sich jetzt über die Türken und die Portugiesen äußerten. Der Mann einer Rückkehrerin, der die Ablehnung seiner Landsleute deutlich zum Ausdruck gebracht hatte, erwähnte daraufhin, daß er und seine Familie nach Spanien zurückgekehrt seien, weil sie von seiner

Rente in der Bundesrepublik nicht hätten leben können. Er habe sich dort immer wohl gefühlt und habe deshalb auch keinen Grund, ärgerlich auf die Deutschen zu sein.

In der folgenden Stunde machte sich Hermelinda, eine Frankreich-Rückkehrerin, zur Sprecherin der Gruppe und äußerte resigniert, daß sie mit Kritik ihre Situation nur verschlechtert hätten. Außerdem wußten sie ja auch, daß es sich nur um eine Übergangszeit handelte; sie hätten immer daran gedacht, zurückzukehren, um sich hier eine Wohnung oder ein Geschäft zu kaufen. Auf meinen Einwand, daß diese Übergangszeit aber sehr lange gewesen sei und wir herausfinden müßten, wie sie es geschafft hätten, so lange auszuhalten, kam Protest auf. Sie hätten sich trotz aller Widrigkeiten wohlgefühlt, von aushalten könne keine Rede sein. Angeles und Dori, eine neu hinzugekommene Rückkehrerin aus der Bundesrepublik, begannen von der deutschen Landschaft zu schwärmen und gaben damit den Äußerungen der Gruppenteilnehmerinnen einen größeren Nachdruck. Dori tauschte sich mit dem Mann einer Rückkehrerin, die in der Bundesrepublik gelebt hatte, über deutsche Worte aus, woraufhin es mucksmäuschenstill in der Gruppe wurde. Alle hörten interessiert zu, während ich ärgerlich wurde. Über die Reflexion meiner Verstimmung erkannte ich, daß ich nicht so unvoreingenommen wie die beiden Frauen von Deutschland schwärmen konnte. Ich hielt mir vor Augen, daß ihre praktische Lebenserfahrung verschieden von meiner eigenen war. Mir fiel wieder ein, daß ich überheblich gedacht hatte, daß das Beherrschen der Sprache Voraussetzung sei, um sich eine Meinung über ein Land zu bilden. Mit dieser Haltung hatte ich meinen sozialen Ort markiert und mich von den beiden Frauen abgegrenzt. Gemeinsam schwärmten Dori und Angeles von Hamburg und München, von der Nordsee und von den Alpen und brachten damit die Teilnehmerinnen weiter zum Schweigen. Als Dori das Frühaufstehen in der Bundesrepublik zu preisen begann und der Gruppe mitteilte, daß sie heute noch, nach vielen Jahren, daran festhalte, früh aufzustehen und am frühen Abend zu essen, so wie sie es in der Bundesrepublik gewohnt war, begann sich Ärger in der Gruppe zu regen. Ironisch äußerte Hermelinda, daß auch sie sich in Frankreich daran gewöhnt habe, bei Sonnenschein zu abend zu essen. Nun wurde deutlich, daß der Ärger, den ich zuvor verspürt hatte, nicht nur damit zu tun hatte, daß Angeles und Dori mich mit einem mir fremden Deutschlandbild konfrontiert hatten, sondern auch auf eine Identifizierung mit einem Teil der Gruppe zurückzuführen war, der die Funktion der Idealisierung des deutschen Lebens durch Angeles und Dori gespürt hatte. Indem einige Teilnehmerinnen die ursprünglich von Angeles abgespaltene Wut übernahmen, wurde es möglich, sie innerhalb des Gruppengeschehens als den Haß zu interpretieren, der eigentlich den Deutschen galt, den die Frauen zuvor aber auf die Schweizer projiziert hatten.

Dies gab Maite, der jungen Frau, die in der Bundesrepublik gearbeitet hatte, die Chance, eine ich-gerechte Einschätzung vom Leben in Deutschland zu geben. Sie schilderte den Zusammenhalt der spanischen Emigranten untereinander und wie wichtig es gewesen sei, daß sie miteinander hätten sprechen können; der sprachliche Kontakt mit den Deutschen sei doch eher spärlich gewesen. Nun wurde deutlich, daß Doris Gebrauch deutscher Worte auch Abwehrcharakter hatte und dazu diente, innerhalb der Gruppe die Hierarchie aufzubauen, die die Frauen in den Immigrationsländern erfahren hatten. Indem Dori deutsch sprach, das außer mir in der Gruppe niemand verstand, demonstrierte sie einerseits ihre Identifikation mit den Deutschen und andererseits ihre vermeintliche Überlegenheit den anderen Gruppenmitgliedern gegenüber; letztere wurde aber zu diesem Zeitpunkt von einem Teil der Frauen nicht mehr unhinterfragt hingenommen. Mit dem Benutzen vereinzelter deutscher Worte grenzte sich Dori aggressiv gegen „die Spanier" ab, in die sich offenbar ein Teil der Gruppenteilnehmerinnen verwandelt hatte. Angeles sekundierte Dori, indem sie auftrumpfend laut sagte, daß ihre beiden Töchter selbstverständlich nur deutsch miteinander sprächen. Trotzdem war es in der Folgezeit möglich, die Identifizierungsprozesse mit einer als abweisend erlebten Umwelt und die Projektionsmechanismen ansatzweise zu bearbeiten. Am schmerzlichsten war für die Frauen die Einsicht, daß die Verleugnung ihrer Eigenart und ihrer Eigenständigkeit umsonst gewesen war. Gerade der Mechanismus der Identifizierung mit den Werten und Normen der Immigrationsländer machte eine Wiederanpassung an das spanische Leben besonders schwer und ließ sie zu Fremden im eigenen Land werden.

Auf Wunsch der Gruppenteilnehmerinnen erörterten wir in mehreren Sitzungen Probleme, die sie mit ihren Kindern hatten. Wie sich später herausstellte, war dies überwiegend nur ein Umweg, um über sich selbst sprechen zu können. Die Frauen wollten insbesondere von mir wissen, ob es richtig sei, ihre Kinder zu schlagen. Übereinstimmend betonten alle, daß ihnen manchmal „die Hand ausrutsche". Angelita meinte, daß die Kinder ab und an eine Tracht Prügel forderten, denn nach einer „Abreibung" kehre immer Ruhe ein. Carmen, die in Luzern und Mari-Carmen, die in Paris gearbeitet hatte, berichteten, daß sie häufig zur Strafe ihre Kinder ins Bad eingesperrt hätten. Als Anlaß für die Bestrafung wurde von mehreren Frauen die Ansprüchlichkeit und das beständige Drängen auf Erfüllung der Wünsche ihrer Kinder genannt. Mari-Carmens Sohn hatte sich teure Markenturnschuhe gewünscht; es habe immer das Beste vom Besten sein müssen. In einer ersten Annäherung konnten wir miteinander erarbeiten, daß diese Ansprüchlichkeit an tief verdrängte eigene Wünsche rührte, daß sie sich immer mit dem Billigsten zufrieden geben mußten, daß sie sich nie etwas Teures kaufen konnten und daß sie sich mit den Schlägen gewissermaßen selbst entlasteten, indem sie stellvertretend ihre Kinder für ihre eigenen Wünsche straften. Nach einigem Zögern konnten die Frauen diese und sinngemäß ähnliche Interpretationen unter Vorbehalten annehmen. Zugleich schien es auch so, als ob ihnen in den anspruchsvollen Kindern „die anspruchsvollen Spanier" begegnet seien, die auf ihre Kosten lebten, die ihre Arbeitskraft ausgebeutet und ausgenutzt hatten.

Nachdem ich den Frauen diese Überlegung mitgeteilt hatte, begannen sie in den folgenden Stunden über die Krankheiten ihrer Kinder zu sprechen. Chelo, die in Lausanne gelebt hatte, erzählte von ihrer jüngsten Tochter, die heute acht Jahre alt sei; daß sie mit zwei Jahren an Krebs erkrankt und mit Chemotherapie behandelt worden sei. Die älteste Tochter habe nicht mit der Kleinen spielen wollen, die Chelo ständig geängstigt gefragt habe, ob sie wieder krank werde. Sie habe ihre kleine Tochter nicht darüber aufgeklärt, daß sie schwer krank gewesen sei. Sie wollte von mir wissen, was besser sei, die Tochter aufzuklären oder ihr die Schwere ihrer Krankheit weiter zu verschweigen. Chelos Schuldgefühle, ein Kind geboren zu haben, das in jungen Jahren schwer erkrankt war, waren deutlich spürbar. Sie habe jedoch mit ihrem Problem allein gestanden, weil ihr Mann von der Krankheit ihrer Tochter nichts habe wissen wollen. Er habe immer gesagt – so Chelo – er müsse zusehen, daß er seine Arbeit nicht verliere und könne sich nicht darüber hinaus auch noch um die Familie kümmern. Juani, die aus Holland zurückgekehrt war, berichtete, daß ihre 13 Jahre alte Tochter seit ihrem 8. Lebensjahr Probleme mit dem Magen habe, sie übergebe sich ständig und wolle nichts essen. Bis zu ihrem fünften Lebensjahr sei sie ein fröhliches, offenes Mädchen gewesen, aber nun sei sie verschlossen, sei nicht mehr die alte. Nach der Gruppensitzung, als wir uns, auf dem Platz vor dem Centro Cívico stehend, verabschiedeten, sagte Juani plötzlich zu mir, sie glaube zu wissen, wodurch diese Veränderung in der Tochter ausgelöst worden sei. Schnell, und im ersten Augenblick wie beiläufig, sagte sie, es hinge mit der Geburt ihrer jüngsten Tochter zusammen. Sie erzählte dann weiter, daß ihr Mann und ihre Tochter, die nicht allein in der Wohnung bleiben konnte, sie zur Entbindung in die Klinik begleitet hätten. Während sie in den Wehen lag und geschrien habe, warteten beide im Nebenzimmer. Ihre Tochter sei sicherlich geängstigt gewesen und habe nicht verstanden, worum es ging und warum die Mutter schreie. Nach der Geburt brachten die Schwestern Vater und Tochter das Neugeborene; alles sei voller Blut gewesen. In Holland sei es üblich, die Säuglinge dem Vater zu bringen. Die Mitteilung Juanis hörte sich eher wie eine Traumerzählung an und nicht wie ein Bericht über die Geburt ihrer jüngsten Tochter. In der Absicht, eine Verbindung zwischen der Erkrankung der ältesten und der Geburt der jüngsten Tochter herzustellen, verdichtete und verschob sie ihre Mitteilung. Ihre Schilderung legte nahe, daß die Schwestern dem wartenden Vater und der Tochter einen blutüberströmten Säugling brachten. So unwahrscheinlich dies war, so wenig glaubhaft schien es, daß Vater und Tochter in einem Raum unmittelbar neben dem Juanis saßen. Wahrscheinlicher war, daß beide in einem Zimmer weit weg von Juani gewartet haben und daß man ihnen später das Neugeborene gezeigt hat. Und doch stellte Juani mit ihrer Erzählung eine plausible Verbindung zwischen der Erkrankung der ältesten und der Geburt der jüngsten Tochter her, indem sie die unwillentliche Teilhabe der ältesten Tochter an der Geburt ihrer jüngeren Schwester als Auslöseerlebnis für ihr Erbrechen, ihre Magenprobleme und ihre Verschlossenheit nannte. Im Erleben Juanis waren Schwangerschaft und Geburt unmittelbar mit Sexualität verbunden, so daß die Interpretation nahe lag, die Teilhabe der Tochter an der Sexualität ihrer Eltern habe ihre Krankheit verursacht. Über Sexualität hatten die Teilnehmerinnen bisher aber nur indirekt gesprochen, als sie die Ansprüchlichkeit ihrer Kinder erwähnten. Deshalb mußte mir Juani zunächst außerhalb einer Gruppensitzung von ihrer Entdeckung berichten.

In der nächsten Stunde waren viele Frauen anwesend und erzählten mit großer Begeisterung von ihren kindlichen Schandtaten, daß sie die Betten ihrer Eltern auseinandergenommen hätten, wenn sie eingesperrt worden seien. Die Sexualität, die Juani aus der Gruppe herausgehalten hatte, tauchte nun in Form zweideutiger Anspielungen auf. Die bisher eher verschlossen und zurückhaltend wirkenden Frauen kicherten miteinander wie Schulmädchen und tauschten sich über die Geburt ihrer Kinder aus. Als ich mich einschalten wollte, sagte Carmen, noch bevor ich den Mund aufmachen konnte: „Nach der Rückkehr haben wir die Wohnung eingeweiht und dann ist unser Sohn geboren." Da ich nicht sofort verstand, was sie damit sagen wollte und begriffsstutzig dreinblickte, unterstützte sie eine andere Frau lachend, indem sie herausprustete: „Du meinst, Ihr habt das Bett eingeweiht." Im weiteren Gruppenverlauf versteckten sich die Frauen mit ihren sexuellen Phantasien und Wünschen zunächst hinter mir. Matilde hatte den Teilnehmerinnen mitgeteilt, daß eine der folgenden Stunden ausfallen werde, weil ich nach Deutschland fahren müsse. In der nächsten Sitzung gluckten und kicherten die Frauen und sagten: „Wir wissen, daß Du nach Deutschland fährst." Auf meine Nachfrage, was daran so lustig sei, erfuhr ich, sie phantasierten, ich führe nach Deutschland, um dort meinen Liebhaber zu treffen. Hatten die Frauen ihre Verschwendungssucht und ihre orale Gier auf die eigenen Landsleute und auf die Türken und Portugiesen ihre Angst, schmutzig zu sein, projiziert, so unterstellten sie mir ihre Untreuewünsche, die sie sich über ihre Projektionen nur im Ausland angesiedelt, eingestehen konnten. Als ich ihnen meine Überlegungen mitteilte, kicherten sie vor sich hin, sagten mit leiser Stimme unverständliche Dinge und fragten mich, was ich getan hätte, wenn sie mein Bett auseinandergenommen hätten, so wie sie das mit den Betten der Eltern taten. Chelo wandte sich direkt an mich und sagte: „Du hättest vielleicht darüber gelacht." Die Frauen, die sich bisher hinter Identifikationen und Projektionen verborgen hatten, schienen lebendig geworden zu sein. Die erste Mitteilung, die unverstellt mit ihrem Erleben zu tun hatte, zentrierte sich um Sexualität in Form von Schwangerschaft und Geburt, um ihre Ansprüchlichkeit, die sie bewußt als die ihrer Kinder ausgaben, und um schwere, fast tödliche Krankheit.

In einer der nächsten Sitzungen begann Chelo wieder von ihrer kleinen Tochter zu sprechen, die im Alter von zwei Jahren erkrankt war. Ob ich das schlimm fände, fragte sie mich. Ich sagte ihr daraufhin sinngemäß, daß es für sie sehr traurig gewesen sein müsse, daß ihre kleine Tochter erkrankte, daß sie sich aber offenbar auch schuldig dafür fühle. Plötzlich war das Gekicher in der Gruppe verstummt; alle hörten aufmerksam zu. Juani teilte der Gruppe ihren Einfall mit, den sie mir einige Stunden vorher außerhalb der Sitzung anvertraut hatte. Als die Gruppe daraufhin geängstigt schwieg, sagte ich, daß die Erzählungen Chelos und Juanis offensichtlich Angst bereiteten, daß Geburt mit Sexualität zu tun habe, die für sie lustvoll, aber ängstigend zugleich sei. Erneut begannen die Frauen, sich über die problemlosen Geburten ihrer Kinder auszutauschen. Dann schwiegen sie lange. In die Stille hinein erhob Loli, die in München gearbeitet hatte, ihre Stimme und erzählte, daß ihr erstes Kind drei Tage nach der Geburt gestorben sei. Man habe ihr jedoch seinen Tod verschwiegen; wenn sie nach ihm gefragt habe, hätten die Schwestern gesagt, es sei im Brutkasten. Erst nach einer Woche, nachdem das Kind schon begraben war, habe man ihr die Wahrheit gesagt. Danach sei sie nachts häufig aufgewacht und habe geschrien und gerufen: „Wo ist mein Kind, man hat mir mein Kind gestohlen." Nach der Geburt ihrer ältesten Tochter mußten die Schwestern ihr den Säugling immer wieder zeigen, weil sie fürchtete, daß auch er gestorben war und man ihr erneut seinen Tod verheimlichte. In den folgenden Stunden erarbeiteten wir den Zusammenhang zwischen Sexualität und Destruktion und daß die Frauen offensichtlich nicht nur ihre Untreuephantasien auf mich projiziert hatten, sondern auch an meiner Sexualität teilhaben wollten, um sich zu vergewissern, daß sie nichts Zerstörerisches habe, daß ich trotz meines Liebhabers in der Bundesrepublik meine Ehe nicht wirklich gefährdete. Daraufhin berichteten sie von den Ehen, die während der Emigration auseinandergegangen seien und daß sie eigentlich nicht verstünden, wie es bei den befreundeten Ehepaaren zum Bruch hätte kommen können. Sie äußerten Ängste, daß die Frauen vielleicht etwas falsch gemacht hätten; deshalb seien sie von ihren Männern verlassen worden. Gleichermaßen beschwörend betonten sie, daß ihre Männer sich nie von ihnen getrennt hätten, auch dann nicht, wenn es Probleme gegeben hätte. Und dann begannen sie wie hinter vorgehaltener Hand, auf die Frauen zu schimpfen, die selbst schuld daran seien, daß ihre Männer sie verließen; sicherlich seien sie auf „Männerfang" aus gewesen. Ähnlich wie sie früher auf „die Spanier" eindroschen, die sich scheinbar auf ihre Kosten bereichert hatten, so hieben sie nun auf die abwesenden, vermeintlich männerfangenden Frauen ein. Als ich ihnen sagte, sie phantasierten offenbar, es sei schön, selbst auf „Männerfang" zu gehen, so wie sie mir das vorher unterstellt hatten, mußten sie lachen.

In den sich daran anschließenden Stunden erarbeiteten wir, daß es sich bei den sexuellen Phantasien und Ängsten, die Juani ihrer Tochter in den Mund gelegt hatte, tatsächlich um ihre eigenen Befürchtungen handelte. Wir verstanden, daß es um Ängste ging, die mit ihren Genitalien zu tun hatten, und daß sie fürchtete, es sei damit irgendetwas nicht in Ordnung, weil ein blutüberströmter Säugling aus ihr herausgekommen sei. In Chelos Äußerung, ihre Tochter frage, ob sie wieder krank werde, kämen tatsächlich ihre eigenen Ängste über ihr Inneres, ihre Genitalien zum Ausdruck; sie habe offensichtlich die Phantasie, ein bereits krankes Kind geboren zu haben. Nun werde auch verständlich, daß Loli fürchte, eine Mörderin zu sein, obwohl sie versucht habe, die Schuld am Tod des Kindes den Schwestern zuzuschieben, indem sie phantasierte, sie hätten es ihr gestohlen. Rückwirkend verstand ich nun auch meine Gefühle, die zuerst aufgetaucht waren, als Juani von der Geburt ihrer Tochter, Chelo von ihrem kranken Kind und die Frauen von der Lust am Bettenauseinandernehmen gesprochen hatten. Ich glaubte, daß mich die Frauen mit ihren sexuellen Ängsten und Phantasien förmlich körperlich berührten wie zuvor Angeles und Dori, als sie mich in die Mitte nehmend von rechts und links an Armen und den Händen angefaßt hatten, und ging davon aus, daß sie versuchten, mit mir zu verschmelzen. In einer dieser Stunden spürte ich jedoch, wie in mir ein Gefühl von Verwirrung auftauchte; nach der Sitzung fand ich den Weg zu meiner Wohnung nicht. Ich verfuhr mich mehrere Male und kam immer wieder am Ausgangspunkt an. Die Reflexion meiner Verwirrung ermöglichte mir, sie als Identifizierung mit der Unsicherheit der Frauen hinsichtlich ihrer genitalen Ausstattung zu verstehen. Sie wollten keineswegs mit mir verschmelzen, sie brauchten mich vielmehr dringend, um sich mit ihren sexuellen Ängsten zu konfrontieren, die durch die Vermischung von Sexualität mit Krankheit und Tod bestimmt waren. Indem sich die Frauen mit meiner Sexualität beschäftigten, versuchten sie sich davon zu überzeugen, daß nicht jede sexuelle Regung mit Töten und Krankmachen verknüpft war.

Unmittelbar im Anschluß an diese Stunden, noch vor der vereinbarten Zeit, baten mich die Frauen, die Gruppe zu beenden; es sei nun alles gesagt. Da die Sommerferien unmittelbar bevorständen, hätten sie noch viele Dinge vorzubereiten und deshalb keine Zeit mehr, an den Gruppensitzungen teilzunehmen. Zur letzten Stunde kamen nur noch wenige Frauen; wir verabschiedeten uns bei Kaffee und Keksen.

8.5 Mißglückte kollektive weibliche Anpassungsversuche

Die Auswertung des Gruppenprozesses verdeutlicht, daß die Frauen unter Kultur konkrete Lebensformen des Alltags verstehen. Ich gehe davon aus, daß für ihre Männer das gleiche gilt; die Inhalte der konkreten Lebensformen der Frauen sind jedoch verschieden von denen ihrer Männer. Mit Kultur meinen die Gruppenteilnehmerinnen Kindererziehung, eine saubere, eigene Wohnung, eine funktionelle eigene Küche, die sie allein benutzen können, ohne sie mit anderen Frauen teilen zu müssen. Eine eigene Wohnung zu besitzen, erlaubt ihnen auch, sich von ihrer Ursprungsfamilie zu distanzieren, mit der sie vor ihrer Emigration häufig unter beengtesten Verhältnissen gelebt hatten. Geld bietet die Voraussetzung für die Schaffung besserer Lebensbedingungen. Da Spanien ihnen diese Möglichkeit nicht geboten hat und nicht bietet, schätzen sie es negativ und die Immigrationsländer positiv ein, halten unfreundliche Behandlung aus und klammern Diskrepanzen zwischen ihrer Lebensführung und der neuen Umgebung aus ihrer Wahrnehmung aus. Sie projizieren deshalb wertlos gewordene und/oder vor sich selbst nicht tolerierte Eigenschaften auf ihre Landsleute und die anderen Mitemigranten und identifizieren sich mit den Wertvorstellungen und Normen der Immigrationsländer, die das Alltagsleben regeln, wie Pünktlichkeit, Sauberkeit und Ordnung. Sie idealisieren die neuen Werte und entwerten ihre eigenen. Die Frauen entnehmen die Projektions- und Identifikationsinhalte der Haushaltsführung und der Kindererziehung, indem sie sich mit strenger Kindererziehung, mit Frühaufstehen, Frühzuabendessen, mit Ordnung, Sauberkeit und Sparsamkeit im Haushalt identifizieren; den Schmutz und die Unordnung projizieren sie insbesondere auf andere Mitemigranten, die Portugiesen und Türken, während ihnen die eigenen Landsleute zu verschwendungssüchtigen Prassern werden, die von der Hand in den Mund leben. Die Phantasie, die in Spanien gebliebenen Landsleute ließen es sich auf ihre Kosten gut gehen und lebten in Saus und Braus, erleichtert die Projektion von nicht erwünschten Eigenschaften auf „die Spanier". Über die Mechanismen der Projektion werden sie den Frauen zu Feinden, während Identifizierungen es ihnen erleichtern, in Franzosen, Deutschen und Schweizern ihre Freunde zu sehen. Das Bild, das sie benutzen, um die Kritik an den Prassern zu äußern, ist wieder dem Haushalt, konkret der Küche, entnommen. Die Kollegen Chelos, die mit ihren gebratenen Koteletts durch das Bahnhofsrestaurant Erster Klasse spazieren, obgleich sie in der Zweiten Klasse angestellt sind, repräsentieren für die Frauen „die Spanier", die in ihrem Land geblieben sind, sich auf ihre Kosten ernähren und gleichzeitig die vorgegebene Ordnung mißachten.

Situationsabhängigkeit und Flexibilität des weiblichen Überichs erlauben dem Ich, schädigende, verletzende und erniedrigende Situationen auszuhalten und sich in ihnen einzurichten. Nicht nur die Inhalte der Projektionen und der Identifizierungen der Frauen sind anders als die der Männer; die auf Geheiß ihres strengen Überichs vom Ich eingesetzten Abwehrmechanismen unterscheiden sich auch durch größere Unnachgiebigkeit und stärkere Rigidität von denen der Männer. Daß die Gruppenteilnehmerinnen im Gegensatz zu ihren Männern häufiger psychisch und/oder physisch erkranken, hängt sicherlich einerseits damit zusammen, daß sie im Gegensatz zu ihren Männern keine Arbeit finden, andererseits aber auch mit der wiederbelebten omnipotenten Mutterrepräsentanz, die regressiv dem Überich seine Stärke verleiht.

Sowohl die Identifizierung mit den Werten und Normen der Immigrationsländer als auch die Projektion nicht tolerierter eigener Eigenschaften und Verhaltensweisen auf die Landsleute, macht den

Frauen nach ihrer Rückkehr die Wiederanpassung an ihr Land besonders schwer. Müssen sie doch über ausreichende psychische Flexibilität verfügen, um sich von den Identifizierungen zu distanzieren und gleichzeitig die Inhalte der Projektionen als etwas zu sich selbst Gehöriges anzuerkennen. Die Auswertung des Gruppenprozesses gibt Hinweise darauf, daß den Frauen sowohl die Trennung von den Identifizierungen als auch das Akzeptieren der Inhalte der Projektion als eigene schwerfallen. Das Festhalten an beiden Abwehrmechanismen führt zu Wahrnehmungsverzerrungen und falscher Einschätzung äußerer Realität. Während der Emigration war ihr Ich bereits durch den massiven Einsatz von Abwehrmechanismen geschwächt worden. Den Anforderungen, die durch die Verarbeitung der Rückkehr an es gestellt werden, ist es nicht mehr gewachsen. So leiden die meisten Frauen bei ihrer Ankunft in Spanien unter schweren depressiven Verstimmungen und/oder erkranken körperlich.

Ich erinnere daran, daß D. Bernstein (1983) zwischen Struktur, Stärke und Inhalt des weiblichen Überichs unterschieden hatte, die auf frühen Körpererfahrungen des kleinen Mädchens und auf einer frühen Mutter-Tochter-Interaktion beruhen. Insbesondere die Aufschlüsselung und die Interpretation der sexuellen Phantasien der Frauen, so wie sie sich im Verlauf des Gruppenprozesses in der Übertragungsbeziehung konstellieren, können Hinweise auf die Konstituierung ihrer Überich-Stärke und die Flexibilität ihrer Überich-Struktur geben. Der Gruppenverlauf macht deutlich, daß die Frauen Sexualität mit Krankheit und Tod vermischen, daß sich Chelo dafür schuldig fühlt, ein Kind geboren zu haben, das später schwer erkrankt, und daß sich Loli die Schuld an der Totgeburt ihres Kindes zuschreibt. Unbewußte weibliche Phantasien von gewaltsamer Sexualität verursachen Schuldgefühle. D. Bernstein (1983) hatte darauf verwiesen, daß das kleine Mädchen nicht zwischen analen und genitalen Triebregungen unterscheidet, und ausgeführt, daß Verbote der Befriedigung analer Triebregungen für die Stärke des weiblichen Überichs verantwortlich seien. In den Mitteilungen der Frauen wird die Vermischung von Genitalität mit Analität und die Strafandrohung für die Befriedigung analer Triebwünsche recht deutlich. Die Frauen konstellieren mit der Analytikerin eine frühe Mutter-Tochter-Beziehung; mit ihrer Hilfe versuchen sie ihren eigenen Körper zu erkunden. So braucht Juani die Unterstützung der Analytikerin, um sich mit ihrem

Körper, insbesondere mit ihrer genitalen Ausstattung zu beschäftigen. Auch in Chelos und Lolis Mitteilungen werden, wenn sie von ihren Kindern sprechen, unbewußte Ängste manifest. Ich interpretiere ihre Berichte als Ausdruck der Beschäftigung mit ihren Genitalien und gehe davon aus, daß sie offenbar phantasieren, damit ihren Kindern Schaden zugefügt zu haben. Die Vermischung von töten und gebären läßt sich m.E. auf die von Doris Bernstein (1983) formulierte Ununterscheidbarkeit von genitaler und analer Lust beim Mädchen zurückführen.

Anhand der Auswertung des Gruppenprozesses ist die Hypothese formulierbar, daß aggressives Verhalten über die Abwehrmechanismen der Identifizierung und der Projektion stärker veränderbar ist als sexuelles. Während die Frauen Türken, Portugiesen und Spanier mit verachtenswerten Eigenschaften ausstatten und sie dafür hassen, kommt keine Ablehnung, keine Empörung und keine Wut denjenigen gegenüber auf, die ihnen das Leben in den Immigrationsländern erschweren. Dieser Zusammenhang ist im Verlauf des Gruppenprozesses immer wieder aufspürbar und spricht für die Annahme, daß Feindbilder und Haß manipulierbar und die Objekte des Hasses austauschbar sind. Die Sexualität der Frauen hingegen zeigt keine Veränderungen über Identifizierungen mit der neuen Umgebung. Die Unbeeinflußbarkeit der Sexualität läßt sich über die mangelnde Interaktion mit der neuen Umwelt erklären, so daß früh eingeübte Überich-Inhalte so wie sie sich über Abwehrbewegungen hergestellt haben, gleichermaßen unangetastet von neuen Eindrücken weiter fortbestehen. Die Analyse des Gruppenprozesses ergibt, daß sexuelle Lust ohne ihre Einbindung in Fortpflanzung nur projektiv erlebbar ist; bekanntlich phantasierten die Frauen, ich hätte einen Liebhaber in der Bundesrepublik. Die Einengung der Sexualität auf Fortpflanzung verdankt sich Überich-Inhalten, die durch den Aufenthalt in den Immigrationsländern unbeeinflußt geblieben sind. Die Überich-Verankerung in der spanischen dörflichen Moral der dreißiger Jahre erschwert die Wiederanpassung an das spanische Leben der achtziger Jahre, dessen Moral- und Normvorschriften sich während der langen Abwesenheit der Frauen erheblich verändert haben.

Überich-Stärke und Überich-Flexibilität, die unter nicht repressiven äußeren Bedingungen Althergebrachtes in Frage stellen können, führen unter der Voraussetzung der Arbeitsmigration zu sinnloser Anpassung an eine repressive äußere Realität, die das Erleben der Frauen, ihre Wert- und Normvorstellungen nicht verändert und bereichert. Resultat dieser Anpassung um jeden Preis sind psychische und/oder physische Erkrankung. Die Ich-Ziele, die danach strebten, den Lebensstandard der Frauen und ihrer Familien zu verbessern, werden ihrerseits von der Stärke und der Flexibilität des Überichs in ihren Dienst genommen, so daß sie sich letztlich gegen das Ich selbst wenden. Das durch den Einspruch des Überichs geschwächte Ich folgt zunehmend blind dessen Anweisungen und setzt eher bedingungslose Unterwerfung als die Verwirklichung konstruktiver Ich-Ziele durch. Angesichts der unnachgiebigen Strenge, mit der das Überich seine Forderungen nach blinder Anpassung an äußere Realität durchsetzt, kapituliert das Ich. Folge dieses ungleichen Kampfes sind Realitätsverkennung und Rückzug von äußerer Realität.

Nach der Rückkehr hat das von seinem Überich beherrschte Ich keine Chance, seine Unabhängigkeit zurückzugewinnen, um für eine realitätsangemessene Anpassung an die während der Jahre der Emigration fremdgewordene spanische Umgebung zu sorgen. Hat es doch in den Abwehrkämpfen während der Emigration seine Stärke eingebüßt und ist zum Befehlsempfänger des Überichs geworden. Da seine Realitätsprüfung erheblich herabgesetzt ist, wird es, gleichgültig der äußeren Realität gegenüber, den Anweisungen seines Überichs folgen; dies geht so weit, daß es Veränderungen in der äußeren Realität so gut wie nicht mehr wahrnimmt. Weiter bestehende Identifizierungen mit den Werten und Normen der Immigrationsländer und Projektionen von unannehmbaren Eigenschaften auf die Landsleute führen bei der Rückkehr zu Identitätskonfusionen mit erheblichen Ich-Einschränkungen. Der verzweifelte Rekurs auf eingeübte frühe Überich-Inhalte, um innere Kontinuität und Identität aufrechtzuerhalten, verstärkt die Entfernung von der äußeren Realität und beschleunigt einen depressiven Zusammenbruch.

VI. Regression und Unterdrückung

Im Unterschied zu den herrschenden psychoanalytischen migrationstheoretischen Ansätzen, die in der Migration selbst ein psychisches Prozeßgeschehen sehen, ist in den von mir vorgetragenen Hypothesen Migration ein realer sozialer, ökonomischer und politischer Tatbestand, dem die Menschen unterworfen sind und mit dem sie aufgrund ihrer Triebausstattung und ihrer Biographie auf je individuelle Weise umgehen. Das bewußte und unbewußte Erleben meiner Gesprächspartnerinnen war wesentlich durch diese Realität geprägt. Ich habe insbesondere die Veränderungen in den Ich-Funktionen und in den Funktionsweisen und Qualitäten des Überichs unter den Migrationsbedingungen untersucht. Rückwirkend ließ sich vom Gesprächsverlauf ausgehend auf die Ich-Funktionen und Überich-Konfigurationen der Frauen schließen, wie sie sich im Kindes- und Erwachsenenalter herausgebildet hatten; mit Ausnahme des früh beschädigten Ichs und Überichs Meris und des konflikthaft eingeschränkten Ichs Teresas zeichneten sich Ich und Überich der anderen Frauen durch Stabilität, Kontinuität und Festigkeit aus. Dieser Rückschluß ist ein aus psychoanalytischen Behandlungen und psychoanalytischer Diagnostik bekanntes Verfahren. Die psychische Verarbeitung von Migration meiner Gesprächspartnerinnen ist nicht durch einen gradlinigen Prozeß gekennzeichnet, in dessen Verlauf sich über das Empfinden von Desorientierung, Trauer, Schmerz und Verzweiflung ein Gefühl von Zugehörigkeit zur neuen Kultur entwickelt, von dem insbesondere die Grinbergs (1984) sprechen, sondern durch psychischen Stillstand aufgrund anhaltender regressiver Wiederbesetzungen einer frühen omnipotenten Mutter. Ausschlaggebend für diese Regression sind jedoch nicht etwa frühkindliche Traumen oder ungelöste frühe Konflikte, sondern der Einfluß der Migrationsrealität, der traumatischen Charakter hat.

Die Regressionsbewegung zur Wiederbesetzung früher, primitiver Identifizierungen mit einer omnipotent phantasierten Mutter innerhalb einer frühen Mutter-Tochter-Beziehung mit ihren fließenden Grenzen, der Nichtunterscheidbarkeit zwischen innen und außen und zwischen Selbst und Objekt fällt Frauen leichter als Männern. Müssen sich doch Mädchen im Verlauf ihrer Entwicklung nie so drastisch von der Mutter und ihrem Körper trennen wie Jungen. Insbesondere Irene Fast (1984), aber auch Christa Rohde-Dachser (1991) verweisen auf den traumatischen Charakter, den die Entdeckung des Geschlechtsunterschieds für Jungen und für Mädchen hat. Fast (1984) und Chodorow (1978) betonen, daß für den Jungen die Entdeckung der Verschiedenheit seines Körpers von dem der Mutter äußerst schmerzhaft sei. Sowohl die traumatischen Erfahrungen des Verlusts der phantasierten narzißtischen Omnipotenz, männlich und weiblich zugleich zu sein (vgl. Fast, 1984), aber insbesondere die gefürchtete Gefährdung seiner eigenen Geschlechtlichkeit bedingen eine stärkere Verdrängung der frühen Einheit mit der Mutter beim Jungen und eine nachträgliche, nach der Einführung der Sprache, aggressive und/oder omnipotente, großartige Ausstattung des Bildes der Mutter. Auch das kleine Mädchen muß sich von seiner Mutter trennen. Doris Bernstein (1990) hebt die Schwierigkeiten dieser Differenzierung von der Mutter hervor; einerseits braucht es die Mutter, um mit seinen Genitalängsten fertig zu werden, andererseits aber sucht es auch insbesondere in der ödipalen Phase Eigenständigkeit und Unabhängigkeit zu erlangen. Und doch vollzieht sich die weibliche Entwicklung weitaus kontinuierlicher und nicht wie die männliche über schmerzliche Brüche mit der Mutter. Der Umstand, daß das Mädchen sich nicht von einem ersten Liebesobjekt Mutter trennen muß, sondern zeitlebens freundliche und zärtliche Bindungen zu ihm aufrechterhalten kann, hat weitreichende Folgen für die weibliche Entwicklung. Ich will hier nur auf eine Facette näher eingehen, die für die Verarbeitung der Migrationsrealität von Bedeutung ist. Die psychische Rückkehr zur frühen Entwicklungsstufe in der Mutter-Tochter-Beziehung, die vor der Entdeckung des Geschlechtsunterschieds liegt, ist für Frauen weitaus weniger ängstigend, droht ihnen doch keine Kastrationsgefahr wie dem Jungen, deshalb sind frühe Erfahrungen mit der Mutter ihrem Erleben weitaus zugänglicher und unterliegen nicht wie beim Jungen der Verdrängung; das Trauma der Entdeckung des Geschlechtsunterschieds trennt das kleine Mädchen nicht wie den Jungen von der Mutter. Unter den Bedingungen der Arbeitsmigration erweist sich die

Möglichkeit und Fähigkeit der Wiederbesetzung früher Identifizierungen mit einer großartigen Mutter als krankheitsverursachend, weil sie im Dienst der Bewältigung von Anpassung an eine feindlich erlebte neue Umwelt steht, von anhaltender Dauer ist, eine pathogene Abkapselung von äußerer Realität bewirkt und gravierende Auswirkungen auf die Realitätsprüfung hat. Die Unmöglichkeit der Distanzierung von diesen frühen Identifizierungen, die bereits während des Aufenthalts im Ausland zu Ich-Veränderungen geführt hatten, verursachen schwerste depressive Zusammenbrüche. Im Gegensatz zu diesen anhaltenden Regressionen können vorübergehende Regressionen kreative und konstruktiv wirksame Potenzen freisetzen.

Das Studium der psychischen Verarbeitung von Arbeitsmigration durch Frauen macht in erschreckender Weise deutlich, wie weibliche Fähigkeiten, die Möglichkeit der Regression auf frühe Stufen in der psychischen Entwicklung, die Wiederbelebung früher Identifizierungen mit einer omnipotent erlebten Mutter, Stärke, Flexibilität und Situationsabhängigkeit ihres Überichs, von den sozialen Verhältnissen funktionalisiert werden. Die vom weiblichen Überich mobilisierte Triebentfesselung, die psychische Gesundheit und psychisches Überleben garantieren sollte, wird von der Migrationsrealität in ihrem Sinn kanalisiert und wendet sich nun ihrerseits gegen die Frauen, indem sie sie in irreversible pathologisch wirksame Regressionen zwingt. Andererseits besteht die einzige Weigerung der Migrantinnen, sich nicht völlig von der äußeren Realität beherrschen zu lassen, eben gerade in der Mobilisierung von Regressionen. Frauen besitzen aufgrund ihrer Fähigkeit zur Regression und ihrer spezifischen Überich-Ausstattung weitaus mehr Möglichkeiten als Männer, sich offen neuen Eindrücken hinzugeben, sich an neue und fremde Umgebungen anzupassen und sich in ihnen zurechtzufinden, auszuharren, abzuwarten und zwischen mehreren Situationen abzuwägen. Der Zugriff der Migrationsrealität auf das bewußte und unbewußte Erleben der Frauen, ihre Isolation und ihre persönliche, berufliche und soziale Benachteiligung den männlichen Migranten gegenüber macht jedoch aus ihren Stärken Schwächen. Es kommt zu der paradoxen Situation, in der sich die Fähigkeiten der Frauen unter den repressiven Bedingungen der Arbeitsmigration in den Dienst von Unterdrückung und Entmündigung stellen.

VII. Bibliographie

Achard de Demaría, L. und J. Galeano Massera (1982): Vicisitudes del inmigrante. Rev. Psa. XL, 2, 1984, 409-417

Aguirre Menéndez, J.M. (1979): Encuesta realizada entre emigrantes españoles en la República Federal Alemana. Freiburg (Deutscher Caritasverband)

Aguirre Menéndez, J.M. (1986): Wirtschaftliche und soziale Aspekte der freiwilligen Rückkehr der ausländischen Arbeitnehmer. Informationsdienst zur Ausländerarbeit, 2, 34-39

APOYO-INFO (1986/87): Edición Especial

Ariel del Val, F. (1981): Los movimientos migratorios como fenómeno socioeconómico. In: Garmendia, J.A. (Hg.) (1981a): La emigración española en la encrucijada. Marco general de la emigración de retorno. Madrid (C.I.S.), 43-63

Bachmann, R. (1988): Kulturkonflikte der Migration am Beispiel der Schweizerinnen in Australien. Diplomarbeit, Zürich

Barrutieta Saez, A. (1976): La emigración española: El timo del subdesarrollo. Madrid (Cuadernos para el Diálogo), 5-50

Beck, D. (1981): Krankheit als Selbstheilung. Frankfurt am Main (Suhrkamp)

Bernstein, D. (1983): The Female Superego: A Different Perspective. Int. J. Psycho-Anal., 64, 184-201

Bernstein, D. (1990): Weibliche genitale Ängste und Konflikte und die typischen Formen ihrer Bewältigung. Psyche, 47 (1993), 530-559

Bingemer, K., E. Meistermann-Seeger und E. Neubert (1972): Leben als Gastarbeiter. Geglückte und mißglückte Integration. Opladen (Westdeutscher Verlag)

Blank, G. und R. Blank (1974): Angewandte Ich-Psychologie. Stuttgart (Klett-Cotta) 1978

Blos, P. (1962): Adoleszenz. Eine psychoanalytische Interpretation. Stuttgart (Klett-Cotta) 1973

Blum, H.P. (1976): Masochism, the Ego Ideal and Psychology of Women. J. Am. Psa. Ass. (Supplement Female Psychology), 24, 157-191

Bowlby, J. (1960): Die Trennungsangst. Psyche, 15 (1961), 411-464

Boyer, L.B. (1980): Die Psychoanalyse in der Ethnologie. Psyche, 34, 694-715

Brecht, K., et al. (1985): „Hier geht das Leben auf eine merkwürdige Weise weiter...". Zur Geschichte der Psychoanalyse in Deutschland. Hamburg (Michael Kellner)

Brede, K., R. Schweikart und M. Zeul (1988): Subjektivität als psychologische Dimension betrieblich-abhängiger Arbeit. Abschlußbericht über das Forschungsprojekt „Erlebniswelten von Individuen unter Bedingungen betrieblich-abhängiger Arbeit". Frankfurt am Main

Bremen Information. Ausländerfragen (1984): Spanien: Emigration und Remigration – Ursachen und Auswirkungen, 3. Teil, 25-29

Bruch, H. (1973): Eß-Störungen. Zur Psychoanalyse und Therapie von Übergewicht und Magersucht. Frankfurt am Main (Fischer) 1991

Büscher, Tobias (9.8.1989): Ihr Paß bezeugt noch lange nicht ihre Identität. In: FAZ

Bundesgesetzblatt Nr. 48, T. I: Gesetz zur Förderung der Rückkehrbereitschaft von Ausländern vom 28.11.1983

Burlingham, D. und A. Freud (1949): Kriegskinder. Die Schriften der Anna Freud; Bd. II, 1939-1945. München (Kindler) 1980, 496-561

Cabaleiro Goás, M. und F. Morles Asín (1967): Problemas psíquicos de la emigración. Madrid (Patronal Nacional de Asistencia Psiquiátrica)

Cabezas, Moro, O. und J. Testa Alvarez (1981): Promoción social de la mujer migrante. Documento de Experto No. 14. Comité intergubernamental para las migraciones. Quinto seminario sobre adaptación e integración de los inmigrantes permanentes. Situación y función de las mujeres migrantes: Sus problemas específicos de adaptación e integración, 1-29

Calvo, F. (1977): Que es ser emigrante. Barcelona (La Gaya Ciencia)

Calvo, F. (1985): Identitad y emigración. Rev. Psa. de Madrid, Nr. 2, 65-73

Cardelús, J. und A. Pascual (1979): Movimientos migratorios y organización social. Barcelona (ediciones península)

Casas, J.I. (1987): La participación laboral de la mujer en España. Instituto de la Mujer. Ministerio de la Cultura

Castillo Castillo, J. (1980): La emigración española en la encurcijada. Estudio empírico de la emigración de retorno. Madrid (C.I.S.)

Cazorla, Pérez, J. (1980): Mentalidad „modernizante", trabajo y cambio en retornados andaluces. ReiS, Nr. 11, 29-53

Cazorla, Pérez, J. (Hg.) (1982): Emigración y retorno. Madrid (IEE)

Cazorla, Pérez, J. (1989): Retorno al sur. Cadiz (OCEAR)

Chodorow, N. (1978): Das Erbe der Mütter. Psychoanalyse und Soziologie der Geschlechter. München (Frauenoffensive) 1985

Cremerius, J. (1975): Schichtspezifische Schwierigkeiten bei der Anwendung der Psychoanalyse. Münch. med. Wschr. 117, Nr. 29/30, 1229-1232

Cremerius, J., S.O. Hoffmann und W. Trimborn (1979): Psychoanalyse, Überich und soziale Schicht. München (Kindler)

Delgado, J.M. (1966): Anpassungsprobleme spanischer Gastarbeiter in Deutschland. Eine sozialpsychologische Untersuchung. Dissertation, Köln

Delibes, M. (1958): Diario de un emigrante. Barcelona (Destino), 4. Aufl. 1985

Denford, J. (1981): Going away. Int. Rev. Psycho-Anal., 8, 325-332

Deutscher Bundestag, 10. Wahlperiode. Drucksache 10/2497 (16.11.1984): Antwort der Bundesregierung auf die Kleine Anfrage der Abgeordneten Frau Potthast, Hoss und der Fraktion der Grünen – Förderung der Rückkehrbereitschaft von Ausländern

Devereux, G. (1970): Normal und anormal. Frankfurt am Main (Suhrkamp) 1974

Diaz y Diaz, P. (1988): Schule und Remigration. Dissertation. Frankfurt am Main

Dirección General del Instituto Español de Emigración. La Subdirección General de Información Administrativa. Dirección General de Servicios. Ministerio de Trabajo y Seguridad Social (Hg.) (1987a): Agenda

Dirección General del Instituto Español de Emigración. La Subdirección General de Información Administrativa. Dirección General de Servicios. Ministerio de Trabajo y Seguridad Social (1987b): Guia de la nacionalidad

Dirección General del Instituto Español de Emigración. La Subdirección General de Información Administrativa. Dirección General de Servicios. Ministerio de Trabajo y Seguridad Social (1987c): Guia del emigrante que retorna

Dirección General del Instituto Español de Emigración. La Subdirección General de Información Administrativa. Dirección General de Servicios. Ministerio de Trabajo y Seguridad Social (1987d): Programas de actuación en favor de los emigrantes

Dirección General del Instituto Español de Emigración. La Subdirección General de Información Administrativa. Dirección General de Servicios. Ministerio de Trabajo y Seguridad Social (1991): Anuario de Migración. Agenda I.E.E.

Dirección General del Instituto Español de Emigración. La Subdirección General de Información Administrativa. Dirección General de Servicios. Ministerio de Trabajo y Seguridad Social (1992): Anuario de Migraciones

Ehlert, M. und B. Lorke (1988): Zur Psychodynamik traumatischer Reaktionen, Psyche, 39, 502-532

El País (17.10.1987): Emigrantes aislados. Suplemento educación

Engel, G.L. und A.H. Schmale, jr. (1967): Der Objektverlust. In: Overbeck, G. und A. Overbeck (Hg.) (1978): Seelischer Konflikt und körperliches Leiden. Reinbek (Rowohlt), 246-267

Erdheim, M. (1982a): Die gesellschaftliche Produktion von Unbewußtheit. Frankfurt am Main (Suhrkamp) 1984

Erdheim, M. (1982b): „Psychoanalyse für Gesunde". In: Heinrichs, H.-J. (Hg.) (1982): Das Fremde verstehen. Gespräche über Alltag, Normalität und Abnormalität. Frankfurt am Main, Paris (Qumran), 9-13

Erdheim, M. (1983): Ethnopsychoanalyse. In: Mertens, W. (Hg.) (1983): Psychoanalyse. Ein Handbuch in Schlüsselbegriffen. München (Urban und Schwarzenberg), 129-135

Erdheim, M. und N. Nadig (1979): Größenphantasien und sozialer Tod. Kursbuch, 58, 115126

Erikson, E.H. (1956): Das Problem der Identität. Psyche, 10, 114-176

Erikson, E.H. (1959): Identität und Entwurzelung in unserer Zeit. Psyche, 13, 25-35

Erikson, E.H. (1964): Womenhood and the Inner Space. In: Identity, Youth and Crisis. New York (Norton), 261-294

Fast, J. (1984): Von der Einheit zur Differenz. Berlin, et al. (Springer Verlag) 1991

Freud, S. (1938): Abriß der Psychoanalyse. G.W. XVII, 65-138

Friedrich, H. (1982): Soziale Angst, Minderheiten und Vorurteile – Das Problem „Gastarbeiter". Psychosozial, 16, 9-22

Fürstenau, P. (1964): Ich-Psychologie und Anpassungsproblem. Eine Auseinandersetzung mit H. Hartmann. Jb. der Psa.; III, 30-55

García Ferrando, M. (1977): Mujer y sociedad rural. Madrid (Cuadernos para el Dialógo)

García Tardio, M.T. (1985): Die Rückkehr der spanischen Jugendlichen. Informationsdienst für Ausländerarbeit, 4, 68-71

García Tardio und D. Weidlich (1986): Die Verarbeitung der Rückkehr. Informationsdienst für Ausländerarbeit, 1, 21-24

Garmendia, J.A. (1970): Alemania: Exilio del emigrante. Barcelona (Plaza y Janés)

Garmendia, J.A. (Hg.)(1981a): La emigración española en la encrucijada. Marco general de la emigración de retorno. Madrid (C.I.S.)

Garmendia, J.A. (1981b): Algunos problemas básicos de ajustamiento y desviación en la readaptación del emigrante de retorno. In: Garmendia, J.A. (Hg.) (1981a): La emigración española en la encurcijada. Marco general de la emigración de retorno. Madrid (C.I.S.), 423-440

Garza Guerrero, C.A. (1974): Culture shock: Its Mourning and the Vicissitudes of Identity. J.Am. Ass., 22, 408-429

Gerbaulet, S. (1988): ...Ich kann spanisch auch nicht so gut!, Ausländerkinder, 2, 3031

GERM (1979): Fremd im eigenen Land. Materialien und Interviews zur Rückkehr spanischer Migranten. Manuskript. Madrid

Gil Hidalgo, C. (1985): Rückwanderung und Re-Migrationsprobleme spanischer Emigranten und deren Familien. Informationsdienst für Ausländerarbeit, 1, 16-19

Greenacre, P. (1948): Anatomical Structure and Superego Development. In: Trauma, Growth and Personality. New York (Int. Univ. Pr.) 1969, 149-164

Greenson, R. (1950): The mother tongue and the mother. Int.J. Psa., 31, 18-23
Grinberg, L. (1981): Psicoanálisis. Aspectos teóricos y clínicos. Barcelona, Buenos Aires (Paidós)
Grinberg, L. (1983): Culpa y depresión. Madrid (Alianza). 2. Aufl. 1988
Grinberg, R. (1982): La adopción y la cesión: dos migraciones específicas. Psicoanálisis, IV, 1, 28-44
Grinberg, L. und R. Grinberg (1984): Psychoanalyse der Migration und des Exils. München/Wien (Verl. Int. Psychoanalyse) 1990
Gunkel, S. und S. Priebe (1992): Psychische Beschwerden nach Migration: Ein Vergleich verschiedener Gruppen von Zuwanderern nach Berlin. Psychother. Psychosom. med. Psychol. (PPmP), 414-423

Hartmann, H., E. Kris und H.M. Loewenstein (1951): Some Psychoanalyic Comments on „Culture and Personality". In: Wilbur, G.B. und W. Muensterberger (Hg.) (1951): Psychoanalysis and Culture. New York (Int. Univ. Pr.), 3-31
Hauser, U. (1991): ¿Somos como somos? Documentación de Talleres de Psicología con mujeres costarricenses. San José, Costa Rica (EDICREA)
Held, B. (1988): „Nicht richtig Deutsch, nicht richtig Spanisch". FAZ
Horn, K. (1971): Insgeheime kulturistische Tendenzen der modernen psychoanalytischen Orthodoxie. In: Lorenzer et al. (Hg.) (1971): Psychoanalyse als Sozialwissenschaft (Suhrkamp), 93-151

Initiativgruppe APOYAR (1980): Reintegrationsprobleme spanischer Emigrantenkinder. In: 'Deutsch lernen', 4, 1.10
Innovation in Social Sciences Research (1993): Migration and Health, 6, 1
International Migration (1992): Special Issue: Migration and Health in the 1990s, XXX

Jacobson, E. (1937): Wege der weiblichen Überich-Bildung. Int. Zeitschr. f. Psychoanalyse, 23, 402-412
Jacobson, E. (1964): Das Selbst und die Welt der Objekte. Frankfurt am Main (Suhrkamp) 1973
Jacoby, R. (1983): Die Verdrängung der Psychoanalyse oder Der Triumph des Konformismus. Frankfurt am Main (Fischer) 1985
Jornadas emigración, exilio y mujer (1987). Madrid (IEPALA)

Kernberg, O.F. (1966): Structural Derivatives of Object Relationships. Int. J. Psycho-Anal., 47, 236-253
Klee, E. (Hg.) (1972): Analysen und Berichte. Frankfurt am Main (Suhrkamp)
Kristeva, J. (1988): Fremde sind wir uns selbst. Frankfurt am Main (Suhrkamp) 1990

Labig, W., Ch. Xenakis und M.S. Onishi (1979): Psychosomatische Symptome und funktionelle Beschwerden bei Arbeitnehmern im Ausland – Japaner und Griechen in Deutschland, Deutsche im Ausland. Zeitschr. f. Psychsom. Med. und Psychoanalyse, 25, 49-63

Lehmann, Ch. (1982): Bemerkungen zum Ausländerrecht. Psychosozial, 16, 23-37

Miller, A., et al. (1971): The Cross-Cultural Student: Lessons in Human Nature. Bull. Menninger Clinic, 35, 128-131

Ministerio de Cultura. Instituto de la Mujer (Hg.) (1987): El trabajo de las mujeres

Ministerio de Obras Públicas. Comisón de Planteamiento y Coordinación del Area Metropolitana de Madrid (Hg.) (1982): Documentos para Difusión y Debate: Latina

Muensterberger, W. (1951): Oralty and Dependence: Characteristics of Southern Chinese. In: Muensterberger, W. (Hg.) (1969): Man and his Culture. London (Rapp and Whiting) 1969, 295-329

Muensterberger, W. (1955): On the Biopsychological Determinants of Social Life. Op.cit., 81-99

Muensterberger, W. (1969): On the Cultural Determinants of Individual Development. Op cit., 11-28

Muensterberger, W. (1974): Versorgung durch mehrere „Mütter" – interkulturelle Betrachtungen. Psyche, 34, 677-693

Muensterberger, W. (1982): Versuch einer transkulturellen Analyse: Der Fall eines chinesischen Offiziers. Psyche, 36, 865-887

Nadig, M. (1986): Die verborgene Kultur der Frau. Frankfurt am Main (Fischer)

Navarro López, M. (1981): El contexto socioeconómico de la emigración continental española (1945-1975). In: Garmendia, J.A. (Hg.) (1981a): La emigración española en la encrucijada. Marco general de la emigración de retorno. Madrid (C.I.S), 15-41

Ney, H.G. (1972): Was deutsche Volksschüler über ausländische Arbeiter denken. In: Klee, E. (Hg.) (1972): Analysen und Berichte. Frankfurt am Main (Suhrkamp), 158-161

Niederland, W. G. (1988): Clinical Observations on the „Survivor Syndrome". In: J. Psycho-Anal., 49, 313-315

Panayotakopoulou, S. (1981): Problemas específicos de las mujeres migrantes que regresan al país de origen, especialmente en lo referente al empleo y los servicios sociales. Documento de Experto No. 11. Comité intergubernamental para las migraciones. Quinto seminario sobre adaptación e integración de los inmigrantes permanentes. Situación y función de las mujeres migrantes: Sus problemas específicos de adaptación e integración, 1-8

Panel (1968): Aspects of Culture in Psychoanalytic Theory and Practice. Reporter: Jackson, St.W., J. Am. Psa. Ass., 16, 651-670

Papeles de Economía Española (1980), 4

Parin, P. (1978): Der Widerspruch im Subjekt: Ethnopsychoanalytische Studien. Frankfurt am Main (Syndikat)

Parin, P., F. Morgenthaler und G. Parin-Mathèy (1963): Die Weißen denken zu viel. Frankfurt am Main (Fischer)

Parin, P., G. Parin-Mathèy und F. Morgenthaler (1982): „Unsere Vorstellungen von normal und anormal sind nicht auf andere Kulturen übertragbar". In: Heinrichs, H.-J. (Hg.) (1982): Das Fremde verstehen: Gespräche über Alltag, Normalität und Anormalität. Frankfurt am Main, Paris (Qumran), 33-50

Pascual, A. (1983): Connotaciones ideológicas en el concepto de retorno de migrantes. Papers. Rev. de Sociología, 61-71

Phillipson, H. (1955): The Object Relation Technique. London (Tavistock Publications Limited)

Pope, H.G., jr., M. Ionescu-Pioggia und D. Yurgelun-Todd (1983): Migration and Manic-Depressive Illness. Comprehensive Psychiat., 24, 2, 158-165

Prior, I. (1977): Migration and Physical Illness. Adv. psychosom. Med. 9, Basel (Karger), 105-253

Prokop, U. (1976): Weiblicher Lebenszusammenhang. Von der Beschränktheit der Strategien und der Unangemessenheit der Wünsche. Frankfurt am Main (Suhrkamp)

Redlich, F.C. und D.X. Freedman (1966): Theorie und Praxis der Psychiatrie. Frankfurt am Main (Suhrkamp) 1970

Reyneri, E. (1982): Emigración y área emisora: El caso de Sicilia. In: Cazorla-Pérez, J. (Hg.) (1982): Emigración y retorno. Madrid (IEE), 67-94

Rhoades, R.E. (1977): Emigración intraeuropea de retorno y desarollo rural: lecciones extraidas del caso español. Unveröffentlichtes Manuskript, Madrid

Rohde-Dachser, Ch. (1991): Expedition in den dunklen Kontinent. Berlin, et al. (Springer Verlag)

Romera Molina, A. (1983): Una comunidad de emigrantes en la RFA: Españoles en Mönchengladbach. Diplomarbeit, Murcia

Rorschach, H. (1921): Psychodiagnostik. Bern (Hans Huber) 1942

Rosen, R. (1981): Situación de las mujeres extranjeras en la República Federal Alemana. Descripción del problema. Documento Experto No. 5. Comité intergubernamental para las migraciones. Quinto seminario sobre adaptación e integración de los inmigrantes permanentes. Situación y función de las mujeres migrantes: Sus problemas específicos de adaptación e integración, 1-8

Rosenfeld, H. (1966): Zur Psychoanalyse psychotischer Zustände. Frankfurt am Main (Suhrkamp) 1981

Rosoli, G. (1982): Actitudes y potencial de los emigrantes retornados: Algunas observaciones sobre las investigaciones en torno a la emigración del „Mezzogiorno Mediterraneo". In: Cazorla Pérez, J. (Hg.) (1982): Emigración y retorno. Madrid (IEE), 207-217

Rothe, H.-J. (1987): Zur Erinnerung an Karl Landauer. Materialien aus dem Sigmund-Freud-Institut. Frankfurt am Main (Sigmund-Freud-Institut)

Sallé Alonso, A. (1985): Situación del servicio doméstico en España. Ministerio de Cultura, Instituto de la Mujer (Hg.)

Sanz, J.G. (1988): Kulturkonflikte andalusischer Remigrantinnen. Diplomarbeit, Zürich

Schachter, J.S. und H.F. Butts (1968): Transference and Countertransference in Interracial Analysis. J.Am. Psy. Ass., 16, 792-808

Schneider, K. (1973): Klinische Psychopathologie. Stuttgart (Thieme), 7. Aufl.

Schonecke, O.W. und J.M. Herrmann (1986): Das funktionelle kardiovaskuläre Syndrom. In: v. Uexküll, Th. (Hg.) (1986): Psychosomatische Medizin. München (Urban und Schwarzenberg), 504-522

Searles, H.F. (1960): The Nonhuman Environment. New York (Int. Univ. Pr.)

Seehaase, G. (31.10.1986): Heimkehr nach Spanien. Die Zeit, 74-75

Spitz, R. (1946): The Anaclitic Depression. Psa. Study Child, 2, 313-341

Spitz, R. (1953): Agggression: Its Role in the Establishment of the Object Relation. In: Loewenstein, R.M. (Hg.) (1953): Drives, Affects and Behavior. New York (Int. Univ. Pr.), 126-138

Stein, H.S. (1985): Culture Change, Symbolic Object Loss, and Restitutional Process. Psychoanalysis and Contemporary Thought. A Quarterly of Integrative and Interdisciplinary Studies, 8, Numbers 1-4, 301-332

Steiner, R. (1989): „Es ist eine neue Art von Diaspora...". Psyche, 48 (1994), 583-652

Stengel, E. (1939): On learning a new language. Int. J. Psycho-Anal. XX, 471-479

Stoller, J. (1968): Sex and Gender. Vol. 1, New York (Jason Aronson)

Stoller, J. (1976): Primary Femininity. J. Am. Psa. Ass. (Supplement Female Psychology), 24, 59-78

Stunkard, A.J. (1986): Adipositas. In: v. Uexküll, Th. (Hg.) (1986): Psychosomatische Medizin. München (Urban und Schwarzenberg), 583-599

Symposium International Emigración y Retorno (1989): Junta de Andalucía, Dirección General de Emigración. Cadiz (OCAER)

Ticho, G.R. (1971): Cultural Aspects of Transference and Countertransference. Bull. Menninger Clinic, 5, 313-334

Torres Matrullo, Ch. (1976): Acculturation and Psychopathology among Puerto Rican Women in Mainland United States. Am. J. Orthopsychiat. 46 (4), 710-719

Vigil, M.D. und F. Ariel del Val (1981): Análisis de entrevistas libres a emigrantes y expertos españoles. In: Garmendia, J.A. (Hg.) (1981a): La emigración española en la encrucijada. Marco general de la emigración de retorno. Madrid (C.I.S.), 389-422

Volkan, V.D. (1972): Linking Objects of Pathological Mourners. Arch. Gen.Psychiat., 27, 215-222

Volkan, V.D. (1981): Linking Objects and Linking Phenomena: A Study of the Forms, Symptoms, Metapsychology, and Therapy of Complicated Mourning. New York (Int. Univ. Pr.)

Volkan, V.D. und R.T. Corney (1968): Some Considerations of Satellite States and Satellite Dreams. British J. med. Psychol., 41, 283-290

Winnicott, D.W. (1971): Vom Spiel zur Kreativität. Stuttgart (Klett-Cotta) 1989

Zeul, M. (1994): Rückreise in die Vergangenheit. Zur Psychoanalyse spanischer Arbeitsremigrantinnen. Psyche 48, 529-562

Ziegler, G. und B.S. Hock (1982): Ein Leben zwischen Anpassung und Isolation – Aspekte von psychischen Erkrankungen bei Gastarbeitern. Psychosozial, 16, 91-111

Zimbalist Rosaldo, M. und Lamphere, L. (Hg.) (1974): Women, Culture and Society. Stanford (Stanford Univ. Pr.)

Zimbalist Rosaldo, M. (1974): Women, Culture and Society. A Theoretical Overview. In: Zimbalist Rosaldo, M. und Lamphere, L. (Hg.) (1974): Women, Culture and Society. Stanford (Stanford Univ. Pr.), 17-42

Zwingmann, Ch. (1961): Die Heimwehreaktion alias „pothopatridalia". Archiv Psychiat. und Z. ges. Neurologie 201, 445-464

Aus dem Programm Psychologie

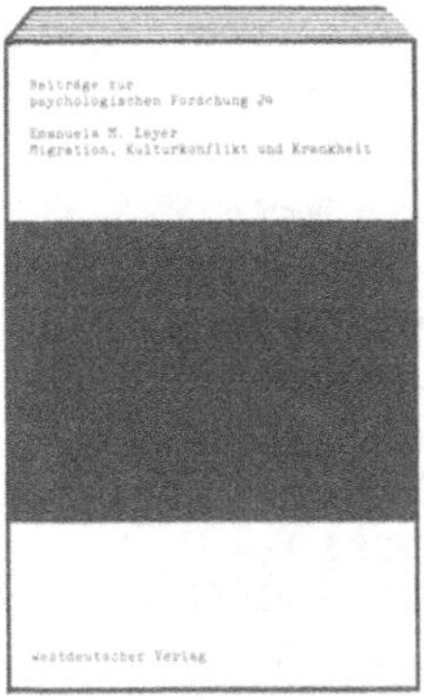

Emanuela Maria Leyer

Migration, Kulturkonflikt und Krankheit

Zur Praxis der transkulturellen Psychotherapie

1991. 302 S. (Beiträge zur psychologischen Forschung, Bd. 24) Kart.
ISBN 3-531-12266-5

Die Autorin stellt ihre Erfahrungen mit der psychoanalytisch orientierten Beratung, Psychotherapie und Familientherapie mit türkischen Patienten vor. Ausgehend von Ergebnissen der sozialwissenschaftlichen Migrationsforschung, der Ethnomedizin, der transkulturellen Psychiatrie und der Ethnopsychoanalyse wird anhand zahlreicher Fallbeispiele ein Modell der Psychodynamik im Verarbeitungsprozeß der Migration entwickelt, welches ein vertieftes Verständnis der in diesem Prozeß häufig auftretenden psychosozialen Konflikte und Krisen sowie der Möglichkeiten des therapeutischen Umgangs damit eröffnet.

Peter Möhring/Terje Neraal (Hrsg.)

Psychoanalytisch orientierte Familien- und Sozialtherapie

Das Gießener Konzept in der Praxis

1991. 431 S. Kart.
ISBN 3-531-12096-4

Nach langjähriger Tätigkeit auf dem Gebiet der Familien- und Sozialtherapie legen die Herausgeber und Autoren eine grundlegende Einführung in beziehungsdynamisches und therapeutisches Denken und Handeln vor. Gemeinsamer Ausgangspunkt ist das von H. E. Richter formulierte sozialtherapeutische Prinzip: daß in Reflexion und Intervention das soziale Feld und die Gegenübertragung des Therapeuten einzubeziehen sind. Der Band richtet sich an Angehörige helfender Berufe, die ihre therapeutische/beraterische Kompetenz erweitern und Beziehungsstrukturen in unserer Gesellschaft besser verstehen wollen.

Manfred Clemenz / Christel Beier / Sylvia Buchen / Heinrich Deserno / Adrian Gaertner / Susanne Graf-Deserno (Hrsg.)

Psychoanalyse in der Weiterbildung

Zur Professionalisierung sozialer Arbeit

1992. 277 S. Kart.
ISBN 3-531-12279-7

Der Band dokumentiert im wesentlichen den praktischen Teil des am „Zentrum für psychosoziale Forschung und Beratung (ZFB)" in Frankfurt durchgeführten integrierten Weiterbildungsprojekts „Berufliche Bildung und Berufsberatung" für Sozialarbeiter/Sozialpädagogen. In umfangreichen Detailanalysen der Selbsterfahrungs- und Supervisionsgruppenprozesse wird gezeigt, daß die Schwierigkeiten dieser Berufsgruppe im Umgang mit benachteiligten Jugendlichen oftmals auf komplementären, affektiven Verstrickungen beruhen, die ein unbewußtes Zusammenspiel mit den Konflikten der Klienten ermöglichen.

WESTDEUTSCHER VERLAG
OPLADEN · WIESBADEN

Aus dem Programm Psychologie

Heinz Henseler / Peter Wegner (Hrsg.)

Psychoanalysen, die ihre Zeit brauchen

Zwölf klinische Darstellungen

1993. 238 S. Kart.
ISBN 3-531-12433-1

Wieviel Zeit brauchen Psychoanalysen? Dieser Frage sind zwölf Behandlungsberichte gewidmet, die auf lebendige und auch für den Laien nachvollziehbare Weise zeigen, durch welche tiefgreifenden und beunruhigenden Konflikte der therapeutische Prozeß in psychoanalytischen Behandlungen führen kann und welche Resultate möglich sind. Die klinischen Darstellungen bieten einen Einblick in die psychoanalytische Praxis, wie er in dieser Form und Dichte in der Literatur bisher nicht vorliegt.

Claudia Frank (Hrsg.)

Wege zur Deutung

Verstehensprozesse in der Psychoanalyse

1994. 218 S. Kart.
ISBN 3-531-12608-3

Die psychoanalytische Behandlung wirkt durch das Verstehen der krankheitsverursachenden unbewußten Konflikte. Dabei muß der Analytiker Zugang zu den stets persönlichen, determinierenden Bedeutungen aktueller und lebensgeschichtlicher Erfahrungen in der äußeren und inneren Welt finden. Es ist ein Anliegen der Autoren dieses Bandes, zentrale Facetten dieses komplexen interaktiven Geschehens herauszuarbeiten. Es wird dargelegt, wie die Methode Freuds weiterentwickelt und differenziert wurde, um So-noch-nicht-Gewußtes mit dem Patienten zu entdecken und damit einen ihm gerecht werdenden Entwicklungs- und Gesundungsprozeß zu ermöglichen.

Michael B. Buchholz / Ulrich Streeck (Hrsg.)

Heilen, Forschen, Interaktion

Psychotherapie und qualitative Sozialforschung

1994. 328 S. Kart.
ISBN 3-531-12587-7

Die in diesem Band versammelten Arbeiten gehen von der These aus, daß Psychotherapie und Psychoanalyse sich im Medium von Interaktion abspielen und Handeln und Behandeln wechselseitig aufeinander bezogene Formen der Beeinflussung sind. Mit dieser interaktiven Auffassung der therapeutischen Situation wird sowohl an verschüttete Traditionen der Psychoanalyse angeknüpft, wie auch eine eigene Analyseebene markiert, die an entwickelte Forschungsmethoden und Begriffe von Interaktion in den Sozialwissenschaften anschließen kann. Die Beiträge verdeutlichen, daß ‚therapeutische Interaktion' ein eigenes Untersuchungsfeld für Forschungsbemühungen ist, die qualitativer methodischer Verfahren bedürfen und damit zu aktuellen Fragestellungen maßgeblich beitragen können.

WESTDEUTSCHER VERLAG
OPLADEN · WIESBADEN

GPSR Compliance

The European Union's (EU) General Product Safety Regulation (GPSR) is a set of rules that requires consumer products to be safe and our obligations to ensure this.

If you have any concerns about our products, you can contact us on ProductSafety@springernature.com

In case Publisher is established outside the EU, the EU authorized representative is:

Springer Nature Customer Service Center GmbH
Europaplatz 3
69115 Heidelberg, Germany

Batch number: 10809466

Printed by Printforce, the Netherlands